不只是
憂鬱

心理治療師教你面對情緒根源，
告別憂鬱，釋放壓力

專業心理治療師
希拉莉・雅各・亨德爾——著
Hilary Jacobs Hendel

林麗冠——譯

IT'S NOT
Always Depression

Working the Change Triangle to Listen to the Body,
Discover Core Emotions, and Connect to Your Authentic Self

目次

推薦序

承認你的真情緒，為自己迎回自在連結的真我

蘇絢慧（璞成心遇空間心理諮商所所長／諮商心理師）

我們的生活免不了經驗許多負面情緒，諸如那些孤單、寂寞、空虛、沮喪、無奈、挫折及各種令人痛苦的情緒，而這些情緒往往是心理健康最大的損害來源。

並不是說這些情緒必然為人類帶來絕對壞的經驗或影響，而是我們對於感受到的情緒，有太多的不明和恐懼，以致形成許多防衛及轉移，也就造成許多因為壓抑或否認而導致的不健康後果。

為何大家會對自己的情緒感受出現許多防衛和轉移呢？

我想，我們都有書中提到的類似經驗：「任何核心情緒都可能引發父母負面、多餘和自發的反應。父母可能會以憤怒、悲傷或漠不關心的態度回應孩子的核心情緒。這些負面的反應對所有人來說都是難以管理的。我們表達情緒時，基本上都想要對方正面回應。如果表達情緒後，對方的反應是絲毫不感興趣，也不關心，就是在通知我們的大腦：某件不愉快或危險的事情正在發生。照顧者的口氣、臉部表情、身體姿勢和語言，都可能表示他們認為我們的情緒表達是多餘

的。」

也就是說，我們過去在兒童時期，向父母表達自己的情緒時，是想獲得正面回應，然而過往的經驗可不是如此，我們會被父母長輩責備、羞辱、批評，或不理不睬地冷漠以對，以致我們對於自己的情緒感受，慢慢的也形成諸多負面觀感，覺得自己有情緒是可笑的、不對的，甚至會出現可怕的危險，而加以壓抑及偽裝。

這才是我們深受情緒困擾或產生情緒障礙的原因。我們不知道該如何真實的感受自己的情緒，容許它們的發生及存在、容許它們表達，並且透過自我效能的關照及正向回應，來安撫及調節自己所需要的情緒歷程，反而讓情緒成為混亂的干擾，及十足的破壞力，損害我們的身心及人際關係。

本書在協助讀者自助了解自己的核心情緒，及辨識自己的抑制情緒或防禦情緒有諸多貢獻，這是我之所以選擇推薦的原因。

作者以「情緒變化三角地帶」的理論指出在任何特定時候，我們會在情緒變化三角地帶的三個角落之一發現自己的心理狀態，或者處在這個三角地帶之下的開放狀態。這能協助我們自我覺察及辨識出自己是否有逃避感受真實的情緒？是否正在以某種抑制情緒或防禦的反應，來轉移感受自己內在的真實經驗，使我們更迴避經驗真實的自己？

如果我們時常逃避感受自己的真實核心情緒，就難以有機會，透過進入及接觸核心情緒，讓自己與真我連接，感受到與其他人的親密連結，並開展出開放的自我。當我們與情緒脫節時，我們會感到孤寂，這是因為我們與自己的連結以及與關心者的連結，會因為我們封裝了情緒而阻斷及封閉，當然我們離內心所渴望的親密、安全及連結，也就越來越遠。生活因此積壓了更多難以清理、轉化的負面情緒，沉重得難以行動。

本書所提出的理論是當今新興的心理治療學派：「加速體驗式動態心理治療」（Accelerated Experiential Dynamic Psychotherapy；簡稱ＡＥＤＰ），由美國心理治療大師戴安娜・佛莎（Diana Fosha）博士所創立。它源於心理動態治療法，吸取和整合了近年依附理論（attachment theory）、人際神經生物學（interpersonal neurobiology）、情感神經科學（affective neuroscience）、聚焦身體的方法（body-focused approaches）以及轉化研究（transformational studies）的研究成果，開創了一個能夠快速深入癥結、有效促進深度心理癒合和心理轉化及成長的治療模式。

雖然ＡＥＤＰ的理論博大精深，但這本書卻是能讓一般讀者理解ＡＥＤＰ治療法可以如何幫助自己改變的書。透過本書，我們都可以學會珍惜情緒的豐富性，以及它們可以成為什麼樣的生命指南，指引我們做好需要做的事情來治癒舊傷，並且在生活中感覺更有自我效能和愉快。

我們天生就擁有療癒、矯正、成長和轉化自己的能力。當我們感到安全或者夠安全時，治癒的動力就會出現。身為人，我們都需要透過釋放真實的自我，減少防禦性的障礙，以卸除虛假沉重的假面自我。

如果這是你想要的，透過接觸真實的核心情緒，表達出那些真實感受，並且學習接受屬於你的情緒，進而從中獲得好的生命養分，那麼這本書可以幫助你更了解自己的內在情緒狀態，也能協助你自己處理如何接受那些關於愛、關懷或理解的感覺。

所有的內在核心情緒都有訊息要告訴我們，也許是我們的真實需要、是必須體驗的真實感受，或是要我們明白的生命經驗，即使那些負面情緒痛苦到會令人想逃想躲，我們難免會有所防禦及轉移，但只要再多一點點勇氣，就算一面害怕也沒關係，讓自己多擴展一點體驗自己情緒的歷程，並以同理心及慈悲承接自己的痛苦情緒，都能讓這些痛苦情緒因為這一份寬慰，而獲得轉化為內心溫柔力量的機會，使我們活得豐潤而開闊。

獻給強（Jon），他的愛、智慧和支持使這本書得以完成。

獻給我母親，她無條件的愛和仁慈造就了現在的我。

導讀

戴安娜・佛莎　博士（「加速體驗式動態心理治療」創始人）

「加速體驗式動態心理治療」（AEDP）是一種以治癒為導向的轉化治療模式，身為這種療法的開發者，當我拿到希拉莉・雅各・亨德爾的《不只是憂鬱》原稿時，心裡既興奮又惶恐。

我一方面感到興奮：這本書有可能讓我的療法在「幫助世人改變」的功效上突飛猛進。如同迄今為止發生的情況，AEDP不僅會透過影響治療師的治療方法對接受治療的案主產生影響，如今藉著這本書，還可以直接走向大眾，分享一些「商業機密」。這本書使AEDP的構想更易於了解，因而可能嘉惠更多人，其中包括患者（以及各種不同的治療師）和未受治療的一般人，前景令人振奮。

與此同時，我也感到不安。我到目前為止的工作成果被寫成一本自我成長書：這本書會公平地評判AEDP嗎？或者AEDP的精髓會被淡化嗎？AEDP的複雜構想會變成膚淺的幸運餅乾籤詩，使經過嚴格開發和以治癒為導向的轉化療法所花費的多年心力變得微不足道嗎？如果這不足以使我焦慮，那麼，雖然希拉莉是我感受到有連結的一位同行，但我會不會發現自己不喜歡她寫的東西，因而陷入尷尬窘境呢？或者，由於大眾對AEDP的理解程度並非我所能掌握，我是否必須接受那些我感覺不對或令我不舒服的有關AEDP的描述呢？

我心裡已經感受到某種重要的安全感。我知道希拉莉既有內涵，也是出色的臨床醫師，而且她為《紐約時報》撰寫的兩篇關於AEDP療法的文章，令我驚嘆不已：那些簡單扼要的文章顯示，她既能掌握精髓，而且文筆深入淺出。

當我開始閱讀原稿時，我的呼吸變得沉穩，身體漸漸放鬆，思緒變得專注。我正在讀的文章恰當而準確。我鬆了一口氣！一切都會沒問題。

我持續閱讀，一章接一章，一個故事接著一個故事，我深受感動。AEDP有它自己的生命，與我分開來的生命。藉由AEDP學院同仁的貢獻，我已經體驗到這一點，這些同仁透過他們的工作，擴大了AEDP的影響力。但我這裡說的是下一代的成員，一個由我同仁培訓的人，她已經把這項療法變成自己的志業，現在不僅把它傳遞給她的案主，更透過這本書傳遞給普羅大眾。我一邊閱讀，一邊感動到哽咽起來，內心振奮不已。世代間的傳遞正在進行。

你可能已經注意到前面段落中的楷體字。這些字全都是描述情緒感受或是與情緒相關的身體感覺。情緒和身體感覺經常向我們揭露自己的狀況，其中包含生物智慧，並向我們和周遭的人傳達重要事物。在接下來的篇幅中，當你讀懂希拉莉的書，你就能學會珍惜情緒的豐富性，並了解情緒可以成為什麼樣的強大指南，指引我們做好需要做的事情來治癒舊傷，而且在生活中感覺更有效能和快樂。希拉莉在解讀情緒和其賴以隱藏的防禦上講得非常好。在她的案例中，她記錄了

「沒有與相應的情緒接觸」對人造成的損失，以及經過妥善處理的情緒帶給人的好處和優勢。那些楷體字是進入我個人經驗各個層面的關鍵入口點，而那些經驗全都與手邊的工作有關。

AEDP裡有一句諺語：「讓隱含變明示，讓明示變經驗。」在〈導讀〉中，我會將隱晦的含意清晰明白地說出來，並且告訴你在希拉莉的臨床工作中，那些鮮明的AEDP基本原則。我希望多告訴你一些關於AEDP的資訊，這樣你就可以理解，在你即將經歷的事情底下隱含了哪些原則。以下我將明確指出關於AEDP一些基本原則的隱含部分。

我們天生就能自療

能讓AEDP療法展現生命力的第一個核心構想是：痊癒不僅是治療所期望的結果，更是從一開始就存在的可能。我們天生就會自療，能夠矯正自己、成長和轉化。這不只是一個隱喻、一種說話方式，也是神經可塑性（neuroplasticity）。

當我們感到安全或者夠安全時，痊癒的動力就會出現。AEDP與大多數專注於精神病理學的療法不同，它的焦點不在於什麼是錯的，而在於什麼是對的。AEDP治療師總是在尋找這種治癒動力，我們為它取了一個特殊的名稱：轉化（transformance）。以下是我對轉化，也就是治療動力的描述：

世人非常需要轉化。我們天生會成長和療癒，而且天生會自我矯正，即使成長時曾受挫，也能恢復。我們需要擴張和解放自我、減少防禦，以及卸除虛假的自我。當我們努力接觸已經被凍結的「部分自我」時，我們就會被一種深深的渴望所塑造，這是想被知道、看到和認可的渴望。[1]

既美好又方便的是，痊癒的現象一定會伴隨著具有明確「軀體情感標記（譯注1）」的生命力和能量。這些標記能幫助我們追蹤，並幫助我們看到轉化的跡象以及為治癒和幸福所作的努力。當我們認同別人的那些努力時，便會覺得有人在關心自己。

轉化以及它在能量和生命力上的正向軀體情感標記，是直接轉換治療行動中的正向神經可塑性，這樣能讓神經網絡重新連結。

會特別留意正向、適應性，以及感覺正確和真實的事情

當我們在絕望和恐懼中尋找治癒的證據之際，我們也在仔細注意及處理正向、適應性，和感覺上正確、真實的事情。

ＡＥＤＰ中的「正向」具有非常特殊的意義，它當然包括正向的情緒，例如喜悅、感激和快樂。但很重要的一點是，我們在ＡＥＤＰ中所定義的「正向」，是包含那些對個人而言，感

覺上「正確」和「真實」的事物。這是必須掌握的重點，因為我們常常會為了不想感到痛苦而害怕感受情緒。

正如你將在後面篇章中看到的，當我們終於擺脫小時候建立起來的保護屏障，並且實際感受到自身真正的情緒時，即使那些情緒是悲傷或憤怒，我們也一定會感到如釋重負。除此之外，我們還能感覺到長久以來身體需要感受的東西。就像扶正一幅歪掉的圖畫令人鬆一口氣一樣，當我們終於能感受到符合自身情況的情緒時，感覺就對了，而且我們也會覺得愉快。

不再感到孤獨

AEDP理解「情緒痛苦」和後續的「情緒困擾」如何發展。面對巨大的情緒時，孤獨（包括非自願孤獨和不想要的孤獨）就處在這種理解的中心。這種理解的意含很清楚，代表著「與……在一起」，亦即與一個令人感到安全和熟悉的可靠者同在，這對治療很重要，並能夠以健康的方式處理我們的情緒。當我們不覺得孤單、覺得有伴時，我們的神經系統就能升級。藉由別人的幫忙，我們能夠更進一步感受和因應。因此，AEDP治療師的主要目標是消除案主的

譯注1－I somatic affective marker，人體會對外界事物產生「標記」功能，一旦未來遇到類似情況，此標記就會被喚醒並制約人們的思考方向和決定。

孤獨感，並與對方一起完成治療過程。

由於我們對依附理論（attachment theory）[2]以及自主神經系統運作方式的了解[3]，大多數「經驗取向」的治療師試圖啟動社會參與系統（social engagement system），並建立安全和連結。依附理論的研究記錄了父母若是擁有具復原能力的子女，他們會有何行事作風。AEDP治療師更進一步，仿效那些依附研究，把處理同理心、關懷、關切、驗證，和真實的情緒表現放在第一位。正是這一點使得處理情緒變得有效果。俗話說：「三個臭皮匠勝過一個諸葛亮」，不僅兩人智慧勝過單打獨鬥，兩個心靈也勝過孤獨的心靈。當我們與一個關心他人的人共處時，很難獨自處理的事情會好辦多了。

「消除孤獨」是AEDP療法的必要條件：它是所有情緒研究的基礎，希拉莉的著作提供了相當完美的例證。

正向互動的重要性

依附理論教導我們，照顧者與受照顧者之間的正向互動，亦即以照顧、情緒投入、接觸、連結、幫助和正向情緒為特性的互動，是幫助童年時期發展腦部的最佳要素。它們支持大腦化學物質，而大腦化學物質會反過來支持在每個人生命中運作的正向神經可塑性。[4]

支持「白板論（譯注2）」心理醫師的時代（大多）早已過去。AEDP治療師著重在連結、情緒投入和真實性，AEDP治療師表達真實的關懷以及助人的渴望。

關懷、同理心、關切、驗證和真實的情感表現，對於建立安全和連結非常重要。但如果付出無法被接受，那付出又有什麼意義呢？

一、能處理接受性的情感體驗

在AEDP中，我們不僅專注於幫助大家表達情緒，也努力幫助大家學習接受情緒，從而有所收穫。換句話說，當我們在處理接受性的情感體驗（receptive affective experiences）時，亦即是處理「接受愛、關懷或理解的感覺」。

我們都渴望得到支持、關懷和理解，也渴望能被看到、被感覺到、被聽到和被理解。然而，當有人出乎意料地給予我們這樣的感受時，我們卻常常以沉默和不信任回應。AEDP致力於幫助人們克服障礙，以接受來自良好關係（包括治療關係）的美好事物。我們幫助大家探索：接受關懷時，是什麼感覺？被了解時，是何種感受？在過程中，我們往往能了解為什麼滿心期待的事物經常遭到阻礙。以AEDP的這種方式，我們可以真正感受到關懷、愛、同理心、欽佩、理解，並感覺被看到。當我們有這些感覺時，就可以充分享受這些感覺的好處。如果我們心中確

譯注2 — blank-slate，白板論認為人類的心靈就像一塊白板，心靈的所有結構都來自演化過後的認知框架。

實有愛、確實感受到被理解，就可以更自信地迎接每一天的挑戰。

二、**能充分利用正向情緒**

「不再感到孤獨」、「同處其中」、「和……在一起」，這些做法不只適用於處理及紓解苦惱的負面情緒，AEDP治療師還會積極、明確並根據經驗，處理治療師和案主之間的正向情緒；治療師自身的情緒表達範圍也因而能延伸到關懷、關切、同理心和連結之外，幫助案主明確表達高興、喜悅和歡喜。AEDP治療師因此能超越同理心和驗證的層次，實際明確的肯定案主。此外，頌揚案主的正向特質、優點、才能，以及在治療上的成果，並確保案主能夠接受這些情況，對AEDP療法的效用會有幫助。

三、**能充分處理與苦惱相關的情緒，認為：「再糟也不過是如此」**

這句話是數一數二傑出的經驗治療師尤金・簡德林（Eugene Gendlin）的名言，他創造了一種稱為「澄心」或「聚焦」（Focusing）的療法，[5]這種療法也是我一篇論文的標題，內容是關於如何幫助人們處理激烈情緒。[6]

情緒是透過無止盡的演化而與生俱來的。情緒的目的不是要嚇倒或壓垮我們，使我們害怕自己失去控制。情緒連接到我們的大腦、身體和神經系統，幫助我們應付環境，從而提高我們的適應能力。不管情緒有時看起來多可怕，如果我們決定處理情緒和代謝情緒，情緒總會把我們帶到下面這些境地：悲傷的核心情緒將引導我們最終能接受悲傷；憤怒的核心情緒代表自我以及我們對正義和正確事物的需求，把我們引導到力量（strength）、清晰（clarity）和授權（empowerment）的經驗中；恐懼將引導我們尋求安全；喜悅則促使我們充滿活力、精力，並且使我們更願意與人產生連結及熱情探索。這是以經驗情緒處理的基本原則：有一桶等待每種核心情緒都被充分處理的適應性黃金，那桶黃金由以下三項元素構成：復原力、清晰度，以及透過能為行動提供資訊的方式以了解自身需求的強化能力。

正如希拉莉所證明的，使用她在本書中描述的工具，可以幫助你做到那一點。即使你不須治療，這本書也可能會妥善消除你的孤獨，並教你如何克服障礙和抑制情緒，讓你知道自己真正的感受。一旦你得知自己的深層感受，人生就會豁然開朗。

這種把某種情緒加以處理，直到消退結束的做法，是所有經驗療法所共有的治療方式。經驗療法包括：眼動身心重建法（EMDR）、內在家庭系統（Internal Family System）、完形（Gestalt）、聚焦、身體經驗創傷療法（Somatic Experiencing，SE）、感官動能心理治療（Sensorimotor Psychotherapy）、情緒聚焦等。

事實上，將情緒處理完時，情緒會釋放出適合的行為傾向、復原力，以及清楚讓我們了解需要什麼、進而需要做些什麼。妥善處理的情緒會刻意激勵系統，完成時還會連帶產生正向情感。

我們會從感覺不好轉向感覺良好。處理良好感覺和處理不良的感覺都同樣重要。

轉化經驗的後設處理

如果第一輪的治療是如何擺脫防禦和焦慮，第二輪就是努力治癒痛苦，並提高效用和復原力，而在AEDP中，還有第三輪治療！

AEDP的第三輪，亦即「後設治療處理」（metatherapeutic processing），簡稱「後設處理」（metaprocessing），其中包含了處理正面的情緒經驗。在這一點上，AEDP和處理負面的情緒經驗一樣有條理而徹底。[7]正如處理負面情緒能使這些情緒轉化為可以適應情況的行動一樣，處理與改善（例如治癒或轉化）相關的正面情緒，會展開另一輪的轉化。「後設處理」進一步擴展和建立了[8]源自徹底處理創傷情緒的改變。正是這一點重新連接了大腦，並加深和擴大復原力及幸福。

AEDP有系統地著重在使感覺良好和改善經驗，這種聚焦是一種擴大、深化和鞏固幸福的方法。

一、轉化情感

我們的後設處理經驗顯示，當我們探索與改善相關的正向情緒經驗時，會產生更多次的轉化經驗。事實證明，每一個新的轉化經驗都伴隨著它自己固有的情緒。我們把這些情緒稱為「轉化情感」（transformational affects），而且這種情緒是正向的。AEDP詳細描述了轉化情感，並與其有系統地合作。就如核心情緒提醒我們必須處理哪些事情，並且特別針對不同類型的挑戰（例如，恐懼是針對危險的情緒，而悲傷則是針對失落的情緒），轉化情感則會提醒我們發生在內心的重要正向改變。透過注意這些正向改變，我們能夠鞏固正在發生的改變，並盡量加以利用，從而進一步豐富我們的生活。[9]

轉化情感包括（但不限於）：喜悅、自信和自豪的掌握情感（mastery affects）；與擁有新經驗和空前經驗的正向弱點相關的恐懼情感（tremulous affects）；內心感到感動，對幫助者表達感激和愛的治癒情感（healing affects）；對發生的變化感到驚奇和敬畏的理解情感（realization affects）。

二、沒有限制的轉化過程

在經驗上探索正面轉化情感，會導向更為正面的轉化情感。更多正面轉化情感，則會召喚更多正面轉化情感，形成沒有限制的轉化過程。這種過程包含了生命力和能量的上升螺旋，並且超越治療的情緒苦惱，轉化為繁榮和幸福。

三、核心狀態

轉化過程在核心狀態，也就是統一整合而開放的狀態中，達到最高點。希拉莉在本書中將之稱為「開放狀態」（openhearted state）。開放狀態兼具了AEDP的核心狀態和內在家庭系統療法的核心自我（core Self）。此時，轉化的過程變得極其穩固，AEDP的工作、IFS，以及本書所描述的工作，則是在這個狀態下，融合了東方和西方的靜觀冥思傳統（contemplative tradition），讓人能夠獲取存在心智中供人啟動的根本心智特質。歸納它們特徵的過程會導致下列狀態，並經常達到極點：慷慨、有智慧、對自己和他人感到同情、平靜、接受、有連貫性、幸福、流動、放鬆，和深刻的認知意識——這點與「真我」的本質有關。[10]

最後，AEDP和本書從我們的掙扎和挫折開始，並以讓我們獲得最深刻的禮物而告終。這種基於科學理解和臨床經驗的基本希望是至關重要的，因為心理治療目前面臨的最大挑戰之一就是必須打擊虛無主義，以及教育大眾了解該如何介入才有效。社會上通常會對患有憂鬱、焦慮、成癮和其他心理困擾症狀的人冠上污名，情緒教育則是能夠根除這種污名的一股強大力量，可以改變我們如何看待自己和他人。本書會幫助我們更了解人為什麼會遭受痛苦，並且會讓世人因為理解自己悲傷與憂鬱的真正原因，進而感到如釋重負。

書中還闡明了聚焦於情緒的療法為何奏效，和如何辦到。如果你是學習AEDP和實踐

AEDP的治療師，本書將幫助你藉由了解書中的解釋並觀察AEDP的運作，來掌握它的本質。如果你是接受治療的案主，尤其是接受AEDP、IFS和其他經驗療法的案主，本書則會幫助你更進一步了解你的療法如何作用。

請閱讀（和重讀）這本書，並且考慮把它分享給別人。雖然這是一本你必定能自行使用的自助式書籍，但你也可以考慮找個夥伴共讀，或組成同儕團體來讀：這樣你就可以獲得支持，你的痛苦和喜悅也能被見證。

重點是：如果你是人，我建議你讀這本書。

第一章

認識情緒變化三角地帶

二〇〇四年，我在紐約市參加一場關於情緒與依附科學的學術會議，首次接觸情緒變化三角地帶（Change Triangle）[1]。在那裡，我盯著投射在螢幕上的一個巨大倒三角形。這個倒三角形是在說明情緒如何運作，以及如果不加以適當控制，可能會導致諸如憂鬱症等心理症狀。防禦、焦慮，這些被稱為「核心情緒」的極重要元素，它們被標示的方式，讓人看了頓覺恍然大悟。看似隨機而混亂的心理經驗元素，就像轉好最後一層的魔術方塊一樣，變得有條不紊。我感到被了解、寬慰、興奮。

我受過科學和心理學教育——布朗克斯科學高中、衛斯理大學生化學位、哥倫比亞大學牙科外科博士（DDS）、社工碩士學位，並從那時起獲得精神分析學證書——為什麼我以前沒看過這個簡單的圖？我那時認為：這應該是基礎教育，每個人都可以因為理解情緒如何運作，以及如何利用情緒讓自己感覺更好而獲益。

焦慮和憂鬱，是因為你忽略了情緒

當我觀看情緒導引的心理治療錄影帶時，我看到在一次諮商中發生的徹底轉變。對這些患者來說，傳統心理治療師需要幾年才能夠完成的工作，如今一個小時內就完成了。我很想知道，這是不是好得令人難以置信？這個擁有科學基礎的療法可以供人傳授和複製嗎？我過去十年的工作已經證明，答案是肯定的。

我仔細研究百年來心理學和大腦的科學與解剖學，加上十多年來心理治療執業之後，我相信情緒變化三角地帶可以幫助任何人，而不僅僅能幫助來接受心理治療的案主。我的任務是將情緒變化三角地帶背後的理論轉化為每個人都能夠使用的工具，而非僅限於訓練心理治療師。我修改了臨床文獻和科學，使情緒變化三角地帶易於理解，而且靈活實用到足以供人隨時隨地使用。我將解釋如何使用這個重要的工具來幫助你感覺更好。

生活很艱難。我們全都會遭受痛苦。現代人比以往任何時候都經歷更多壓力、負擔、空虛、焦慮、自我批判和憂鬱。大多數人不知道如何有效處理情緒，反而拚命透過逃避來管理情緒。這種因應方式是導致憂鬱和焦慮等精神障礙症狀的原因，長期來看，逃避情緒是行不通的。情緒變化三角地帶是一個讓我們能夠繞過痛苦，以便把更多時間花在更平靜、更重要的生活狀態上的地圖。情緒變化三角地帶的基礎是最新的情緒研究和大腦科學研究，儘管它的科學根源很複雜，但直覺上是正確的，並且是每個人管理情緒時所不可或缺的資源。

情緒是強大的力量，會瞬間突襲我們，使我們以通常有害的方式感受、行動和反應。為了回應，我們用我們心智的其他部分來掩藏情緒，並認定這不會影響我們。但情緒是依照物理學來移動的生物力量，忽視情緒一定會產生後果——因此世界上焦慮和憂鬱的比例持續上升。我們的文化和教育體系未能使我們具備教育、資源和技能來理解情緒和處理情緒，而且我們的社會對於情緒在生物學上如何運作缺乏基本了解。我們的文化所教導我們的，就是如何消除情緒和避免情緒。情緒變化三角地帶是對這個文化規範的挑戰。

迴避情緒會耗費大量成本。情緒會跟我們說我們想要什麼、需要什麼，以及什麼會對我們不利。我們不使用自己的情緒時，那就像在沒有聲納或甚至羅盤之下，在動盪的海水中駕駛船隻一樣。情緒也將我們連接到真我，讓我們感受到與其他人的親密連結。當我們與情緒脫節時，我們會感到孤寂，因為我們與自己的連結，以及與我們所關心的人的連結會透過同理心（亦即情緒的連接器）而變得豐富。與最真實自我的更深層連結，是透過體驗七種普遍、先天、預先連結的核心情緒：悲傷、喜悅、憤怒、恐懼、厭惡、興奮和性興奮[2]。這些核心情緒幫助我們駕馭生活，從我們出生那天一直到我們死亡那時為止。

在感性情緒和理性思考間取得平衡

情緒是深植於大腦、不受意識控制的生存計畫。面對實際威脅時，恐懼會被引發。比方說有隻野狗在追你，恐懼使你立即拔腿跑開。憤怒強迫我們出於自衛而搏鬥，藉此保護自己。悲傷是我們遭受失落時所感受到的核心情緒，例如失去頭髮、失去珍愛之物、失去親人。當我們以令人充實的方式成功並與他人連結時，喜悅和激動等情緒促使我們進一步投入，因此人類得以成長、擴張和發展。情緒是對當前環境的直接反應。情緒和智力形成鮮明對比，我們的思考大腦讓我們有時間考慮要如何回應，而情緒大腦則只是回應而已。

儘管我們真的需要情緒來好好生活，但這件事也對我們造成問題。真是一項根本的衝突！從生物學的角度來看，我們需要情緒，但情緒也傷害了我們。人類的心智已經發展到具備驚人的能力，能夠忽略情緒以推動人生。事實上，這種能力可以幫助我們完成事情。我們需要工作、養家餬口、確保棲身庇護之所，並顧及其他基本需求。我們使用防禦機制，以便能夠繼續活動。但研究人員現在知道，阻礙情緒對身心健康有害。被阻礙的情緒會導致憂鬱、焦慮，以及由長期壓力引起的各種其他心理症狀。此外，長期情緒壓力還會提高我們體內的壓力荷爾蒙（稱為腎上腺皮質素），進而影響身體健康。情緒壓力一直以來都與心臟病、胃痛、頭痛、失眠、自體免疫疾病[3]等有關。

此外，現代生活的挑戰，例如成功的壓力、適應的壓力、「保持水準」的渴望、「錯過恐懼症」、對良好關係和工作滿意度的渴望，引發了經常相互衝突的幾種情緒組合。例如，法蘭克買不起他真正想要的車。像法蘭克這種沒有滿足的汽車夢一樣簡單的事情，可能會導致悲傷、憤怒、屈辱和焦慮的混雜情緒。不用說，若是沒有防禦，所有那些感情加起來就難以管理或者承受。生

【情緒變化三角地帶】

防禦
我們為了避免感覺
所做的任何事情

抑制情緒
焦慮、羞愧、內疚

核心情緒
恐懼、憤怒、悲傷、厭惡、喜悅、興奮、性興奮

真我的開放狀態
平靜、好奇、連結、富同情心、有自信、勇敢、清晰

在任何特定時候，我們都會在情緒變化三角地帶的三個角落之一找到自己的心理狀態，或者是處在這個三角地帶之下的開放狀態。

活的挑戰和衝突創造出複雜的情緒雞尾酒。

我們每個人會根據自身的遺傳、天生傾向和童年經驗，以不同的方式引導情緒。即使我們不能有意識地察覺這種連結，我們年輕時面臨的逆境類型和次數，也直接影響了我們現今的感受。此外，當時我們的父母和照顧者如何回應我們的情緒，亦直接影響了我們現在如何感受和處理自身情緒和他人情緒。

有些人與自己的情緒中斷連結，以因應自己面臨的挑戰，而這樣做會使我們迴避、自我封閉、變得麻木。最後，我們生活在只靠想法和智力引導的大腦中，失去了情緒指南針。或者，有些人不能中斷連結，而是變得容易被情緒擊垮。那也會產生一些後果，例如容易不知所措的人費了九牛二虎之力來管理個人感受，而這會令人筋疲力盡。你可能會以為自己是動

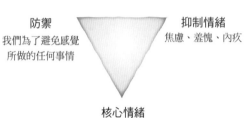

輒發怒，或是只為了搞丟一頂帽子這種小事而哭泣的人。又或者你會發現，即使在理智上你知道這沒什麼好怕的，但你還是常常擔驚受怕。有些人很容易因別人對自己的傷害或侮辱感到受傷，即使是最微不足道的誤解，都會認為別人是衝著他們來的，所以很難跟別人相處。當我們的情緒如此激烈和容易爆發時，我們有時會以事後後悔莫及的方式加以反應，使我們的生活更艱難。

理想上，要在個人的情緒和想法之間創造平衡。我們需要感受自己的感覺，但是不能過火到讓這些感覺壓倒我們，損害我們的正常運作和生產力。我們需要思考，但是不能過火到忽視自己深厚豐富的情緒生活而失去活力。

情緒變化三角地帶是讓我們擺脫心理防禦、重新接觸核心情緒的地圖。當我們接觸自己的核心情緒、感受它們，並走出核心情緒時，我們會感到解脫，焦慮和憂鬱消失了，我們的活力、信心和內心的平靜也會因此提升。從生物學來講，我們的神經系統會重新調整得更好。

運用情緒變化三角地帶還會使大腦更靈活，讓我們對自己的感受、想法和行為有更多的控制和力量。我們知道情緒變化三角地帶並了解情緒如何運作，就會有所轉變。

雖然我是在一場專業人員會議上第一次得知情緒變化三角地帶，但它是所有人都可以輕易學習並立即應用的地圖。看完這本書，你會以一種全新方式理解自己、你所愛的人、朋友和同事，並且能夠實際應用。因為大家的情緒運作方式都一樣，情緒變化三角地帶對每個人都有意義。你將更了解如何改善你與自己，以及與他人的關係；你會感覺更好，生活更輕鬆。

我的故事：從憂鬱症患者，到成為心理治療師

我出生在一個佛洛伊德式的家庭，家中的價值觀也是「心靈勝於物質」。我母親是學校的諮商人員，父親是精神科醫生。他們相信我能夠、也應該用智慧的洞察力來控制自己的感受。家裡很少討論情緒這件事，如果有的話，談的都是該如何掌握或解決情緒。

我的記憶是從大約小學四年級開始變得清楚，那時我開始有自我意識。我母親總是跟我說我既漂亮又聰明，但是我並不覺得。我覺得自己又蠢又醜。我看著鏡中的自己，覺得自己讓人失望。我沒有被霸凌過，和潮酷的孩子相處融洽，但我總感到孤立不安。成年後，我了解自己感受到的是焦慮和羞愧。

在中學期間，我功課很好。每得到一個好成績或一個獎，我的信心就會增長。我發展出一個信念：如果我努力工作，就會成功並被認可。隨著每一次的成功和嘉許，我的不安感開始減輕。

大約在那個時候，我的七年級英語老師讓我們閱讀佛洛伊德的書，我開始醉心於精神分析。回想起來，這一定有助於我以一種使我有掌控感的方式來理解自己。我對精神分析的熱愛在高中繼續增長，直到我的朋友懇求我別再分析每個人。所以我遏制了自己提供免費（雖然沒有人想

要）心理分析的嗜好，轉而大量廣泛閱讀關於這個主題的資料。

到那時候，我決定跟父親一樣當醫生。我喜歡，也擅長科學，決定從醫，使我受到很多人的肯定。在大三之前，我從未質疑自己走的路，但從來沒有真正思考過醫生的日常生活是什麼樣子。

在大學裡，我修了一門名為「當代精神分析」的課程。令我相當懊惱的是，我發現這其實是反佛洛伊德的女性主義課程。在學期的前半段，我端坐在這個專題討論中，對抗十位激進的女權主義者。我對自己的立場充滿信心，熱烈論證為何佛洛伊德傑出而且理論令人信服。在大約五堂課之後，我意識到我的論點被忽略。事實上，我的同學提出了一些令我覺得極有說服力的扎實反駁和研究。我發現，如果我不是忙著辯駁，也許可以學到一些東西。

到了課程的最後，我開始質疑一切，包括我父母的價值觀和信念、我的社會和我的文化。我開始思考為什麼我會決定當醫生。當時我不好意思承認，我了解到自己當醫生的幻想與實現某種生活方式有關，而與想要懸壺濟世無關。當我想像自己處理重病患者，必須對他們的親人說明可怕的診斷結果時，我發現前景太艱難、太容易引發焦慮。我對這個責任感到生氣。我不想每天處理這種生離死別的重大問題，這是我們家裡一直迴避的話題。

我太害怕，以至於無法放棄從醫之路，我迫切需要一個計畫，否則我會迷失和失控。從小到大，我一直受到「盡量減少焦慮」的渴望所驅使。我做了大大小小的決定，目的都是讓自己的人

【作者希拉莉的三角地帶】

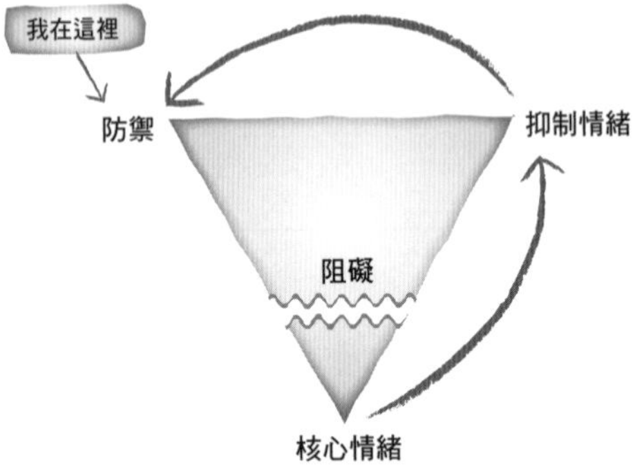

此時，我的防禦仍然運作良好，這意味著我沒有任何焦慮或憂鬱症狀。但是我並沒有意識或接觸到我的基本情緒。

生有長期計畫，以確保自己會快樂。我有許多在無形中加深的恐懼，我認為，如果保持現在的路線，有個好工作、找到好歸宿，就可以避免這些恐懼，所以……我決定當牙醫。

在牙醫學院，我遇見我的第一任丈夫，我覺得一切都發展得很完美。我有一個很棒的伴侶，準備組織一個家庭，我利潤豐厚的事業走在正確道路上。後來，一切事情一步步分崩離析。我成了牙醫，卻討厭這項工作，畢業一年後就離開這個領域。我決定離開牙醫界，讓我丈夫、公婆和父親很懊惱，我失去了他們的認同和尊重。結婚六年後，我和丈夫無法處理我們之間出現的衝突。我茫然、孤獨，而且害怕。婚姻諮商無濟於事。我們無法解決彼此的問題；我們的婚姻結束了。我恢復單身，帶著兩個年幼的孩子，事業也沒了。事實證明，我自認為了解而且自信滿滿的一切，全是錯的。我愛兩個女兒，但我感到茫然，沒有羅盤提供指引。這是我人生中第一次偏離軌道，而且毫無計畫。

為了自食其力，我接了一堆沒有成就感的工作。我攀爬企業階梯，升到媚比琳化妝品公司的管理職、在紐約的時裝區工作、創立一家銷售維他命的居家企業，並且在一家新的醫療軟體公司擔任業務主管。但沒有一樣事情感覺對勁；沒有一樣工作感覺像我想做的事。

那個時候，我對自己的堅忍、剛毅，以及「心靈勝於物質」的態度感到自豪和高興。事情不順利時，我做了改變。我相信我控制了自己想要感受的事情。我自豪地把恐懼、渴望和其他任何我認為毫無用處或適得其反的情緒推到一邊。後來我前夫宣布再婚，雖然我為他感到高興，但也有一種遭到意外打擊的情緒反應，我陷入憂鬱。我被生活壓倒了。他的婚姻突然確認了我在世界上的徹底孤獨。我害怕，同時也羞愧自己竟會感到害怕。恐懼產生羞愧、焦慮，進而造成憂鬱症。

我從來沒有想過，推動自己、發展事業、撫養孩子、尋找新伴侶會導致我崩潰和受傷。我以為自己會沒事，畢竟我一直都很好。但是我的情緒心智（emotional mind）還有另一個議程。我被壓垮並且人生停擺了。我昏睡的時間變長，終致無法下床。我在棉被下找到庇護，躺在黑暗之中，躲開別人和自己生活中的日常需求。那是我唯一感到安全的地方。

我妹妹阿曼達建議我看精神科醫生治療憂鬱症。我太不關心自己，以至於從來就沒有想到自己得了憂鬱症，但是她一提出這一點，我就知道她是對的。

我的精神科醫生診斷出我患有焦慮不安的憂鬱症，這是一種充滿焦慮的憂鬱症，建議我服用百憂解。她解釋說，壓力使身體更難製造一種叫做血清素的大腦化學物質。血清素濃度過低時，就會出現憂鬱症。壓力減輕時，血清素的製造量就會增加到原來的水準，憂鬱症也隨之消失。

我只能說：「謝天謝地有百憂解！」四個星期後，我又恢復正常活動，像以前一樣作息，但是我因為這樣的經歷而永遠改變。這是我第一次對個人情緒的力量感到讚賞和尊重。我了解到，我必須注意自己的感受，仔細聆聽情緒告訴我的事情，並根據我的感受採取行動。儘管如此，我並不太知道如何關心自己的感受、如何根據自己的感受採取適當行動，或是如何理解這樣的感受。我開始接受精神分析心理治療，並能夠在半年後停止服用百憂解。[1]有一個地方可以讓我談論自己和我的生活，確實有幫助。

我決定改變我的優先順序。我沒有根據薪資來選擇工作，而是專注於尋找符合自己興趣的職涯，我的興趣一直將我拉向心理學。我拿到社工碩士學位，然後參加為期四年的學士後精神分析訓練學位課程。

AEDP療法能讓人找出哀傷原因，釋放壓力

在我開始上分析訓練課程之前不久，一位朋友建議我參加一場會議，聆聽一位側重於情緒的

心理學家的演講。戴安娜．佛莎博士開發了一種名為「加速體驗式動態心理治療」（ＡＥＤＰ）的新療法[2]。ＡＥＤＰ採用治療導向（healing-oriented）的方法，而不是洞察導向（insight-oriented）的方法。洞察導向療法，例如精神分析或認知行為治療（ＣＢＴ），通常會運用患者的想法，希望患者透過獲得洞察力，最終改善症狀。ＡＥＤＰ療法治療的目的，是在情緒和身體層次改變大腦和目標症狀，所以最終不是管理症狀，而是讓症狀消失。我知道，ＡＥＤＰ比精神分析更具指導性；它的方法很具體明確，結果可預見是正向的。

與心理治療有關的「治療」（healing）一詞讓我感到不安，這聽起來像我父母會嘲笑的新時代（new-age）想法。不過，我開始從事心理治療，是因為我想盡快改變大家的生活。世人正在遭受痛苦，我並未看輕此事。ＡＥＤＰ吸引我，因為它的資訊來自最新的神經科學和臨床理論，而這些科學理論告訴我們，患者如何從憂鬱、焦慮、創傷等症狀轉化和治癒。

當我繼續上心理分析訓練課程時，我更深入探究情緒、神經可塑性、創傷、依附和轉化的原理和理論。這是一個改變的途徑，它不需要我擺脫感覺和停止感覺，而「感覺」正是我認為要成為良好分析師所需要的工具。透過ＡＥＤＰ，我擁有更多方法可以幫人減輕痛苦。

ＡＥＤＰ允許我做到真實和明確的關懷，不僅關注患者做錯了什麼（或者出了什麼問題），也關注他們做對了什麼。這是一個完全不同的世界，是個包括真正連結、治療和轉化的世界。在這種方法中，不管是與困難相關的情緒，或是與治癒相關的情緒（這也是ＡＥＤＰ的強項），情緒都是核心而重要的部分。我研究得愈多，愈是了解：「情緒導向實務」並不是一種現在的奇怪時尚。事實上，它的尖端科學基礎使我認為，這是「心理治療實務」未來的浪潮。

我聽完那場會議時，以一種新方式了解自己。情緒理論幫助我了解為什麼我們變得焦慮和沮喪，情緒變化三角地帶給了我具體的方式來擺脫那些痛苦和悲慘的狀態。我不僅對自己學到的東西充滿熱情，也知道自己想立即付諸實踐。我希望我的患者能夠使用這個簡單的工具，改變生活。

認識情緒變化三角地帶

情緒變化三角地帶是個心靈指引地圖，讓你從憂慮狀態變得平靜清晰。

無論是找出什麼事讓你心煩意亂、你所遭受的壓力有哪些症狀、你有什麼不想要的行為，或者你想改變自己個性上的哪些方面，情緒變化三角地帶都提供了一個供你遵循，以求紓解和恢復的有邏輯的科學路徑。情緒變化三角地帶沒有訴諸用來麻醉心智的工具，例如藥物、酒精或其他剝奪我們真實性和活力的防禦手段，而是為我們提供了應付挑戰和協助我們了解受苦原因的正向途徑。

三角地帶的三個角落是核心情緒、抑制情緒和防禦。核心情緒，亦即我們天生的生存情緒，說明我們想要什麼、需要什麼、喜歡什麼和不喜歡什麼。抑制情緒（例如焦慮、羞愧和內疚）阻礙了核心情緒，讓我們保持文明，以便能夠適應自己喜愛和需要的團體。而且抑制情緒還有一項功能：它們是防止核心情緒壓倒我們的權宜之計或失效保護機制。防禦則是心智保護我們免於情緒痛苦和被感情壓倒的方式。

【情緒變化三角地帶】

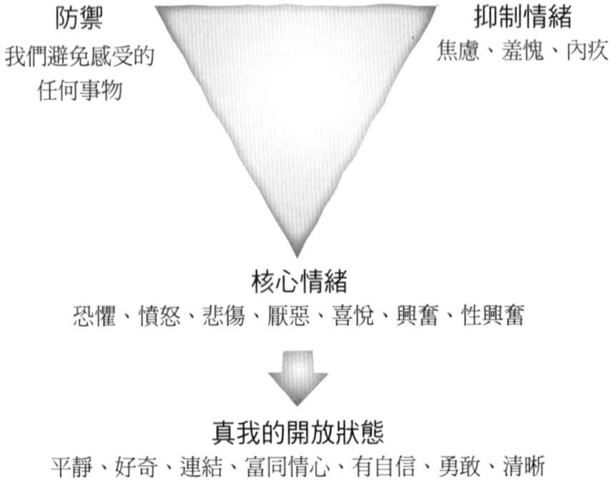

核心情緒：發自內心的感受與衝動

核心情緒是生存情緒。每種情緒都有特定的內在設計，這種設計能引起身體的變化，並且讓人產生起而行的衝動，其目的是幫助我們在眼前的情境下求生存或更茁壯。

核心情緒能告訴我們關於環境的資訊，這樣我們就可以盡可能適應環境而生活。我是安全的，還是面臨危險？我需要／想要什麼？我不想要什麼？我難過嗎？我受傷了嗎？什麼事情讓我高興？什麼事情讓我厭惡？什麼事情讓我興奮？

由於核心情緒天生存在於大腦的中間部分，這樣的情緒不會、也不能受到有意識的控制。核心情緒和其衝動自動發揮作用，促使我們立即行動。大自然要我們在被核心情緒「通知」之後才思考。這就是為什麼核心情緒起源於大腦的一部分，其反應速度比我們所能想像的還要快，並且不能被有意識地否決。這也是為什麼我們無法透過核心情緒來思考方法；核心情緒必須是發自肺腑地經歷，才可以受到處理。

核心情緒很棒。如果我們不妨礙核心情緒，其先天的設計會告訴我們，要做些什麼才能適應生活。

核心情緒是：

- 恐懼
- 憤怒
- 悲傷
- 厭惡
- 喜悅
- 興奮
- 性興奮

我們的核心情緒實際上是一系列身體感覺。當我們長大，並且在照顧者同理心的協助下，我們學會識別和指認我們感受到的情緒：「我傷心、害怕、快樂」等等。但是當我們悲傷時，我們經歷的是胸中沉重、低落的感覺，或是眼中出現像壓力和泫然欲泣等明確的感覺。

核心情緒也包含身體衝動，這是天生就有的直接和適應性的行動反應。你是否曾經伸手進冰箱，替自己倒一杯牛奶，卻沒有檢查有效期限？喝一口酸敗的牛奶就會引發一個直接反應：你把牛奶吐出來。我們的味蕾受到毒物威脅時，會向情緒大腦（邊緣系統）發出訊號，以觸發厭惡。厭惡是核心情緒之一，會導致身體的一項生理反應，也就是噁心。

厭惡會引發衝動，讓人想做出牽動許多肌肉的動作：舌頭縮回，嘴巴周圍的肌肉扭曲。厭惡會影響胃腸道的肌肉，使人嘔吐。隨著人類搜尋食物，厭惡逐步發展，以減輕毒物的危害。當人類互動是惡毒的或有害時，也會引起厭惡。受虐的一個後果是，虐待者會引人厭惡。這是大自然讓我們知道什麼對我們有好處、什麼對我們有壞處的聰明方式。每一種核心情緒都有特定的反應，而那種反應就是為了幫助我們在那個時刻生存或發展。

抑制情緒：遇到負面回應時，會壓抑真正的感覺

抑制情緒是阻礙核心情緒的一組特殊情緒。有時我們會阻礙核心情緒，以便與他人相處；有時我們阻擋核心情緒，則是因為核心情緒壓得我們喘不過氣。

抑制情緒包括：

- 焦慮
- 內疚
- 羞愧

抑制情緒使我們與人保持連結，首先是連結我們的父母和主要照顧者，然後是連結我們的同儕、學校、伴侶、社區、宗教、同事、朋友和整個世界。人類天生就會連結，我們要生存，就必須相互關心。因此，保持與父母或其他照顧者的連結，對兒童的身心發展至關重要。如果我母親每次看到我苦惱就會離開房間，到最後我就會學著隱藏痛苦，以免被拋下。如果我發怒導致我父親生氣和辱罵，我就會學著隱藏憤怒。抑制情緒忽視限制、壓抑或禁止核心情緒的表達，來保持人際連結。

出生後，我們就開始懂得哪些核心情緒為周圍的人所接受，哪些不被接受。根據定義，「不被接受的」情緒會引起負面反應。例如，如果一個男孩表現出悲傷，他父親要他「拿出男人的樣子」，那男孩的大腦就會認為悲傷是負面反應，因為他父親拒絕接受這種核心情緒。如果一個小女孩感到興奮，結果她母親要她「收斂一點」，女孩的大腦就學會抑制興奮。女孩以後表達興奮時將會比較緩和，或至少她會覺得矛盾。當一個孩子告訴她祖母，她害怕蜘蛛，結果祖母回答說「別傻了」，她會覺得「跟人說我害怕是不好的。」將來她害怕的時候，可能會自己處理恐懼，而不是認為她可以找人消除疑慮和尋求安慰。

任何核心情緒都可能引發父母負面、多餘和自發的反應。父母可能會以憤怒、悲傷或漠不關心的態度回應孩子的核心情緒。這些負面的反應對所有人來說都是難以管理的。我們表達情緒時，基本上都想要對方正面回應。如果我們表達情緒後，對方的反應是絲毫不感興趣和漠不關心，這就是在通知我們的大腦：某件不愉快或危險的事情正在發生。照顧者的口氣、臉部表情、身體姿勢和語言，都可能表示他們認為我們的情緒表達是多餘的。遇到負面的回應時，我們以後就會盡量限制那些情緒。如何做到這一點？我們的大腦會使用抑制情緒，亦即情緒的停車標誌，來限制進一步的情緒表達。

不准生氣！

當大腦意識到我們以前學到的核心情緒不受歡迎時，抑制情緒就會出現，阻止核心情緒的能量流動，並引起肌肉緊張和抑制呼吸。結果就像是同時踩下車子的油門和剎車。核心情緒會鼓勵我們表達情緒，而抑制情緒會壓抑我們表達情緒。情緒能量受到阻撓，會對身體形成壓力，有時候還會造成創傷。

一旦我們了解（甚至是無意識地了解）某種核心感覺不被接受，那麼除非我們積極努力改變這種動態，否則在我們成年期間，阻礙這種情緒的模式都會持續下去。

抑制情緒除了幫助我們在社會中發揮作用，還會在核心情緒變得過於激烈時加以關閉。憤怒、悲傷和恐懼等情緒可能會令人難以接受。有時我們無法處理核心情緒，此時，大腦就會使用抑制情緒，作為一種避免失效（fail-safe）的手段來關閉核心情緒，以免我們被壓垮。

防禦：讓人避免感受到核心情緒和抑制情緒

防禦是心智所作的既聰明又富創意的調節方式，能使我們免於遭受情緒可能導致的痛苦和壓倒性感覺。我們為了避免感受到核心情緒或抑制情緒而做的任何事情，就是防禦。換句話說，防禦是情緒保護。

防禦涵蓋了健康性的防禦和破壞性的防禦，比方說如果我們需要擺脫壓力，會選擇看一部有趣的電影，或者當我們努力集中精神時，會想到停止憤怒或悲傷的正向事情。然而，當我們與自己的感覺脫節時，防禦就會具有破壞力，讓身心受到不利的影響。

你是否覺察到幾種你用來防禦情緒、對峙和衝突的方式了呢？根據定義，防禦是為了避免接觸不安事物所採取的任何想法、行動或策略，一些常見的防禦措施如下：

- 開玩笑
- 笑
- 含糊
- 諷刺
- 擔心
- 改變話題

- 微笑
- 避免目光接觸
- 翻白眼
- 喃喃自語
- 不說話
- 話太多
- 不聽人說話
- 發呆
- 疲倦
- 批評
- 完美主義
- 拖延
- 專注
- 煩躁
- 沉思
- 負面思考
- 評判他人
- 批判自己
- 偏見
- 種族主義
- 傲慢自大
- 厭女症
- 被誤導的攻擊（亦即，你氣的其實是你的上司，但你卻對伴侶發飆）
- 工作太多
- 麻木
- 無助
- 過度運動
- 暴飲暴食
- 吃得太少
- 鬼鬼祟祟
- 切割
- 痴迷
- 上癮
- 有想自殺的念頭

你可以在清單中增加一些你自己的防禦方式嗎？

✓

✓

✓

你可以在清單中增加一些你注意到別人所採用的防禦方式嗎？

✓

✓

✓

當情緒的能量轉移到防禦時，我們的幸福要付出很多代價。防禦需要能量；防禦讓可以用於人際關係、工作和外部利益的重要能量消磨殆盡，來削弱我們。防禦使真實的自我保持隱藏和低調，長期而言，這樣的感覺並不好。防禦也使我們更僵化，我們因而失去思想和行動的靈活性。例如，某個已婚婦女的繼子來住他們家時，她沒辦法忍受，因為那打亂了她的「生活作息」。缺乏彈性使得她的人際關係緊繃，也使她緊張。她需要掌控環境，她希望不要受繼子出現所引發的底層情緒所影響。如果她能夠面對來訪的繼子所引發的情緒，她就會變得更靈活、更大方。她可能仍然會選擇設定相同的界限來保護她的生活作息，但是就比較不會那麼緊張和生氣，因而得以改善她的人際關係，她也會受益。防禦使我們覺得被困住、受限制、無法發揮潛力，也使我們生活在非黑即白、非好即壞的極端中，讓生活缺乏細微的差別。太多的防禦措施更使得我們很難全心投入生活。

另外，防禦使我們轉向以自我毀滅方式行事的極端狀態。由於防禦阻擋我們尋求重要的情緒，例如告訴我們要保持謹慎的「恐懼」，所以過度依賴防禦會導致我們去做危險的事，像是為尋求刺激而進行無保護措施的性行為，以及危險的社交。「我不在乎」的防禦方式，讓我們無法知道自己重視的人事物是什麼。當我們沒有意識到自己關心什麼以及其原因時，我們就無法創造自己想要的生活，並且感受到自己最好的部分，又或是無論生活在什麼樣的環境下，都無法感受到自己最好的部分，例如，一個年輕人認為他只會為了性愛而在乎女人，但是當他獨處時，他會嚴重酗酒，喝到不省人事。他不快樂，但他說服自己並不在乎。這個年輕人的「我不在乎」防禦措施，使他避開潛在情緒以及對親密關係的需求，但是他在滿足感和快樂上會付出重大代價。

如果有人開會時害我難過，先忍住不哭可能對我最有利。採取防禦措施，就像去想有趣的事情一樣，能阻止我們掉淚。當我們需要暫時拋開情緒時，防禦可能很有用。休息一下可以幫助我們平靜下來，恢復活力，並且暫時緩解某些情緒帶來的痛苦和不適。但重要的是，在理想情況下，我們只在需要時才使用防禦措施，而不是慣性使用，當然更不是所有的時候都用。

情緒變化三角地帶的作用

當我們知道自己的感受時，感覺會比較好。能充分運用核心情緒的人會更有生命力和活力，因為透過讓情緒發生，簡化了精力效率和大腦整合的神經生物學過程。當思考大腦、情緒大腦和身體全都按照大自然所安排的方式一起運作時，大腦就會被整合。當我們能夠思考、感受，並且順其自然處理生活時，我們在生活和人際關係方面會表現得更好。與自身的情緒一起工作，使我們能夠回到生物學平衡的狀態，亦即恆定性（homeostasis），這是健全身心的關鍵之一。

情緒變化三角地帶是一種工具，可以幫助我們了解自身的情緒並加以處理，但學習妥善使用它需要時間。幸運的是，即使我們還未能完全處理我們的情緒，情緒變化三角地帶也能運作。一旦我們開始使用情緒變化三角地帶，它會：

- 讓我們立即與痛苦拉開距離，並形成觀點
- 使我們認識到心智如何運作
- 幫助我們明白自己是否處於防禦狀態，又或是經歷抑制情緒或核心情緒
- 幫助我們找到並指認核心情緒

- 提供方向，說明接下來能做什麼來幫助自己走出負面情緒

雖然我用我執業時的個案來說明我如何教患者運用情緒變化三角地帶，但你不必在接受治療時才使用這種方法。情緒變化三角地帶可以單獨使用或與其他治療方法一起使用。你可以三不五時運用它來釐清生活中的大問題，讓自己感覺更好、更隨心所欲生活。你可以獨自一人，也可以和信任的朋友、同儕支持團體、伴侶一起運用情緒變化三角地帶。

經常運用情緒變化三角地帶，意味著你愈常待在開放狀態，亦即你的真實自我狀態。在開放狀態中，我們會有根深柢固的平和感以及不斷增長的信心，認定我們可以處理生活所給予的東西。我們感覺與身體協調一致，並且接納所有的情緒，也感覺自在。

我們如何識別自己何時處於開放狀態？正如內在家庭系統（ＩＦＳ）治療開發者理查・施瓦茲（Richard Schwartz）所描述的，可以利用七個Ｃ：[1]

- 平靜（calm）
- 好奇（curious）
- 連結（connected）
- 富有同情心（compassionate）

- 有自信（confident）
- 勇敢（courageous）
- 清晰（clear）

在任何時候，我們都可以透過接觸核心情緒來進入開放狀態，而不是讓焦慮、羞愧和內疚來阻礙核心情緒。

有些幸運兒不費吹灰之力就能大部分時間都處在開放狀態中。無論他們是與主要照顧者擁有安全的連結、童年時遇到的逆境較少、創傷較少，或者擁有與生俱來的平靜，他們都是少數的幸運者。其他人必須稍加（或極度）努力才能夠達到平靜的狀態，然而，善用情緒變化三角地帶就可以幫助我們到達那樣的境地。

我這樣運用情緒變化三角地帶

我的前夫再婚時，我變得很抑鬱。憂鬱症不是一種核心情緒，而是一種防禦，因為它阻礙了核心情緒經驗。[2]我感到沮喪，沒有活力。我想爬進洞裡躲起來。當我抑鬱時，也會覺得很焦慮。我覺得我核心情緒裡的焦慮是一種震動，一種持續不安定的可怕感覺。那麼我是在情緒變化三角地帶的哪個地方呢？是防禦和焦慮這兩個角落。

【三十幾歲陷入憂鬱時，我的三角地帶】

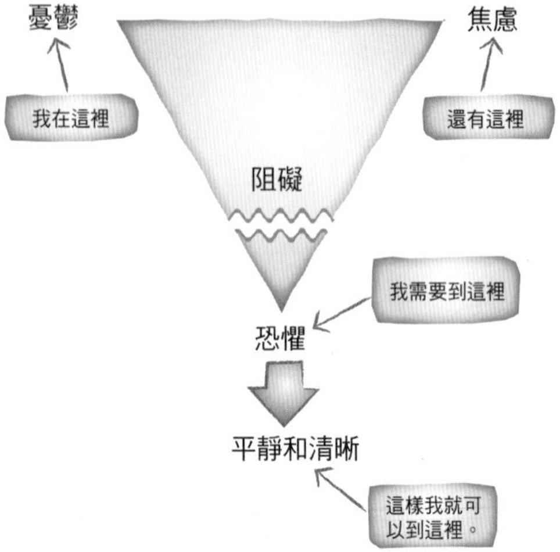

如果我曾想自問：我人生中的哪些經歷造成這些感覺，那我可能已經意識到我前夫再婚使我感到害怕（核心情緒：恐懼），因為在那之前，我總覺得他會一直在我身邊。我理智上知道，我們的夫妻關係已經結束，但是他再婚這件事仍使我感到非常孤單。我從十五歲起身邊就一直有伴侶，不是男朋友就是丈夫。回想起來，讓自己處在一段關係中，也是我的一種防禦方式，我想藉此防範悄悄進入我意識裡的孤獨所帶來的恐懼。我對恐懼深感不安，恐懼對我的身心造成太多難以應付的壓力。這就是為什麼我開始出現憂鬱症狀。

解決之道應該是要經歷恐懼並與它互動，才能使人充分意識到它，儘管這看起來可能違反直覺。要以安全的方式來理解和探索恐懼，最重要的是與人分享，而對方也要了解並能夠針對如何使事情感覺上比較容易控制（若非大幅增加，也要稍有改進），提供進一步的安慰和想法。

雖然我的憂鬱症對我來說是我需要大量支持才能克服的低谷，但情緒變化三角地帶也可以用來度過比較沒有那麼戲劇性的痛苦時刻。

有一次，我為一篇我應該要完成的學術文章感到焦慮。我用兩項防禦阻止了這種焦慮的症狀。我有負面想法，這種想法是很常見的心理防禦。我對自己說些諸如此類的話：也許我終究寫不出這篇文章。我也有用手機玩接龍遊戲的強迫性感覺，這是用科技來迴避的防禦。我無意識地自動從焦慮轉移到防禦。我的防禦把我從焦慮造成的身心不適拉出來，並把我帶到一個讓我能夠逃離自己真正感覺的地方。

我在情緒變化三角地帶上的哪裡？防禦角落。

一旦我了解我的負面想法（「我無法做這件事！」）其實是防禦，我就運用情緒變化三角地帶，讓自己感覺好些。我開始自問，我身體裡發生什麼事？我注意到身體上的焦慮症狀，那就是我胸部和胃部出現的熟悉顫動。我問自己，現在是什麼核心情緒導致我的焦慮？我放慢腳步，逐一瀏覽七大核心情緒，並問自己：「我難過嗎？我興奮嗎？我生氣嗎？我害怕嗎？是的！」我了解自己很害怕。我對於我能指出自己的恐懼，感到有些寬慰。

恐懼感覺上與焦慮很相似，但你可以從恐懼中獲得有用的資訊。焦慮只有抑制的作用，它唯

【從防禦到核心情緒】

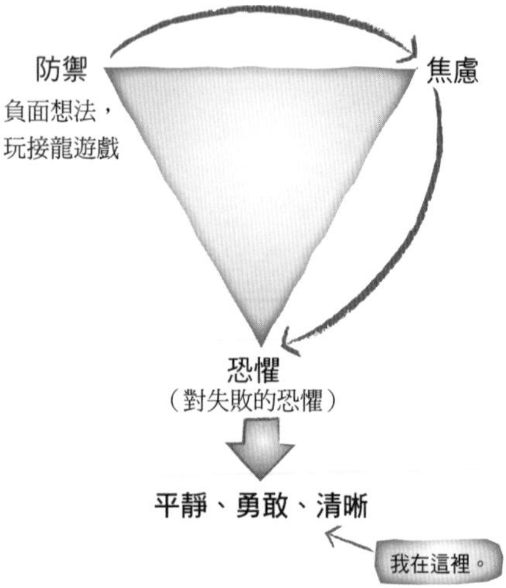

我注意到我的防禦行為。我把焦點從大腦轉向身體，並且注意到我很焦慮。我尋找引發我焦慮的核心情緒，並意識到我很恐懼。我聚焦於恐懼在我的身體中感覺如何（身體的感覺），藉此聆聽恐懼。意識到恐懼，會使衝動甦醒過來：我有逃走（迴避）的衝動。
在運用情緒變化三角地帶之後，我的最後一步是徹底思考哪種解決方案對我最有利（適應健康的生活），並符合我長期的願望、需求、目標和價值觀。

一做的就是阻止核心情緒。焦慮往往會癱瘓我們的處理能力，但面對恐懼時，我們其實可以好好處理這種情緒。

我想像與「恐懼」這種身體感覺交談：你在害怕什麼？然後，我聆聽身體告訴我的答案。我耐心對待自己的恐懼，讓它有足夠的時間回答，那就是為什麼「放慢速度」是這個過程的關鍵。我的恐懼終於回答：我害怕讓自己難堪，害怕讓讀者失望。

就像所有的核心情緒一樣，恐懼包括天生的適應性衝動。恐懼叫我們逃跑，彷彿我們因為有一頭獅子撲過來而處於危險中。你不覺得這樣的反應很有適應力嗎？

為了管理這些衝動，我自問：我是否想按照自己的恐懼來行動，逃之夭夭？或者，我想忍受恐懼，選擇勇氣，盡量寫好這篇文章？我提醒自己，即使我的恐懼成真，我也肯定會生存下來。重要的是，一旦我注意到這種情緒和它的成因，就可以選擇該如何處理我的困境。

那麼，我在使用情緒變化三角地帶後感覺如何？比較好。說出自身的恐懼，使我的焦慮減輕。從生理學來說，用語言敘述經驗，能使大腦平靜，因為我比較清楚是什麼因素讓我感到苦惱。這是種神經科學。[3]我感到比較平靜，我選擇了勇氣，而非被恐懼困住，而且我寫了文章。

我們的情緒是生命的羅盤。任何人都可以過著與自己的核心情緒接觸的生活，減少焦慮、羞愧、內疚、憂鬱、成癮、強迫症等症狀。該怎麼做呢？透過了解底層的核心情緒，並學習如何使用這些情緒。總之，情緒變化三角地帶是我們的指南。

你能與情緒自在共處嗎？

當你學習和嘗試運用情緒變化三角地帶時，你會發現你對情緒的了解會先增加，然後停滯。那時，你會發現一個防止你更深入了解自己或了解他人的阻礙，因為你對自己的焦慮和羞愧將會出現，或者因為你已經進入防禦模式。你可能會發現一些逃避的想法，例如，這種東西很愚蠢，或者：我晚點會做。那時，你有機會超越自己的防禦、焦慮、內疚或羞愧，轉移到新的自我理解層次。

情緒像洋蔥的內層一樣展開。當你剝開一層，新的一層又會出現。了解情緒是終身的課題。

測驗

這項測驗將幫助你衡量你的情緒耐受度。我希望你現在做測驗，之後等讀完這本書再做一次。重做測驗時，我希望你的分數會提高，那就表示你對這些日常和自然的經驗變得更自在。

指示：評估你對每個問題的自在程度。

按照1到10的等級對你的自在度評分，圈出符合的數字。1是「毫不自在」，5是「普通」，10是「十分自在」；憑直覺回答，不要過度思考。

在下面這些情況，你有多自在：

1. 當你在乎的人，針對你表現出憤怒和悲傷等強烈感受時。

分數：**1 2 3 4 5 6 7 8 9 10**

2. 當你在乎的人，在你面前表現出憤怒和悲傷等強烈感受，但不是針對你的時候。

分數：**1 2 3 4 5 6 7 8 9 10**

3. 當你生氣的時候。

分數：**1 2 3 4 5 6 7 8 9 10**

4. 當你傷心的時候。

分數：**1 2 3 4 5 6 7 8 9 10**

5. 當你快樂的時候。

分數：**1 2 3 4 5 6 7 8 9 10**

6. 當你的想法和感覺出現，停留在當下，與這樣的情緒共處時。

分數：1　2　3　4　5　6　7　8　9　10

7. 當某人正在表達情緒，你只是陪伴和聆聽，而不是試著透過「解決」情況來協助時。

分數：1　2　3　4　5　6　7　8　9　10

總分：＿＿＿＿

無論你的分數是多少，當你繼續閱讀、試驗，並且藉著運用情緒變化三角地帶聆聽自己的情緒時，你就能建立你的情緒忍受度。你可以隨時重做這項測驗，看看經過一段時間後，答案有什麼變化。

第二章

釋放核心情緒

失去父母的創傷——法蘭的恐慌、焦慮和悲傷

法蘭前來接受治療，因為她感到愈來愈孤獨。她單身，不想結婚或生小孩。她從事廣告工作，全心投入職場。她形容自己是「嫁給工作」，但她已經開始感受到一種意料之外的孤獨感。

面對悲傷時，我們常以「防禦」應付

第一次接受心理諮商時，她告訴我，她父母在她十六歲時意外過世，從那時起，她就和一對有愛心的叔叔嬸嬸住在一起，他們把她照顧得很好。她說她不是還在為父母傷心，但是她最近愈來愈感受到他們在自己生命中的缺席。在那一次諮商中，她承認自己並不是和母親或父親很親近。她形容他們是「典型的白人新教徒——嚴厲而無情」。她曾經感受到他們的愛，但很難描述他們對她表現愛的方式。

第二次諮商進行到一半時，法蘭談到她無力維持浪漫關係，開始眼裡含淚。我問她是否願意花一點時間確認即將顯現的情緒。她茫然看著我，然後毫不猶豫地說：「我最近開始編織，因為我覺得有個新嗜好是好事……這是我不工作時能填補時間的事情。我想要減少花在臉書上的時

【法蘭最初的三角地帶】

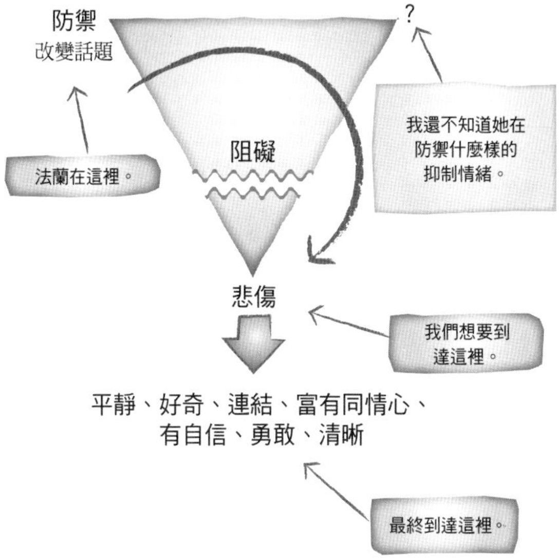

當法蘭的悲傷（核心情緒）開始出現時，法蘭改變了話題，這是她防止自己感到悲傷的方式。此時，她需要這種防禦的原因還不明朗，而且我也不能問她，因為她甚至沒有意識到她正在防禦自己的情緒。法蘭需要先意識到自己在防禦。「意識」將是幫助法蘭重新與自身核心情緒連結、感覺更好，並且包容更多親密關係的第一步。

間。」我心想，咦？我漏掉什麼事情了嗎？在面對悲傷的核心情緒時，法蘭拋出了一道防禦，那就是：改變話題。[1]

我們對情緒的防禦往往是無意識的，這是我們社會人格的一部分。法蘭改變話題之前的那一瞬間，我看到了她的情緒。她眼中含淚，噘嘴皺眉。情緒具有感染力，是一種被稱為鏡像神經元（mirror neuron）[2]的特殊腦細胞的副產品。同理心使我的身體回應她的情緒狀態，我感到胸口沉重。我明白，法蘭已經接觸到她悲傷的核心情緒經驗，並且透過改變話題，而幾乎立即就轉移了情緒。

防禦會發展為自我保護，這樣的過程通常在我們年輕時就形成了，目的是讓自己迴避壓倒性的感覺。法蘭的重大創傷是她很早就失去父母。但因為她形容她父母很冷漠，所以我懷疑她的情緒範圍可能有限。我在第一次諮商中問她，在她童年時的家中，哪些情緒是可以表達出來，又有哪些情緒是被加以限制，以及如何限制？有些父母會因為表現出某種情緒而在無意中羞辱了孩子，例如他們會輕視、不回應，或立即進入「修復」模式以阻止情緒。

值得一提的是，父母通常不會故意傷害孩子，只不過情緒讓父母感到焦慮（這是因為「心智力量超越一切」的想法所致），而他們的防禦就是幫助自己的孩子中斷連結。不幸的是，如果孩子知道某種情緒是多餘的，就會防範自己產生這種情緒。當父母不接受孩子的情緒時，孩子也會將這情緒視為與照顧者關係的短暫中斷或破裂。這些中斷是痛苦的，孩子會建立防禦，以防日後情緒出現中斷。

有些父母不僅樹立了避免情感和封閉情感的模式，還設計出應該依循的「正確」方式。法蘭告訴我，她家餐桌上討論的內容都是與「事實」有關，而不是「感受」。時事是可批評的對象，但是任何人對此事有何反應，則不在討論之列。例如，她回顧家人曾討論過柯林頓總統和陸文斯基的婚外情，但沒有人對總統的不忠表達憤怒，也沒有人表示即使他的性格有缺陷還是喜歡他。

她父母表達情緒的方式、允許或鼓勵什麼情緒，又或不允許什麼情緒，都塑造了法蘭的情緒範圍。而且其實所有孩子的情況都是如此。

我認為法蘭可能很難獨自一人悲傷，或在我面前感到悲傷。我知道現在的情緒會如何觸發過去的情緒，所以我也認定，她對浪漫關係的悲傷可能會觸發她過去更重大的悲傷，例如失去父母而導致的傷痛。與過往經歷有類似情緒特質的現有經歷，通常會在心中互相連結，因為透過保存著過往記憶、情緒、身體感覺和信仰的腦細胞網絡，現在的失落會與之前的失落連結起來。在一瞬間，我們可以從感覺上像是幹練的大人，變成重新經歷失落的幼兒。主觀上，我們覺得創傷再度發生了，即使那只是記憶重現。

在那一瞬間，當法蘭經歷了悲傷，並且從她的心智轉移到身體時，如果她能夠深深體驗悲傷，哪怕是只有幾秒鐘，她也會感到解脫。但法蘭卻突然改變話題，藉此與她的情緒以及我這個接納她悲傷的人中斷連結。也就是說，法蘭對自然出現的悲傷情緒採取防禦態度。

由於這是我們剛開始諮商，我們還在認識彼此，所以我小心行事。我想要法蘭注意到她遠離情緒的舉動——僅此而已。

我聽著她談她的編織。「我加入一個初學者針織團體，每週一次，我們一群人在我公寓附近的一家咖啡館聚會，我們上編織課，並且互相分享相關的訣竅。」

「聽起來很棒，」我說：「我想多聽聽，但首先我想知道你是否注意到：你剛才充滿了感覺？」

「真的嗎？我沒有注意到。」

「呃，我想我看到了某件事，但我可能是錯的。」我說。「你談到你為何確定自己永遠找不到伴侶，接著就眼中含淚，你看起來充滿感覺，你注意到了嗎？」

她花了一點時間檢查自己，這是好跡象，顯示她願意注意自己的內在感受。我為她願意這樣做感到驕傲。

「是的，我想我確實注意到那一點。」她說道，而且之前的情緒馬上又回來了。她的臉上再次顯露出悲傷，眼淚湧出。我再次感受到她情緒的轉變。

「你知道此刻你和我一起經歷哪種情緒嗎？」我問。

指出情緒，並確認情緒，對情緒有好處。此外，有些人比別人更容易確認情緒。這是值得一試的探尋，我想幫忙引導她確認自己的情緒。另外，我想讓她知道她並不孤單，因為我也感受到她的悲傷。我希望我們保持連結，我的目的是在我們的治療中，提供她一個更親密的新方式來與他人互動。

「不，不怎麼清楚，但是編織真的很棒，如果可以的話，我想繼續跟你說。」

「當然可以。」我很高興她注意到她產生一種感覺。我可以把這個時刻作為今後諮商的參考點，經過一段時間之後，我也會教她識別和指認她所有的核心情緒，但是當下我說：「在我們回頭談編織之前，我只想讓你知道有件事有多棒，就是：你願意注意到有一種感覺存在，我知道那需要勇氣。你對於我注意到這件事覺得如何？」

「還好。」

「也許我們從現在開始可以一起關注那一點，只要注意某種情緒何時會出現就好，」我補充道：「然後我們就可以決定，要繼續擁有這種情緒，還是要遠離，這取決於你覺得該怎麼做才對。」我希望法蘭的潛意識心智知道我們會以不同方式處理情緒。無論她是否意識到這一點，對於覺得「內在情緒被看見」這件事，她的心智反應很好。

在法蘭的治療過程中，我們的諮商進行得相當順利。六個月來，她開始注意，甚至比我更早留意到，她每次都會對情緒採取防禦態度。當她改變話題時，她會先說：「我知道我正在改變話題，但我真的不想討論……」她的覺察意識和她承認這件事，是巨大的里程碑。

唯有體驗悲傷，才能拋開悲傷

某個美麗的夏日，法蘭和我做定期諮商。約診時間一到，我猜法蘭已經在診間了，因為她預約的時間是每星期二中午。所以當我打開診間的門發現她不在時，我很驚訝。

她在十分鐘後終於到了。她的臉浮腫，好像哭過。「對不起，我遲到了。」她大方地道了歉，但我揮手表示不必了。

「你還好嗎？」我問。「你看起來好像在哭。」我之前從沒見她如此情緒化。

她說：「真的很愚蠢。我剛看到一隻狗被自行車撞了，我遲到是因為我想幫忙，狗主人是個少女，自行車不知道從哪裡冒出來，輾過那隻狗，那隻狗躺在那裡哀嚎，牠的胸口被壓碎，狗主人尖叫，有個警察來幫忙，我覺得那隻狗在我離開時已經死了。」

「真可怕！」我說。

「我替那孩子難過，她又叫又哭，後來我也哭了起來，我花了好一會兒才恢復鎮定。我真的很震驚。」

「當然會震驚，那聽起來令人很沮喪。」

法蘭又哭了起來。

「我只是替那孩子感到難過，她這麼突然失去她的狗，而且就發生在她面前。我彷彿還可以聽到她尖叫。太可怕了。」

「太可怕了。」我重複她的話。

「狗了。」她說，擦去眼淚。

「什麼狗了？」

「我太自我放縱了，牠不是我的狗。」她嚴肅地說。

她抬起頭直視我。她看起來如此悲傷，對我來說，她突然顯得好小。

「我知道，」我說：「但我覺得你並不在乎那是誰的狗，你只是感到傷心……沒有必要為此辯解。」我停了一下。「我看到你眼中的那種感覺，我可以感覺到你想壓制這種感覺，但是你的眼淚很重要，還有更多感覺隱藏其中。」

因為有我的認同，她又開始哭了，而且哭得更厲害，她似乎很害怕。她開始前後搖晃，呼吸變得很淺，眼睛睜大。我認為她恐慌症發作了。

於是，我切換到一個更主動的方法來指導，這樣就可以幫助她克服恐慌症。我保持平靜，因為如果我感到難過，只會使另一個人更焦慮。

「你現在有感受到我跟你在一起嗎？」我問。她點點頭，我把椅子移近了一點。「我會幫你感覺好一點。你能告訴我你內心發生了什麼事嗎？注意你的心跳速度。」

「心跳真的很快。」她喘著氣說。

我平靜而輕柔地說：「這是一個小恐慌發作。」我用「小」這個字來避免擴大她的恐懼。我最不想做的事就是讓她更害怕，我的目標是盡快使她的心智和神經系統平靜下來。

「你會沒事的。」我解釋說。「某些事情嚇到你，腎上腺素剛剛噴進你的系統中，一旦消失，你就會感覺好些，但這需要幾分鐘時間，我們來看看能否讓你更自在。看著我。」

我們的眼神定住。「好，現在把你的腳穩穩踏在地板上，讓我們一起做幾次腹式深呼吸，吸氣一次，兩次，三次，四次，五次和六次，很好！愈來愈深入吸進你的腹部。撐住一下，現在慢慢慢地呼氣，就像你正在吹一碗熱湯一樣，讓它變涼，你沒事，我現在就在你身邊，這個過程很快就會停止的。」

她的呼吸變得比較規律時，她就能夠深呼吸了。

「你現在的心跳速率如何？」

「正在放慢。」她說。

「好，和我一起，讓我們保持呼吸。」

法蘭恐慌，是因為目睹一隻狗死亡所引發的悲傷，與她對父母身亡產生的憂傷連結起來。情緒的洪流大到她不勝負荷，嚇壞了她，並引發腎上腺素釋放，導致恐慌。

她恢復過來時，我問她：「你以前遇過這種事嗎？」

「我十幾歲的時候經常恐慌發作。」

「你記得你第一次發作是幾歲嗎？」

「不記得，我只記得我身在學校，因為某種原因，

恐慌發作需知

- 腎上腺素釋放到血液中。
- 腎上腺素會使心跳加快，呼吸愈來愈淺和困難。
- 這是很可怕的經驗，所以如果當事人不明白發生了什麼事，可能會擔心自己心臟病發作而且會死亡。
- 這不是心臟病發作。
- 我們不會因為恐慌發作而死掉。
- 腎上腺素代謝後，身體將恢復正常狀態，這需要幾分鐘的時間。
- 最糟糕的情況是會頭暈，之後就會開始恢復正常呼吸。

我在課堂上哭泣，接下來我記得我去保健室，護士真的很好。」她停頓了一下。「那時我應該已經十六歲左右，因為我在佛羅里達州上一所新的學校，那是在我父母過世後。」

「那時候日子一定很難過。」

「但也有很多人都失去父母啊！」她說。

「是，我想這件事一定讓你很難過。」我感覺到她正在為某件事掙扎。「我可能是錯的，但是我覺得這裡有衝突，關於承認日子很難過這一點。」

她點了點頭。

「我們可以談談這項掙扎的所有細節嗎？」

法蘭想了一會兒，然後說：「我覺得，一部分的我喜歡你對我沉浸在自身經歷的痛苦中所寄予的同情和鼓勵，但是承認這一點會令我覺得有些尷尬。另一部分的我表示，不要再沉湎了，那沒什麼大不了的，我應該繼續前進。」

「這很有道理，我聽到至少三個不同的部分。你的一部分想要我的同情，另一部分感到有些尷尬，再另一部分則想要繼續前進，並忽略你對自身經歷所感受到的任何悲傷。那個部分不喜歡我的同理心，它說：『其實沒有那麼苦，那沒有什麼大不了的。』」

法蘭點了點頭，開朗起來。「一點也沒錯。」她說。

「你指出了衝突的所有層面，那是什麼感覺？」我問。

「感覺是正確的，是真實的。」她說。

「『真實』在身體上是什麼感覺？」

「覺得很平靜。」

作為治療師或探索防禦和情緒根源的人，絕不可能只用一個正確的介入方法。在這個時候，我知道我有幾個選擇。所有這些選擇的目的都在使法蘭的抑制情緒平靜下來（在這個情況中是指焦慮），藉此幫助她在情緒變化三角地帶中往下移動，並走向體驗「悲傷」這種核心情緒。我可以把她帶回恐慌症還沒有發作之前的那一刻；或者，我可以讓她回到過去，成為一所學校裡的十六歲轉學生；或者，我可以只是留在當下。在這些時刻，每一種情況都充滿情緒，也都給予我們一個執行重要工作的機會。無論我們是處於遙遠的過去、最近的過去，或是現在，目標都一樣：知道我們在情緒變化三角地帶上的哪個位置，並努力往下移動，以了解我們產生什麼核心情緒。以法蘭的情況來說，我選擇關注當下。

部分

我使用「部分」一詞來指一個人經驗的某個獨立層面。

- 「一部分」可以指衝突的每一方面：「我的一部分感受到這一點，我的另一部分想到那一點。」
- 「一部分」也可以指存在大腦中，作為記憶或創傷的童年經驗，例如：「我的這一部分感覺是十歲。」
- 「一部分」還可以是一種情緒、信念、影像或思想，例如：「我的一部分感到悲傷。」

「你體驗到什麼，讓你知道某些事情對你而言是真實的？」我問她。

「我不確定你指什麼。我覺得我什麼都沒有注意到。」

「這種感覺可能非常細小而微妙，讓人幾乎不會注意到。只要把你內在的注意力轉移到你的心、腹部、四肢、背部和頭部。非常、非常緩慢地審視整個身體，看看你是否可以注意到，並說出你正在經歷的一些感覺。」[3]

「好，我沒有感到焦慮。」

「你可以用正向的語言說明它嗎？你沒有感到焦慮。那現在你的內心是什麼感覺？」

「我想我感到平靜。」

「太好了，還有什麼？」

「比較輕鬆些。」

「你在哪裡注意到這種輕鬆？」

「它有點像是從這裡開始，」——她指著她的胃——「然後向外散發出來。」

如果你觀察自己十五秒鐘左右，許多感覺會開始出現。你愈注意，就會愈持續注意。情緒觀察與冥想練習的目標相似，觀察者的目的是不加判斷地注意到自己身上的事情，唯一的目標是要開放和意識到身體的經驗。任何人都可以透過練習來學習這項技能，這對心理健康至關重要。

我知道，法蘭和我正在奠定基礎，使她能夠處理從她父母去世以來無法解決的任何創傷，即使我並非確切知道我們要如何達到那個目標。因為我目睹法蘭恐慌發作，並且不加評斷地幫她度過難關，她知道我可以處理她強烈的情感，並且在身邊提供支援。

接下來的一週，法蘭告訴我，她一直想著我們上次的諮商，以及她如何因為失去父母和不得不搬家、轉學和結交新朋友而受苦。她承認，那些極端的改變讓她無暇或無力感到悲傷。

「你現在和我分享這件事，有什麼感覺呢，法蘭？」我邀請她說出她的情緒體驗，這是她第一次接受我的請求。

「我感到悲傷，但光是那樣說就會讓我的心臟開始在胸部快速跳動。」

「所以，讓我們把速度放得很慢很慢，在這裡停下來。你能把你所有的注意力轉向你的心嗎？」

悲傷再次引起她的焦慮，使她的心跳加速，呼吸變淺。

當焦慮等抑制情緒出現時，目標就是立即將它減弱。最後，法蘭的大腦會永久重設，並停止引發焦慮和恐慌以回應悲傷。法蘭需要感到安全才能體驗她的悲傷。我告訴她：「把你所有的注意力轉移到你身體上的焦慮感，讓我和你在一起，繼續深呼吸……你現在注意到什麼？」

「它正在平靜下來。」她表示。只要注意到身體產生的焦慮感，就能使焦慮平靜下來。

「做得好，按照一到十的等級，十是你曾經有過最嚴重的焦慮，一是平靜狀態，現在你的焦慮落在哪裡？」

「我會說是落在三。」

【法蘭的中期治療三角地帶】

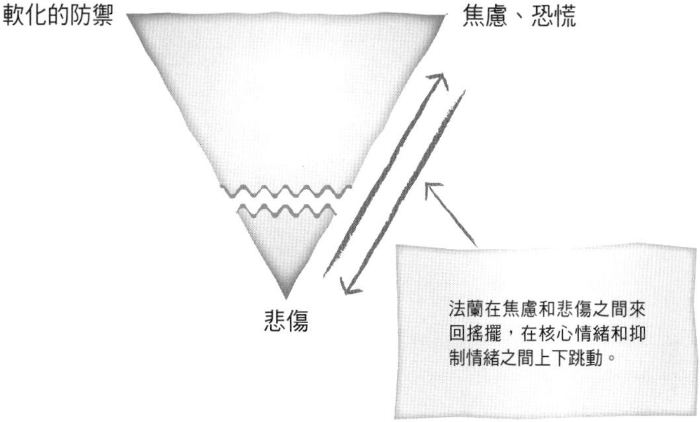
軟化的防禦
焦慮、恐慌
悲傷
法蘭在焦慮和悲傷之間來回搖擺，在核心情緒和抑制情緒之間上下跳動。

法蘭對於經歷悲傷產生了不自覺的衝突。對悲傷的恐懼引發了焦慮。她覺得自己必須避開任何可能使她與悲傷產生連結的事物。

「很低，但是看看能不能把它降得更低。繼續保持焦慮感稍久一些，並順暢輕鬆地呼吸。與此同時，你可以回憶一個你去過、而且你覺得最平靜祥和的地方嗎？」

「我愛我的床，它是我的安全處所。」

「很好，那就想像你在你的床上。感受床單在你皮膚上的感覺，看看房間四周。現在你注意到了什麼？」

她深吐一口氣。「我已經平靜下來。」

現在法蘭已經準備好挖掘她深深的悲傷了。

在第一次諮商中，法蘭已經從情緒變化三角地帶左上角的防禦（亦即「改變話題」），轉移到處理位於情緒變化三角地帶右上角的焦慮。幾個月來，法蘭和我一直在努力教她的身體不要恐慌，這樣她就能夠處在諮商期間自動出現的核心情緒。目標是讓她在身體和情緒層面、而非純粹的知識層面感受到悲傷。

我的有些患者告訴我，他們「知道」自己很傷心，但是當我問他們「你怎麼知道你傷心？」或者「身體上發生了什麼事讓你知道你很傷心？」他們都沒有答案。經驗取向的做法可以幫助一個人在此時此刻擁有情緒經驗。比起只談論和反省先前的情緒經驗，亦即不帶情緒、偏向理智性的練習，「經驗取向」的做法更具威力。唯有經歷悲傷，我們才能拋開悲傷。以這種方式充分感受情緒，使我們的信心不斷增強，確信我們能夠容忍自己的核心情緒。

當核心情緒（悲傷、憤怒、喜悅等）受到抑制情緒（焦慮、羞愧、內疚）壓抑時，我們會發展出諸如「改變話題」、「避免親密關係」等等的防禦行為，作為避免情緒不適和情緒衝突的方式。但是避免情緒有其代價。保持防禦行為需要精力，而這些精力原本可以用在其他重要的行為上。以法蘭的情況來說，維持防禦消耗了她的精力，使她無法建立親密關係。

當我們的防禦行為變得弊多於利時，我們可以選擇實際體驗自己的核心情緒。把意識集中在感覺上，可以刺激神經細胞啟動，促進情緒流動。當我們學會讓自己的核心情緒流動時，因情緒受阻而導致的日常苦惱就能改善，我們感到更平靜和平衡，我們的勇氣和自信心也會增長。

心靈刺痛後的平靜與感恩

經過大約一年的治療後，法蘭在諮商開始時說出一件大事：「星期天是我父母的忌日。」

「那很重要。」我說。

忌日帶來回憶，其中有些可能是毫不自覺的。記憶是對往事的追想，其中包含了身體感覺、聲音、氣味、想法、影像，或甚至我們心智已經儲存的衝動。

「我以前從來沒有向任何人談過這件事，雖然我認為在某種程度上，我一直把忌日放在心上。」

「你聽到自己大聲說這是他們的忌日時，有什麼感覺？」

「這實際上是一種解脫，而且令人傷心，我為此感到難過。」她話還沒講完，眼睛和嘴角就都往下彎。

「法蘭，我聽到你覺得既感到解脫，又感到悲傷，這兩個感受都很重要，我們該從哪個經驗出發呢？當有兩種或更多情緒出現時，最好注意當下哪種情緒最重要，那就是我們應該先談的部分。」

「我感受到悲傷，它就像胸口壓著的大石頭，但感覺也像一個洞。」當她專注於身體的感覺時，我看到她眼裡充滿淚水。

「你能接受這種悲傷，讓任何該發生的事都發生嗎？我會在這裡陪你。」她點頭。我腦中浮現一個自然產生的圖像：我們的心被一條長長的繩索連結起來。我保持安靜，而她的眉皺得更深，嘴唇顫抖起來，眼裡再度充滿淚水。

法蘭摀住臉，俯身伏在大腿上，啜泣使她的身體劇烈震動。她的悲傷浪潮終於潰堤。

「嗯，讓這種悲傷消失，真是太好了。」我說，想讓她知道她並不孤單。

她宣洩悲傷，身體飽受哀痛的折磨。她哭泣時，我解釋說，這種悲傷是她對父母的愛和連結的一種形式。

「這就對了……不要壓抑，讓它來吧。」我低聲說。

當法蘭的哭聲漸歇時，她直起身子，看著我。我也馬上看著她，盡可能表現出我在那一刻對她產生的愛和關懷。她深吸幾口氣。一陣痛楚掠過她的臉，我意識到那引來新一波的悲傷。

「還有更多。」我說。「沒關係，讓它來吧。」

於是，她又哭了起來，捂著臉，但這次身體保持挺直。大約兩分鐘內，這一波悲傷就結束了。法蘭再次直視著我，確保我仍然在那裡，仍然不帶批判。我確實也是如此。房間裡的感覺變輕鬆了。

法蘭深吸一口氣，向上凝視，然後慢慢地呼氣。她把目光重新聚焦在我身上，我們坐著沉默了一會兒。她再次呼了更大一口氣，最後，她說：「我感覺好多了。」我微笑。

她說：「我感覺如釋重負。」

「告訴我，」我問：「那像什麼？」

在接下來的時刻，法蘭挖掘先天的生物治療過程，這個過程是在我們經歷完整一波核心情緒之後發生的。法蘭持續關注她的身體感覺，並且允許這些感覺流動，直到感覺自然停止。在深層釋放核心情緒之後，接著到處都可以看到黃金。法蘭和我正在採礦。

「哇！那很強烈，但我現在感覺很好，更輕鬆。」

「你能保持這種『更輕鬆』的體驗，並試著了解它嗎？」我往後靠，輕鬆地坐在椅子上，讓她知道自己不該匆忙。我希望她給自己充裕的時間去注意她經驗中的所有細微處。

她說：「很久以前我就知道自己需要這麼做，我一直都知道，但又像是不知道。」

「在你內心，那種了解感覺上像什麼？」我問道。

「它就像是一個驚喜，就像我無法相信自己最終會把它釋放出來，而且感覺很好，我感覺更輕鬆，就像我可以呼吸一樣。」

我為這個女人勇敢完成的事感到驕傲，並再次要求她剝去另一層自我覺知。「它在你的身體中感覺像什麼？這非常重要。」

她緩緩而平靜地回答：「我感到輕鬆，感到平靜，感到疲倦，但還有其他的東西，我感到有點顫抖，而且好像從脖子後面一直到頭部有刺痛感。」

當兩個人放慢速度而同在一起時，我們所能觀察到的身心活動太多了。我們有各種有意義的身體感覺，是自己從來都沒有注意到的，因為世人太忙著行動和思考，以至於疏於注意。然而，這些感覺標明了改變。[4]放慢速度為改變和轉化奠定了基礎，因為這些感覺是可以流動與轉變的。旋轉、急轉、震動、刺痛和流動的感覺，是核心情緒被處理和被治癒的常見生理表現。法蘭正在經歷療癒的情緒！[5]這些情緒引導我們進入開放狀態，在這個狀態中，我們接觸到七個C：平靜、好奇、連結、富有同情心、有自信、勇敢和清晰。

「我們可以一起保持這些刺痛嗎？」我說著，希望她會放心地探索這些奇怪的新感覺。我希望她挺身而進並且跟隨這些感覺。

法蘭一心專注著。大約三十秒後，她說那些感覺正在消失。我要她注意，在那些感覺之後留下了什麼。「我感到平靜。」她說。

「讓我們保持平靜，那是什麼感覺？我沒有特別要找什麼東西，不過我們要盡可能注意……」

大多時候，當我問「這是什麼感覺？」或者「你還注意到什麼？」時，我的患者會注意到更多的情緒、更多的感受，看到更多事物。我們愈是注意，就愈了解各種情緒的細微差異，而且愈有信心重複這個過程。我們容忍本身內在經驗的能力，會有一個副產品，那就是健康。

法蘭很安靜。她刻意關注她的內在經驗。她再度含淚地抬頭看著我，但現在是非常不同的眼淚。她的臉色平靜柔和。「謝謝你。」她溫柔地喃喃道。

「跟我說說關於『謝謝你』的感受，法蘭。」

感恩是一種療癒情緒。就像所有的情緒一樣，了解它是什麼感覺並且深深感受它，非常有幫助。它以非常正向的方式連結大家。我鼓勵她向我表示感謝，這看似奇怪，但是每一種情緒都是讓法蘭體驗和了解它的機會。之後，當她感受到那種情緒時，她會更容易識別它。

「沒有人像你那樣和我共處，我感到安全，而且感受到關心，非常感謝你。」

「法蘭，你讓我很感動。」我說。接著我問她：「我們可以用一個詞來描述你感覺到的情緒嗎？」

她想了一下。「我很感激。」

「我們可以保持感激之心更久一點嗎？你今天工作這麼辛苦，我相信你已經很累了，這一點也很重要，我其實是要問你今天是不是已經受夠了，所以請直說無妨。」

「我們可以繼續，我沒事。」

「好，就身體而言，感恩是什麼感覺呢？審視你的身體，從頭看到腳，盡可能注意一切。」

她再次確認。「我感到平靜（停頓），我感到很溫暖（她指著她的心），我感到腳踏實地，就好像我變得更高，而且坐得更直。」

「注意得好。」我確認。「要暫時保持這一切感覺……真正了解它……這是你這麼辛苦努力所要得到的黃金。」

過了一會兒，她抬頭看著我，分享了更多她的新見解。「我父母過世後，我開始沉潛，我表現得和過去一樣，但其實我已經不一樣，我了解，這些年來我一直在避免自己再度受傷害。我害怕自己所愛的人會死。人生有風險，但你必須承擔風險才能活下去。」她長嘆了一口氣。

【法蘭在諮商結束時的三角地帶，顯示她從防禦轉向開放狀態】

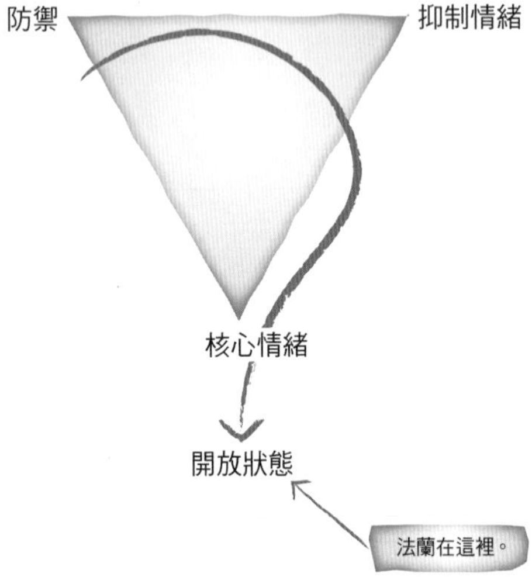

法蘭的防禦降低，焦慮趨於平靜，所以她能夠充分體驗受困於神經系統中的悲傷。充分經歷她的悲傷，讓她能夠進入開放狀態。在開放狀態中，法蘭感到平靜，並自發地洞悉她經歷的創傷如何影響她。

「哇！我真崇拜你！你剛剛發出的那聲嘆息，如果你開始注意那長長的嘆息，它告訴了我們什麼？」

「我可以呼吸，而且我沒事。」法蘭向她自己和我保證。

這時，法蘭已處於真我的開放狀態。

在這次突破性諮商之後的幾個月裡，法蘭開始約會。她一生中第一次想要墜入愛河並擁有親密的關係。她利用我們的諮商來談論約會引發的多種感覺，包括她最大的恐懼：愛上一個人，卻讓他因此喪生。

壞事確實會發生在好人身上，正如法蘭經歷過的那樣，但我們努力幫助她以開放的心態容忍在愛和生活中的風險。我幫助她深入了解她的恐懼。漸漸地，她能夠拉開距離來觀察自己的恐懼和憂慮。法蘭深深地認識到，雖然失落非常痛苦，但她能夠從這種痛苦中生存下來，而且也確實活下來了。

神經可塑性讓你在任何年齡都可以改變

心理治療的運作原理，是深入大腦及其神經元，啟動正確的基因來改變其結構。精神科醫生蘇珊・沃恩博士（Dr. Susan Vaughan）認為，說話治療的運作方式是透過「與神經元交談」，而心理治療師或心理分析師就是幫助患者在神經元網絡中進行必要改變的「心靈顯微外科醫生」。

——精神科醫師、心理分析師諾曼・多吉（Norman Doidge）

法蘭剛開始接受治療時，她與自身的情緒完全被阻斷，她與他人密切連結的能力受到阻礙。治療結束時，她被轉化了。如果腦細胞沒有移動和增長，這一切都不可能發生。事實上，所有的心理治療都是基於這個原理：大腦中的細胞，也就是神經元，能在受控制的條件下以可預測的方式移動，並與彼此形成新的連結。腦細胞若是沒有重組，就沒法學習，大腦也不可能改變。

大腦透過經驗接觸到新的資訊時，腦細胞就會啟動，並且進行新的連結。例如，讀小學時，我學到「2＋2＝4」。參與那項學習的腦細胞是以當我再次看到「2＋2」時，就可以輕易算出答案是4的方式排列。如果這類學習沒有發生，每當我被要求計算「2＋2」時，我都會覺得是第一次學習這個算式。

我們的身體可以和頭腦用同樣的方式學習。我們做運動或學樂器時，大腦會告訴肌肉以特定的方式移動身體。我們身體的肌肉運動受到鍛鍊，會表現更好，這是一個從大腦到身體肌肉、再從肌肉再次回到大腦的反饋迴路。

我們練習得愈多，腦細胞結合就變得愈有效率，這使我們的肌肉能夠更快、更精確地運作。相反的，如果我們很多天沒有練習，就可能會失去前一週學到的東西。

情緒學習也是以類似的方式發生。說到學習，一般的規則是腦細胞一起啟動，一起連結。[1]當我們產生經驗時，訊息會透過視覺、聽覺、味覺、嗅覺、觸覺等五種感官的其中一種或多種進入我們的大腦，以刺激腦細胞，那些受刺激的腦細胞就會開始啟動並連結。那種體驗的各種元素將會連接在一起，形成一個記憶。你是否曾聽到一首歌，會將你帶回特定時間和地點？我們聽到的歌曲，會連結到我們聽歌時所看到的任何影像。

所有人都會被自身的回憶所牽動。像是拜訪住過的老社區、與家族某個成員意見不合、聽到一首老歌、有人讓你魂牽夢縈、有人離開或過世、感冒生重病等，任何事情都可以將我們帶回童年。在那些時刻，從神經科學的角度來看，我們生活在過去和現在的某種混合中，因為新、舊大腦細胞網絡同時被啟動。

我們每天都有很多經歷，但是塑造我們的永恆回憶裡往往有一個很大的情緒部分。情緒會向大腦發出訊號，表明了某件攸關生存的事情正在發生，所以大腦將它存檔以供日後參考。受到每項經驗喚起的情緒愈強，那些相關的腦細胞之間的連結就愈強。經驗愈常發生，關聯愈強；類似的經驗相距的時間愈短，關聯也愈強。童年建立的模式會重複並且被強化，那就是為什麼過去會如此大幅影響我們，以及為什麼我們要改變童年時期獲得的感受和信念，需要花更長的時間：童年的經驗在多年的生活中被強化，形成非常強大的大腦細胞網絡。

我有某位患者對某件事有強烈的反應，我懷疑這種反應可能與早期的經驗有關。當我要患者回想他們第一次有類似的感覺時，他們經常會回到童年時期，童年的經驗往往揮之不去。大腦天生就會記住痛苦或危險的事件，這樣我們日後就會避開。從進化的角度來看，這有助於生存，同時也解釋了為什麼我們小時候會深入學習和記憶。

我們無法改變過去，但能改變對過去的感受

每一個重要的回憶都有四個組成部分，[2] 亦即：

1. 我們感受到的情緒
2. 在我們身體裡喚起的身體感覺

3. 在腦海中看見能捕捉記憶的影像或圖片
4. 經驗留給我們關於自己的信念：對自我的核心意識所產生的信念

法蘭發現自己的父母已經過世時，她的心智產生一個快照。她感受到的情緒是悲痛（這是核心情緒「悲傷」的一種極端形式）和恐懼，看到的影像是自己孤獨而傷心，覺得世界崩塌了。當時被灌輸的想法（包括自覺或不自覺地學到的）是：「我獨自在這個世界上」，以及：「我需要的人會離開我」。像是這類學習得來的想法塑造了我們未來的互動方式。

當童年形成的神經網絡與目前的經驗相關聯時，我們很容易以同樣強烈的感覺再次體驗那些舊記憶。法蘭目睹被自行車撞倒的狗時，觸發了與她父母被另一輛車撞倒的舊日創傷有關的神經網絡。自行車不等於汽車，但是對法蘭的大腦來說，這兩種經驗相似到可以相提並論。

「記憶」和「創傷記憶」之間有何差異？

我們想到記憶時，代表這個事件是過去發生的。我們回憶起創傷記憶時，過去和現在變得更難分辨。創傷記憶會使我們覺得舊事重演，使我們產生同樣的情緒和身體感覺、看到相同的影像，並對自我抱持相同的看法。

我們的目標是把創傷記憶變成平常的記憶。我們不想要被觸發，而感受到情緒或身體感覺、看到影像（倒帶），或對創傷造成的自我感到難過。

我的患者瑪麗的創傷源自她父親，每次她摔壞盤子之類的東西，父親就會暴怒。瑪麗現年三十六歲，和一個永遠不會對她吼叫的善良男人在一起。但她現在對摔壞東西之類的意外，反應還是和以前一樣，她知道自己的恐懼反應很「瘋狂」，但她改不了。摔破盤子的事情透過連結的腦細胞，將她帶回從七歲時開始的創傷記憶。二十九年的神經網絡仍然會亮起來，導致她無意識地預期自己會激起父親（或伴侶）的憤怒。

瑪麗的經歷包含的四個部分是：

1. **情緒：**恐懼
2. **感覺：**她整個上半身和手臂會顫抖
3. **影像：**她父親兩眼圓睜，臉上青筋暴露
4. **想法：**「我不安全。」

大多數人都會對以下充滿情緒的事件有強烈反應：親人離世、自己犯錯、失去某樣東西、受到批評，或者需要求助時。這些經驗塑造了我們，特別是在童年時，我們缺乏理性的應對技能來理解照顧者的環境或情緒狀態，並且無法自我安慰。這些經歷中的每一項都會引起強烈的反應和情緒。到了現在，這些舊網絡往往會被觸發。這可能會使我們對現狀產生極大反應，因為我們忘

記了自己已經長大成人，可以應付、解決問題，以及與周遭的人談論個人感受。

有些人因為父母的性格特徵或家庭環境，而在童年時期經常遭受痛苦。通常在童年學到的常見創傷教訓或有害的想法包括：我不能指望某人安慰我；我會受傷害；沒人在乎我；我的感受不重要；我不安全；我不好；我很醜；我很噁心；我很蠢；我很孤獨。

我妹妹結婚時，同意和公婆共度感恩節。在那之前，我從出生起就和她一起度過每一個感恩節。感恩節對我來說意義重大。她結婚後，每年感恩節來臨，她都談到要前往孟菲斯，這時我總是會產生「自憐」感，其中夾雜著憤怒、嫉妒和悲傷。我相信，在那一刻，我的感受並不重要。我會過度反應。我受傷的部分希望她因為在感恩節丟下我而感到內疚，我可以聽出我說話的語氣如何變化，這樣她就會知道我很不高興。在內心裡，我有些耍脾氣。我不想那樣做。我愛我妹妹，我希望她快樂。我只是無法從傷害中恢復過來。

顯然，在那些時刻，我感覺自己又回到六歲時。我可以看見，年幼的我穿著漂亮的睡衣獨自一人。那倒不是說，我甚至連妹妹「拋棄」我的經驗，都可以拿來與我六歲時被拋棄的任何其他特定記憶聯繫起來。這只是我的一種感覺。一旦我明白這一切，我可以藉著想像我擁抱並安慰那部分的我（六歲的我），給予她同情和理解。當我安慰年幼的自己時，我感到欣慰。儘管我妹妹繼續和她丈夫共度感恩節，沒有陪伴我，但我不再有相同的情緒變化。這就是網絡交流（六歲的我和成年的我）、大腦重組／整合，以及由此引起大腦改變的一個例子。

這就是為什麼心理治療師總是一再談論過去。童年的經驗相當強大，特別是那些充滿負面情緒的經驗。童年的神經網絡是強大而緊密的，但我們可以透過解放卡住的情緒，例如法蘭的悲傷或瑪麗對打破東西的恐懼，以及重組我們的神經網絡，來改變我們的反應方式。相反地，如果我們從不處理受阻礙的情緒，我們受到創傷的神經網絡會保持根深柢固。

釋放卡住的情緒能量，能促使神經網絡重新連結

情緒、身體感覺、影像和信念，這四部分對改變大腦有多重要？在理想情況下，我們希望盡量減少小時候老舊無益的情緒反應，以減少目前的痛苦。我們可以利用情緒變化三角地帶，把埋藏的情緒從過去的記憶中解放出來，並轉化創傷記憶網絡的幾個部分。

為了改變大腦，我們必須在其中建立一條新路徑或新的神經網絡。想像一下，你在茂密的灌木叢中劈出一條路，在叢林中尋找水源，結果在距離你住的小木屋大約五十英尺處發現一條小溪。由於小溪是你所找到最靠近飲用水之處，你開始每天跑到那裡，一天跑好幾次。經過一段時間，你開闢出一條沒有樹叢遮擋的平坦路徑，這樣就很容易進出。你每天走這條相同的路，一年下來，很快就會有一條暢通無阻的道路，穿越那裡毫不費工夫。

每當我們想要改變大腦中以前的習慣性反應時，就必須再次抓起彎刀披荊斬棘穿過樹叢。接著我們要重複走同樣的道路，直到開闢出一條新路為止，這又會需要幾週、幾個月或幾年的時

間，取決於我們有多勤奮待在新道路上。

法蘭和我創造一條未受阻礙的新道路，以便在經歷悲傷時，她不會產生以往讓她遠離哀痛的焦慮。我們一再重複的過程看來如下：悲傷出現時，她就待在悲傷中。她把全心的關注轉移到悲傷的身體感受和情緒經驗。一旦她注意到焦慮，例如肌肉緊張或心跳加快，我們就停止我們正在做的事情，並且運用技巧使她消除焦慮。悲傷使法蘭的神經系統失調，因為悲傷和焦慮交織在一起。

想像一下，兩個清菸斗的菸斗通條彼此纏繞，一個是焦慮，一個是悲傷。我們需要幫助法蘭解開她腦中的那些菸斗通條，讓她的悲傷可以被自由表達，不受焦慮的影響。一旦我們降低了顯現的焦慮，轉回悲傷，騰出空間讓悲傷出現，每一次我們這樣做，就是在教導她的神經系統進一步容忍悲傷的經驗，並將它與焦慮分開。

法蘭一次又一次地做這件事：保持悲傷，使焦慮平靜下來，保持悲傷，使焦慮平靜下來。隨著時間過去，她的身體重新認識到，悲傷並不等同於危險。在諮商中，她有重大進展，我們之前所做的一切努力都得到了回報，在法蘭的悲傷出現時，法蘭一直保持調控。她的大腦改變了。她的身體從被悲傷造成失調，轉變為受到調控，她可以體驗到悲傷並且保持平靜。情緒變化三角地帶是使那種方式奏效的指南。

我的患者哈利被父母嚴重忽略，他們專注於自己的生活。哈利在童年時期形成了一個以拒絕為中心的神經網絡，他十幾歲開始約會時，被女孩拒絕會讓他陷入陰暗的情緒，在這種情緒中，他充滿了負面想法：我不夠好、我是個輸家、我永遠都交不到女朋友。他十幾歲的約會經驗，和他童年時與父母互動的經驗連結起來。隨著哈利長大，這種相同的感覺都會在每次他約女性出去的時候觸發。

哈利現在三十歲了，他在一次派對上遇到一位女士，他向她要電話號碼。她解釋說，她剛剛結束了一段認真的關係，還沒有準備好要約會，但是幾個月後可以碰面喝杯咖啡。儘管她的回答與他無關、她拒絕他請求立即約會是基於她的人生，但他還是把這個時刻視為另一次遭拒。為了幫助哈利，我們需要重新連結他的拒絕大腦細胞網絡。之後，他就可以針對目前的情況適當地感覺和行動。

情緒變化三角地帶是藉著運用創傷經驗的情緒成分，有效改變腦細胞網絡的連結方式。釋放卡住的情緒能量，能夠促使我們的神經網絡重新連結，並且讓過去的傷口癒合。由

如何判斷你是否失調

要形容心煩難過，「失調」（dysregulation）是很好的詞彙，因為它提醒我們「心煩難過」是一種生物狀態。我們知道自己有點反常，是因為我們「感受」到了。當我們心煩難過／失調時，我們的神經系統運行不順暢。我們不平靜，沒有處於開放狀態，身體的生理、化學物質和生物狀態也已經受到損害。一些受到重大創傷的人不知道該如何調控，他們從不平靜，身體和心智對危險始終保持警戒。

此而產生的新神經網絡會被更新，以適應現在的生活，這樣我們就可以停止再用過去的做法來回應事情。

練習❶ 放慢速度

若沒有先放慢速度，我們就無法注意到自己的情緒和身體狀態，更不用說透過情緒變化三角地帶加以運用。放慢速度，你就能放鬆，如果一開始無法放鬆，那就要先作一些練習。

腹式呼吸

深度腹式呼吸[1]是我教給每個個案的技巧。想要平靜下來，這是最好的工具之一。當你第一次開始嘗試放慢速度時，你會意識到內心發生了什麼事。遇到初次面對的或讓你不舒服的事情時，保持呼吸非常重要。

腹式呼吸實際上刺激了體內稱為迷走神經的主要神經。受到刺激時，它會向心臟和肺部發送一項訊息，使其減慢速度，這是平息和紓緩焦慮的強大而可靠的方法。以下是做法：

透過你的鼻孔慢慢深吸，吸進感覺上像你肚子底部的地方。感覺你的肚子鼓出。你必須努力看來像個大佛一樣，盡可能將肚子鼓出來。有個實用的做法是，把手放在肚子上，確定你吸氣時肚子會鼓起來。這實際上需要練習好幾週。大多數人會將氣吸進胸部，也就是吸進肺的頂部。我

【迷走神經】

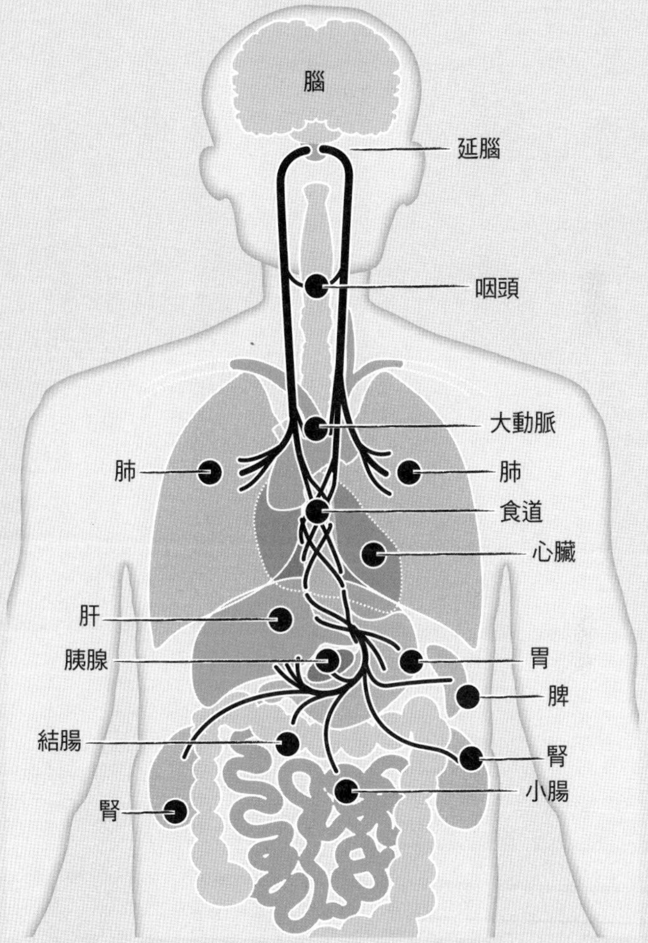
腦
延腦
咽頭
大動脈
肺
肺
食道
心臟
肝
胰腺
胃
脾
結腸
腎
小腸
腎

們要重新訓練如何將胸式呼吸改成腹式呼吸。

吸飽氣時，屏息暫停一秒。[2]現在噘唇徹底吐氣，就好像在吹一勺熱湯一樣。噘唇可以幫助你控制氣流外洩的速度，這樣你就可以達到最放鬆的狀態。呼氣時聆聽身體，這樣你就可以將速度調整到內心感覺最放鬆的地步。呼氣時間應該是吸氣時間的大約兩倍。呼氣時，想像你的整個身體鬆軟。重複這個做法五次。

你可以在練習腹式呼吸之後說出你注意到的兩件事嗎？只要檢查你的內心，注意你情緒狀態或身體感覺的任何變化，無論是微小或細微的變化。嘗試用言詞來說明你所注意到的任何改變。（使用本書後面的情緒和感覺詞彙表來幫助你用言詞說明你的經驗。）最重要的是，記住，答案沒有對錯。這些練習是關於注意和指出你獨特的情緒和身體反應，此處是指注意呼吸。

1. ______________________

2. ______________________

為了短期和長期身體和情緒健康，可以做一些最有益的事情，其中一項就是學習和使用適當的呼吸技巧。腹式呼吸有助於放鬆神經系統、減輕壓力和緊張、降低血壓和平靜心靈。練習腹式呼吸也可以按摩和增強內部器官，特別是消化系統。

恢復適當的呼吸並不困難，但需要練習。我建議你提醒自己，每天至少練習兩次腹式深呼吸。你醒來和準備就寢時可以做，你可能會發現夜間更好睡了。

當你注意到焦慮和經歷核心情緒時，請採用這種呼吸。隨著情緒浪潮達到最高峰，進行良好、長久和深度的腹式呼吸，最後平靜下來和放鬆。

自覺地向外觀看

你只需要花兩分鐘就能有意識地練習向外觀看。撥出可以靜心的時間在家裡練習。或者，當你遇到塞車、在便利商店排隊，或者走去開車時，都可以做這件事。注意到你所看到、聽到和聞到的東西，有助於你進入當下。當你想要指出你在運用情緒變化三角地帶時遇到的感覺、情緒和感受時，放慢腳步，處在當下，也會對你有很大的幫助。

看看這個世界。注意你現在看到的顏色，並說出其中三種：

1. ______________
2. ______________
3. ______________

注意你環境中的材質。說出你現在看到的三種材質：

1. ____________________

2. ____________________

3. ____________________

注意周遭的聲音。說出你現在聽到的三種聲音：

1. ____________________

2. ____________________

3. ____________________

你覺得這是什麼樣子？檢查你的內心世界，注意你的情緒狀態或身體感覺的變化，無論這變化有多細微。你有注意到你的狀態如何從這項練習轉移開來嗎，你能說出其中兩件事嗎？**試著用言詞描述你注意到的任何改變，並將這些話寫在下面：**

____

____

____

這些練習的目的是讓你更進一步融入當下。你可能會覺得更清醒，可能會感覺更不安，可能覺得與現在有更多連結，也可能會覺得什麼都沒有改變。無論你注意到什麼都很好。這種做法是沒有正確答案的觀察，唯一的目標是注意我們內在反應的細微差別，並嘗試找到最適合我們經驗的語詞。你可以使用書末的情緒和感覺詞彙表，來幫助你找到描述你注意到的現象的字彙。

如果這些練習中的任何一項讓你感到不安或不舒服，請休息一下。以令你平靜下來的方式呼吸，或者嘗試下面的接地氣練習，這往往會讓人平靜。

接地氣

站著或坐著，把腳放在地板上。感覺你腳底下的地板，持續感覺你腳下的地板約三十秒。就這麼簡單。

把你所有的注意力轉移到腳底時，你能否指出你注意到的兩件事？觀察一下你的內心世界，注意你的情緒狀態或身體感覺到的任何變化，無論那些變化有多麼微小或微妙。

嘗試用言詞描述你所注意到的任何改變：

1. ______________________

2. ______________________

現在，結合接地和呼吸。做四、五次深度腹式呼吸，同時，注意你踏在地板上的腳。當你盡可能吸飽空氣一秒、兩秒、三秒、四秒或更久時，要保持注意。暫時憋住氣。現在噘嘴慢慢吐氣（就像你在把一碗熱湯吹涼一樣），一路吐到底，這可能會需要八到十二秒鐘。慢慢來。

再次把你的注意力轉移到你的腳底。感受你腳下的地板。你現在注意到了什麼？你能注意到你內在狀態的兩個額外變化嗎？從頭到腳審視整個身體，注意情緒狀態或身體感覺上的任何變化，無論變化有多細微。

嘗試用言詞描述你所注意到的任何改變：

1. ________________________

2. ________________________

每次你放慢速度，注意到你的外在或內在世界，你就在創造和促進正向的大腦變化。你正在照顧自己。無論你在這些練習中體驗到什麼，你都會很快能夠將它們標示到情緒變化三角地帶上，情緒變化三角地帶會告訴你，你需要做什麼才能讓自己感覺更好。

想像一個平靜的地方

一旦你創造一個平靜的地方，它就是你可以隨心所欲運用之處。當你需要暫時擺脫滿滿的壓力時，你可以造訪你的平靜之地。如果你正在運用情緒變化三角地帶，而且你的焦慮上升，請休息一下，想像你的平靜之地。如果你正在和一部分的你相處，那部分的你抱持著內疚或羞愧，而且你開始覺得不舒服，那就造訪你的平靜之地。當你對某件事情感到不安，想要平靜下來，你可以在工作上或在人際關係中做這件事。把你的平靜之地加入你既有的鎮定策略工具箱中。

保持平靜，以便再次放慢速度，感受踩在地板上的雙腳，並且做四、五次深度腹式呼吸。現在想想任何地方，真實或想像的地方都可以，在這個地方，你感到祥和與平靜。它可能是沙灘、山脈、你的床，或是電影或書籍中的地方。嘗試想像一些能夠為你帶來祥和與平靜的不同場景。慢慢來。找到最能讓你放鬆的畫面，並且想像你處於那裡。你可以添加人、寵物和你喜歡的東西、添加能把讓你不安的人物擋在外面的門和鎖，或者你想要用什麼東西來增強這個幻想的和平寧靜，那就添加進去。

如果你在視覺幻想方面遇到麻煩，那就想像一首讓你放鬆或讓你回到快樂時光的歌曲。你甚至可以想像一種撫慰人的氣味，例如你祖母煮的飯菜或某位親人用的香水。

注意一下，你在想像經歷平靜之地、聲音或氣味時，內心的感受如何。

你可以用言詞描述這項經驗嗎？

1. ______________________

2. ______________________

3.

想像平靜時會產生的心理障礙

如果你覺得自己受到阻礙，無法想像一個平靜之地，沒關係，這很常見。我們有時會受到阻礙，不要妄下評斷。

如果你願意堅持這一點並且多嘗試一下，那就看看你是否能想像你需要什麼才能夠克服障礙，找到一個平靜之地。幻想之美，就在於不受現實的範圍所侷限。你可以想像你想要的任何事物，沒有極限。例如，你想像自己身在一個平靜之地，並為此感到內疚，因為你所愛的人病魔纏身或正在掙扎受苦，你覺得如果其他人沒有感到平靜，你自己也不能平靜。你可以想像一位法官或上帝授予你臨時許可。

或者，也許你無法阻止腦子思考問題，那麼，也許你可以想像把所有這些問題放在盒子裡一兩分鐘，接著看看那是否有助於你想像一個平靜之地。如果你覺得不可能做到，那就只要注意不要自我批判即可。你仍然可以保持好奇，並對你的想像過程會如何隨著練習而轉變，抱持著開放的態度。

第三章
識別創傷

撫慰內心的憂鬱小孩——莎拉的療癒之路

世人切斷與情緒經驗的連結，害怕被情感力量所壓倒、羞辱，或暴露出自己的不足，日後反而付出代價，變得憂鬱、孤獨和焦慮。

——戴安娜・佛莎

我和患者的關係，就如同他們在外在世界和別人的關係一樣。事實上，我鼓勵患者將我們的關係當做範本，以幫助他們理解他們對別人的感受以及與別人的連結。在諮商中，我們可以安全地嘗試更令人滿意的新連結方式。大多數人都不擅長處理衝突，但其實有許多技巧可供我們學習，以便更容易應付人際衝突。

我們用多種方式處理與他人的衝突，比方說告訴對方我們很生氣、避開問題、醞釀和計畫報復、壓抑怒火並且變得憂鬱，或者擔心我們的需求超出伴侶的能力，反之亦然。當我們想要或需要的事物與朋友、家人或伴侶想要的相反時，我們就很難啟齒。這對所有的人來說都是進退維谷的困境。好消息是，一旦我們留意到底層的感覺（這些底層的感覺阻礙我們接受事實、分享事實和主張我們的權利），一切都變得比較容易。

無力抵抗母親的憤怒，只好封閉內心的感受

莎拉和我一起努力了五年，我們對彼此都很熟識。多年情緒虐待造成的疤痕和傷口，使她飽受憂鬱和焦慮之苦。光是度過一天就耗費了她大半精力，她沒有餘力享受生活中的小確幸，比方說與朋友互動。

從蹣跚學步，剛會說「不！」的時候開始，莎拉就一直面對大吼大叫。如果莎拉不喜歡她母親做的某一頓飯，母親會大吼大叫。如果莎拉病了，她母親會大吼大叫。如果她用「錯誤的」表情看著她母親，母親也會對她大吼大叫。事實上，莎拉經常因為特定的表情而被審問好幾個小時。「你在想什麼？」莎拉的母親會問。「你為什麼要那樣做？你恨我嗎？」莎拉會蜷縮在角落裡，祈禱她母親會筋疲力盡，激烈冗長的指責會結束。隨著莎拉漸漸長大，她腦子裡老是警覺地想著，自己可以做些什麼來阻止母親生氣，以及一旦母親大動肝火，她如何才能滅火。她腦子最終想出來的解決辦法是封閉她自己的所有想法和感受，並反映她母親的想法和感受，以取悅對方並保持雙方的連結。

這種情況在她的童年中一直持續。莎拉的父親很慈愛，但大多不在家。當他目睹這種激烈冗長的抨擊時，他無力幫忙。為了生存，莎拉必須阻擋自己的核心情緒，所以她出現焦慮、執念、

完美主義、自殘、撞頭、自卑和憂鬱等症狀。

我第一次見到莎拉時，她已經三十歲。她所忍受的一切令我難過不已。在諮商時幫助她感覺和我在一起很安全、很放心，會建立一個基礎，所有情緒和創傷的運作都源自這個基礎。在諮商的第一年，她的神經系統保持高度警覺，以至於她和我在一起時都是小心謹慎。她很怕自己會令我不悅，就像她害怕令她母親不悅一樣。如果我有一個她看不懂的表情，她就以為那是不高興，而且感到被拒絕。她會陷入無言的恐慌之中。她會彎下身子，把頭埋到膝蓋上，閉上眼睛，然後就在我面前封閉。在生物學上，她展示了每個人全都具備的戰或逃或凍結系統的一部分。

當莎拉從冰封中解凍出來，並且可以再次溝通時，她告訴我，她既覺得迫切需要我的安慰，又極度恐懼我會在她封閉之前勃然大怒。不消說，對莎拉而言，要捱過治療並不容易，但她非常投入，一心一意要痊癒。經過一段時間，我們建立了信任。我是可預期和平靜的，這可以幫助她的大腦同意這個可能性：她和我在一起很安全。我們的合作關係加深了。

我們第二年的諮商花在了解和研究莎拉心裡的許多創傷部分。所有人都是由很多部分組成，把那些部分當做是擁有本身信仰和感覺的個別個體，會有助益。了解到自己是由很多部分組成，可以幫我們理解自己的衝突，以及為什麼我們的感受會變得複雜和不一致。一旦我們將心智看成是過去與現在、兒童與成人的混合體，我們心智的神祕運作方式就會更容易理解。

莎拉難過的時候，我鼓勵她從難過部分的角度說話。莎拉經常會說：「我感覺自己是兩

【莎拉在治療初期的三角地帶】

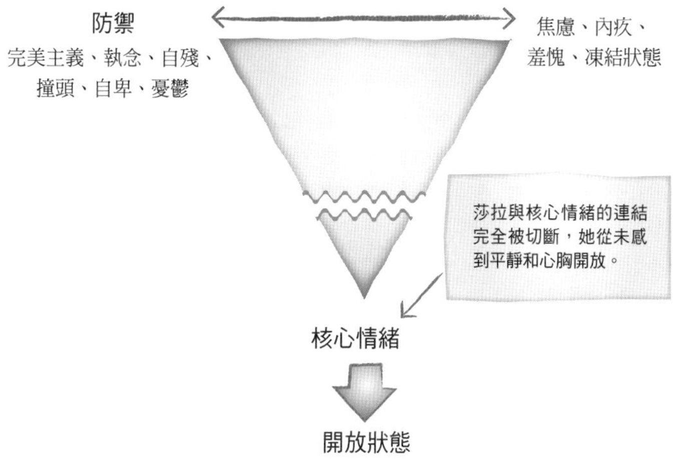

我第一次見到莎拉時，她在防禦和高度焦慮狀態之間擺盪。她無法進入自己的核心情緒經驗，而且總是失調；她從不平靜、有自信，或是好奇、連結、富同情心、勇敢和清晰。

歲」、「我感覺像五歲」，或者「我覺得自己像十幾歲的青少年」。這些都是不同的部分。我們必須了解和關心住在莎拉心中的許多年幼部分。

在第三年和第四年的治療中，我們從一開始就致力於自我關懷和自我同情，這些是她從一開始就在努力搏鬥的概念。對莎拉來說，對自己提供同情和關懷，或者如同我喜歡說的，成為自己的好母親，意味著她不得不放棄「別人會拯救我」的幻想。莎拉不想成為對她年幼部分給予關懷或同情的人，她年幼部分想要我，而不想要她，她一再解釋這點。但只有她成為自己的好父母，她才能自立自強。若她要能夠隨時鎮定和安撫自己，而非只有和我在一起時才能平靜，她就得成為自己的好父母。

因為莎拉難以提供關懷和同情，所以我們一起關懷她的年幼部分，直到她準備好自行擔任這個角色為止。被剝奪的人容易接受同情和關懷，似乎是很自然的事。但是遭受虐待的人難以接受關愛，即使他們也渴望得到。他們覺得，自己不能冒著再度失望的風險。如果莎拉敞開心胸，卸下心防，她害怕自己會被壓垮，預期的情緒創傷太大了。另外，終於得到長久渴望的保護和安全感，會喚起備受忽視的自我深切的悲傷。接受同情往往是痛苦而憂慮的過程。

治療邁入第五年時，我與莎拉的依附關係已非常安全。她識別了她年幼、受創傷的幾個部分，並且很樂意與之溝通。此外，莎拉發展出堅持自己立場的能力。她可以和我坦率直言她想談論和不想碰觸的事情，不像以前那麼害怕我生氣，她甚至會因為堅守主張而造成一些衝突。她也同意嘗試吃藥，以改善她的執念和侵擾性的想法，這是她之前不願意做的事。這是種進步，表示她愈來愈想要感覺更好，而且她正在發展一種她「值得感覺更好」的想法。

你有權表達感受，你的憤怒並不會嚇到人

我們繞著莎拉的情緒變化三角地帶走過數百次，目標是增加她停留在當下的能力、消除有害的羞愧和焦慮感，並為她的核心憤怒、悲傷和恐懼騰出空間。有一次，在我休假前夕，我們碰面，而前一天她沒按約定時間前來諮商。在過去幾個月裡，莎拉沒來晤談已經是家常便飯。

我歡迎她進來，她對我報以燦爛的微笑。

「昨天很對不起，你會因為我沒來晤談而對我生氣嗎？」她緊張地問道，她的一隻手在無意識的自我安慰舉動中舉起來撫摸頭髮。

我們一週見兩次面。莎拉經常因為不能或不想下床而錯過了早上的約診。然而，如果她想要或需要的話，她喜歡選擇前來晤談。

「呃，我沒有生氣，」我向她保證，「但是我一直在想那件事，我確實想談談諮商。」我對她付兩次諮商費用，卻只進來一次，愈來愈感到不安。

我注意到莎拉在咬下唇；她的呼吸變淺而且明顯吃力。她開始在沙發上移動身體。我不希望莎拉帶著難過的心情離開，如果她這樣，我擔心我休假時會感到內疚並且擔心她。我不希望她必須等上兩個星期，直到我回來才能夠稍微安心。但是，既然莎拉提起了這件事，我就順水推舟，相信我們已經建立了足夠的安全關係來完成諮商。

「我知道你喜歡一週來兩次，但另一方面，你最近每週只能來一次。」我說話時結結巴巴，小心翼翼用正確的方式說出正確的話，以免引起更多的焦慮。

她緊張地笑起來，然後微笑。她用高亢的聲音說：「我知道。」她臉上的扭曲神情讓我看到她的痛苦。

「你可能不想每週付兩次錢，」我說：「所以，也許等我休假回來時，我們可以好好談談，並想出最好的辦法。」

「但如果我決定我還是想每週諮商兩次，可以嗎？」我知道這對她來說很難，因為她仍然很害怕我有一天會拒絕她，就像她母親一再做的那樣，雖然她的恐懼已經減少。

「是的，你可以每週保持兩次，我只是對你很好奇，想了解一下，如果你想要來諮商第二次，為什麼不來？而且我只是要弄清楚，我沒有生氣，我只是想做對你適合的事情，並探索你為你不使用的東西付費所代表的意義，這樣我可以更了解你。」

「好，那聽起來很好。」莎拉說。

「另外，從九月起，我會提高你的費用，因為費用已經好幾年沒變動，那可能會影響你是否想要每週諮詢兩次。」我補充說，我心想，現在不妨把所有的訊息一次告訴她，這樣我們就不必辛苦地分兩次討論。

她問我新的費用怎麼算，我解釋說，它是按照幾樣標準來收費的：我們每週見面多少次，晤談多久。我們目前設有五十五分鐘的晤談，但自從我開始與莎拉晤談後，我已經取消了五十五分鐘的晤談。晤談不是四十五分鐘，就是六十分鐘，取決於每個患者需要什麼。

她告訴我：「我絕對喜歡五十五分鐘。」我為她能夠堅持自己的權利感到驕傲。堅持自己的需求是適應生活。對莎拉來說，不管她有什麼需求，如果她堅持需求，就會觸發她想起許多她母親動輒生氣的過往回憶。舊記憶網絡啟動，帶來她小時候感受到的那些感覺。堅

【莎拉堅持自身需求和願望時的三角地帶】

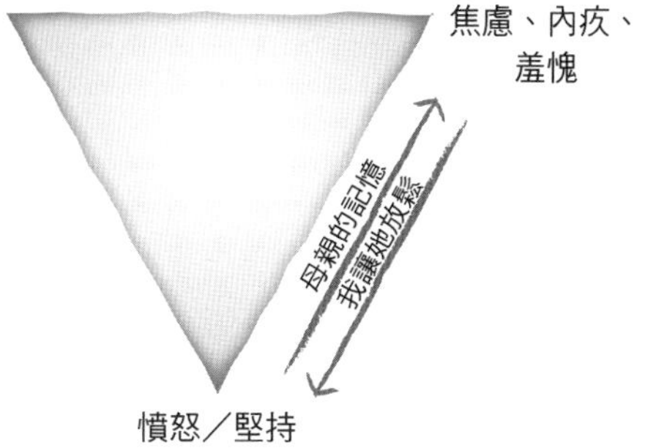

莎拉現在已經懂得如何生氣，也可以表達自己的意願，但這樣做經常引起焦慮，把她往上推回情緒變化三角地帶中的抑制角落。

持想要保持五十五分鐘晤談時間所引起的內疚、焦慮和羞愧等強烈反應，將她推回情緒變化三角地帶的抑制角落。

幫助莎拉，意味著讓她在三角地帶往下移動，從羞愧、內疚和焦慮狀態，轉移到下列的核心情緒。了解和驗證她的核心情緒，會讓她知道自己需要什麼和想要什麼。

「很高興知道這點。」我說。「合作的重點是因為它讓人感覺更好：更多連結，更不孤獨。『兩個臭皮匠，勝過一個諸葛亮』，我認為，容忍談論此事所引起的感覺，很值得。在世上與其他人共處，你會想要能夠充分討論問題。這是很好的做法，我相信我們可以做到這一點！」保證和肯定，這兩種人際互動方式，能增加寬慰和安全感並降低焦慮。「你現在可以分享一下，談論這個話題會讓你心中產生什麼感覺嗎？這只是為了驗證即將出現的情緒。」

看到她臉上顯露恐懼、屏住呼吸、閉上眼睛以避免看著我，以及身體僵硬而凍結，我意識到她有很多感受。莎拉焦慮時，她原本已經蒼白的皮膚會變得灰白。

「嗯。」她緊張地說。

我盡量不假設自己知道別人的感受，所以我鼓勵她提供可能的反應列表，來迎接各種可能的經驗。「你是否覺得自己很小、很害怕，有注意到憤怒嗎？是否焦慮？不要批判，只要聆聽自己的身體，為自己所有的感覺騰出大量空間，因為我不知道你發生了什麼事。我想要知道，這樣我才可以幫忙。」

她沉默了大約十五秒。「我不知道，有很多，很多混亂的東西。」

「是很多。」我肯定。「如果我們深呼吸，一起把速度放慢……很慢……，並且感受我們之間的連結，可能會有幫助，我們一起做這件事的時候，你能讓自己與我保持密切連結嗎？」

「好。」她試探地說。

「如果我們只是驗證你注意到的每一種情緒，可能感覺比較好；我們不必進入那種情緒，只要驗證你正在經歷的感覺。」

「我想我有點心煩，也許有點生氣。」

「太好了！我很高興你讓我知道，我聽到你很心煩，也許有點生氣，你還有什麼想分享的？」

通常，她會退縮到焦慮和羞愧的悲慘狀態，然後需要幾分鐘恢復，才能夠說明她的情緒。如今，她以新的方式處理這種壓力，更快恢復到與我和她自己的連結，我為她感到興奮。

「也許還覺得困惑。」她說。

「你能暫時擱置一下困惑，真正確認和認可你實際感受的事情嗎？[1]試著從那個憤怒或難過部分的角度說話，並且記住，我不是你母親，我是希拉莉，我們曾經共同努力解決事情，而且採用的是讓你事後總是感覺很愉快的方式。記得嗎？你的憤怒並不會嚇到我或威脅我，當你跟我說你的感受時，我很喜歡，這樣我就不必猜測你的想法，接著我們可以談談，讓一切變得更好。莎拉，你可以讓你的憤怒發言嗎？告訴我：『我很生氣，因為……』」

她抬起頭，臉上露出一絲微笑。「哦，我不知道。」莎拉說。

「你很有權利表達自己的感受。」

「但我真的不知道自己為什麼生氣。」莎拉說。她通常想要了解為什麼她會有某種感受。自問為什麼會有某種感受，並不是那麼有用。相反的，我教大家：感覺只是既存的事實。更好的方法是徹底接受我們注意到的情緒，並透過體驗它來了解情緒要告訴我們什麼，什麼因素喚起它，它在身體裡感覺上像什麼，以及衝動是什麼。

為了在當下幫助她，我建議一起關注她的身體感覺。身體一向是深層了解情緒所需要著手的地方。我想看看我們能學到什麼。

「你身體裡面的哪部分告訴你，你有怒氣？」我問。[2]

「我其實並不覺得和你有很大的連結，就像我想要……」她閉著眼睛，猛然向後靠著我沙發的靠墊，嘴巴緊閉，這改變了她的呼吸，並阻止了她的情緒波動。莎拉正努力處於現在，而不是糾結於過去，在糟糕的感覺中遭到吞噬。她承認憤怒，這再次引起她的焦慮。

「莎拉，你想要做什麼？如果你不強壓住那個幻想，那個幻想是什麼？」我們愈是意識到自己的衝動並且對衝動感到自在，就愈不會害怕衝動和需要加以阻止。

她畏縮了。我堅定但好意地說道：「跟我一起，莎拉！一切都會沒事。」

她需要一遍又一遍地體驗到，表達憤怒會如何使她感覺更好，而不是更糟，這樣她的大腦就可以形成全新和更健康的連結。她需要到達情緒變化三角地帶的底部，但她反而在她的防禦和焦慮之間來回跳動。

我繼續說：「憤怒想要做什麼？」她仍然保持沉默。「沒關係，憤怒想要對我做什麼，我們來為你做這件事！」

「憤怒想要忽視你的存在之類的，比方說不跟你說話。」

「很棒！」我說。她點點頭，眼睛仍然閉著，害怕看到我的反應。她的無意識大腦仍然感到困惑，不知道我是否會像她母親一樣對她生氣，還是會像我一直以來那樣對她仁慈和同情。

「忽視我是你避免憤怒的方式，如果你沒有忽視我，憤怒會想要對我做什麼或說什麼？讓憤

【莎拉對憤怒的無意識衝突】

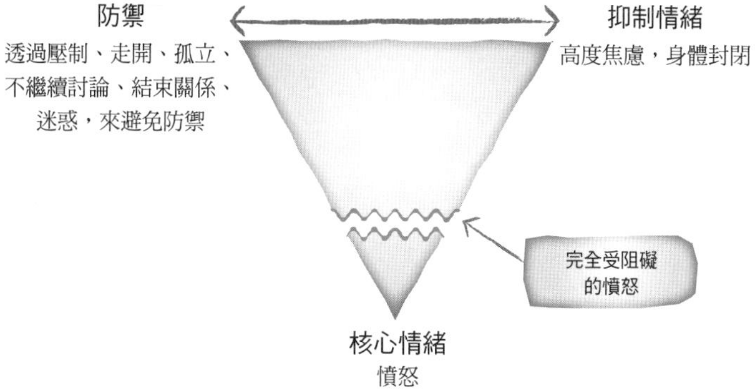

莎拉以恐懼／恐慌／焦慮／羞愧來抑制她的憤怒。她選擇逃避以便阻止這些痛苦感受，但這使她失去人際關係，因為她需要避開對方，以免那些不好的感覺重新浮現。

怒的衝動在幻想中發洩到我身上。」

知道憤怒的衝動想要對傷害和激怒我們的人做什麼或說什麼，然後在幻想中用想像力表達憤怒，這是釋放被阻礙的情緒，並且用健康的方式處理憤怒的主要做法。

她對於要分享什麼東西很掙扎，所以我說：「我知道，即使你向我表達你的憤怒，你還是非常在乎我，要我別拋下你。即使你感到生氣並向我表達你的憤怒，我還是想和你保持連結，所以讓我們一起認可這個重要的憤怒。」

這有助於增強她對分享的信心。「好，我猜也許它想要起身離開。」

她在嘗試，我為她感到驕傲。然而，這是她聰明和無意識的心智避免直接處理憤怒的另一種方式。「離開」是避免經歷憤怒的一種防禦。

「是的！但離開是避免憤怒的方法，」我解釋說：「離開是『不』處理憤怒的方式。」

莎拉內心的憤怒感覺上很強烈。她剛開始受到創傷時，年紀還很小，所以我想像莎拉的憤怒源於她嬰兒或幼兒的那部分。如果你見過生氣的嬰幼兒，你可能會想起他們臉上的極度憤怒和全身扭曲的樣子。對嬰幼兒來說，憤怒感覺上很強烈而巨大，特別是當他們被迫獨自應付時。[3]

對莎拉來說，她的憤怒感覺上就是那樣，這讓她感到害怕。莎拉覺得她嬰兒那一面的憤怒，再加上她從那時起被阻礙的憤怒，感覺和能量都是壓倒性的。所以，當莎拉對於是否要相信自己的憤怒不會毀掉她或我而感到掙扎時，她的焦慮就升高了。情緒變化三角地帶預測：如果你停止使用保護機制，你會感到更脆弱，你的焦慮可想而知會升高。之後，如果你不但沒有發生什麼不好的事情，反而擁有一個新的正面經驗，大腦就會重新形成一個更有效的連結方式，特別是如果這種情況一再發生。

當莎拉的焦慮升高時，我運用各種技巧，從指點呼吸到談論電視，幫助她平靜下來。一般來說，要讓焦慮平靜下來，可以透過安全地與某人保持連結，而且對方必須是我們可以坦誠訴說感受的人。

「別忘了呼吸。」我說。「你能讓自己感受到憤怒，看看它想要做什麼嗎？」

「我猜也許它會對你喊叫。」她最後說。

與別人衝突時如何降低焦慮

1. 休息一下，答應在一方或雙方感到比較平靜以及再度較為連結時，再回來把話說完。
2. 一起練習深度腹式呼吸。
3. 談論一些不同和輕鬆的事情。
4. 互相擁抱，提醒自己美好的時光，你會撐過去。

如何自行處理焦慮

1. 擺脫用腦思考，做法是把你所有的注意力都轉移到腳底，感受腳底下的地面。
2. 練習你的深度腹式呼吸。
3. 到外面散步，觀察風景，並指出三種顏色、三種聲音、三種材質。
4. 提醒自己，你很焦慮，因此，在你平靜之前，還不是對未來作出結論的好時機。
5. 提醒自己，你很焦慮，而這種感覺是暫時的。
6. 以同情和好奇心，專注在焦慮的身體感覺上，而且不加批判，直到焦慮消退為止。記得在專注時深呼吸。
7. 想像一個平靜之地或是你感到自信的某個時候。
8. 想像一下撫慰人心的事物，例如悠揚的音樂，或照耀在皮膚上的熾熱太陽，或被擁抱。
9. 做一些運動，如慢跑或瑜伽，或是上健身房。

表達憤怒的衝動，是邁向心智健康的里程碑

「哈利路亞。」我對自己大叫，她懂了！她留在我身邊，表達了她憤怒的衝動。這是莎拉邁向心智健康的一個重要里程碑。

「它想要喊叫什麼呢？用你感受到的全部力量來想像它，你可以在內心想像它，或者大聲跟我說說它，看哪種做法感覺比較好。」我希望莎拉能夠意識到她的憤怒（原始情緒，而非她的理性自我）想要對我做什麼事。這可以幫助她開始習慣自己的自然衝動。談論我們的衝動，並不會傷害別人。分享她的憤怒想要對我做的事情不會傷害我，只有不加思索針對衝動採取行動，才可能造成傷害。

「我猜它會說，我很生氣今天你提起這件事，因為你要休假，而且……」她停了下來。如果你還記得的話，莎拉其實在諮商晤談一開始就提出這個話題：「昨天很對不起，你會因為我沒來晤談而對我生氣嗎？」這是說明為何我們的幾個內在部分不一定會溝通的好例子，我們希望培養各個部分之間的意識和溝通，這樣大腦才能夠完美運作。我選擇不要在那一刻使莎拉注意這一點。

「和我在一起，莎拉，你做得很好！還有什麼？還有什麼？這樣做很好！」我充滿活力和熱情地表示，以支持她的憤怒。「你很生氣我今天把這點提出來，因為我準備去休假。」我複述。

她笑了起來，而且笑得很開心。這是在過程中的轉化。令人不快的事物現在已經可以消化，

甚至很有趣。

「還有什麼？」我問道。

「啊，沒有。」她說，低頭看著她的右邊，我感同身受地覺得那是她感到尷尬的一種手勢。

我等她分享更多。

「我想……我不知道，我的意思是，關於提高費用的事情……你知道我通常會克服它，但這有點像是一種提醒，讓我知道我為此付費給你。我有點生氣，因為這種提醒令人不愉快。」

「是的，還有什麼？你做得很好，我知道這很難。而且我很高興你告訴我那件事讓你很生氣。」她點頭稱是。「還有更多嗎？我真的想給你機會認可你所有的憤怒。」

「這大概是我所有的憤怒了，但我也擔心你是在跟我說，我不應該再來看你這個治療師，你知道，就好像，你是想要擺脫我嗎？」她努力說出這句話。我注意到她的眼睛又閉上了，她的呼吸變得吃力而且淺。每次她開始談論自己的疑慮，我都看到她的恐懼。

「這聽起來像你要問我問題，你可以直接說嗎？」我想讓她練習直接、堅定的態度。

「你想讓我別再來嗎？」她直接大膽地問道。

「你要我直接回答嗎？」我請求許可，這樣她才會有勇氣和意願知道我的真實想法。

「是的。」莎拉回答。

「我絕對不會讓你放棄治療。」我再度保證。「我喜歡見到你，莎拉，我無論怎樣都不想趕你走。」

「你想要強迫我只來談一次嗎？」她在沒有任何提示下，提出一個直接的問題，藉此表達另一個疑慮。

「不，」我說：「不過，我確實想要討論你來一次卻付兩次費用的事。」她笑起來，稍微放鬆。

「好吧，我想我可以處理那件事。」她微笑說。

通常在處理「負面」感覺時，「良好」的感覺比較容易表現出來。她現在以原來的我來看我，她可以推斷我真實的意圖。那一刻我不再是她的母親。舊觀點消失了。

「現在我又擔心了。」她說。當她往後靠在沙發上時，雙手遮住臉。

她觸及含有核心情緒的情緒變化三角地帶底部，然後又跳回焦慮角落。坦誠分享感受，觸發了她的舊神經網絡，所以她的焦慮再次升高，以因應在預期的想像中，她母親（活在她腦海中的母親）的強烈反應。

我說：「等等！等等！發生了什麼事情？不要走開，一切都沒問題。發生了什麼事情？我們可以在你再度覺得被壓垮之前，倒轉到正確的位置，並且注意到發生什麼事情嗎？」我想讓她明白她迄今為止所有在無意識中觸發她的因素。一旦她明白，就可以透過教導她的大腦知道「過去已經過去，現在自己很安全」，讓神經系統能夠放鬆。

我問：「你注意到，你想和我分享的想法和感受讓你有多害怕嗎？只要我們能夠談論這些想法和感覺，好讓我可以釐清和分享我的想法和感覺，你怎麼想、有什麼感受，就不會威脅到我。那就是健康的關係該有的樣子。」

她直視著我，我們的眼神交會。「你太好了。」她告訴我。

「我可能沒有那麼壞。」我說，我那滑稽而自嘲的語氣引她發笑，她斜倚側躺在沙發上，雙腳還碰到地板。她依偎在我沙發的枕頭上，就像她經常做的一樣。

她經常交替動作，有時坐起來而且顯得活潑，有時幾乎是以胎兒的姿勢駝背坐著，有時則是靠在沙發靠墊上以獲得安全感。每次她從駝背中恢復坐直，她都會微笑，看起來更樂觀和平靜。在表達核心情緒之後的短暫時刻，她處在那個平靜祥和的開放狀態。然後，其他事物會觸發她，她會回到情緒變化三角地帶的焦慮或防禦角落。但是每當我們上下旋轉時，她的大腦會啟動和連結，從而形成新的更新連結。

莎拉常常以為我是世界上唯一有能力理解她或善待她的人。我會提醒她，世界上有幾百萬善良和能體諒的人可以和她成為朋友，但她必須花時間和精力去結識潛在的朋友，看看他們是否友善和體諒。如果她遇到對她苛刻的人，以後就不必再跟對方碰面了。很多人，特別是那些不覺得自己有權設定界限的人，會忘記自己可以拒絕對他們不利的事情。

將你「年幼的部分」與「現在的自我」分開，能讓你更有自信

既然她覺得更能感受現在以及放鬆，我想讓彼此思考一下，在晤談期間，當她努力處於現在時，內心發生了什麼事情。

「當你變得這麼害怕時，會發生什麼事？」

「一切都變得混亂困惑，我覺得這是一種被拒絕的感覺，不是你實際上拒絕了我，而是感覺上就像那樣。」她說。

「你感覺上被拒絕的那個部分從我這裡聽到什麼？這樣我們就可以驗證它。」

莎拉解釋說：「我什麼都沒聽到，只是徹底恐慌，我就只是封閉自己。」

我們感到憤怒時，會防禦性地封閉自己，這種情況並不罕見。以封閉來回應，可以避免自己內心受情緒壓垮，也可以避免讓無法處理自身憤怒的照顧者生氣。對於莎拉，我把封閉解讀為一種情緒表達，這種表達顯示出遭到母親嚴厲對待所引起的壓倒性羞愧、內疚和焦慮。她的憤怒、恐懼和悲傷等等的核心情緒，被這些抑制情緒所掩蓋，既保護她避免面臨母親的憤怒，又透過討人喜歡的方式充分加強她們的連結。

「你覺得你年幼的部分對我很生氣，那會讓你的其他部分感到害怕嗎？那種情況有可能發生嗎？」

「是的，那絕對有可能發生。」她微笑點頭稱是，這顯示我走在正確的軌道上。

對莎拉和所有遭受童年創傷的人，我們希望他們的大腦在沒有危險時不要再發出警訊。這將使身體保持平靜，並且以開放心態接納那種狀態帶來的所有適應性好處，例如清晰的思維。

「你有什麼辦法可以檢查一下你的年幼部分，這樣你就可以意識到那部分現在幾歲、正在經歷什麼事情？」

她聚焦於內心幾秒鐘。「她三歲了，很生氣，想把你推開，但也迫切需要你。」

她彷彿是來自過去的真實三歲小孩般講述自己的憤怒，這讓現在已經成年的莎拉聆聽三歲時的她說話、安慰她、和她交談，也許最重要的是，給予她同情。相反的，當年幼部分超越我們時，我們會被嚇倒、感到失控。

我們可以運用心智能量，努力與孩子的部分分離，並想像它們、確認它們的年紀，這個部分穿著什麼衣服、那個部分又在何處等等。想像中的部分可以讓這部分與此人現在的開放自我之間互相溝通。當年幼部分與現在的自我融合在一起時，通往開放狀態的道路便會模糊不清。[4]

自我與年幼受創部分之間若是沒有區隔，自我就失去了與各部分談話並幫助它們平靜下來的能力。晤談時，我通常可以判斷何時孩子的部分出現了，因為患者的樣子、行為或說話方式更年輕。她可能會改變立場，或者玩弄頭髮，或者用年輕的聲音說話。有些人喜歡處在他們的年幼部分，若是與那部分分開，則感覺怎麼樣都不對。但最好是將你的年幼部分與現在的自我分開，以幫助你變得更自信、更有復原力，並且和別人的關係更健康。

在我們的晤談中，我驗證莎拉三歲的部分，並且保證，只要她想要，想怎麼遠離我都可以，而我絕不會跑向別處。

「好！」莎拉笑著點點頭。然後，她閉上眼睛，與她三歲的部分交流，這是她在我們的晤談中練習過好幾次的事情。

我說：「三歲的莎拉有權生氣。」

多年來，這個年幼孩子的部分一直透過避免衝突來控制她的生活。因為她能與三歲自我分開，權力又轉移到她的成年自我身上。她知道自己可以處理衝突。大多數人都不知道這個事實：我們不知不覺地被童年的恐懼、憤怒、悲傷、焦慮和羞愧所劫持，這些狀態目前正在負面控制我們的感情和行為。

我們可以在另一個三角地帶上畫出這個圖表，這個圖表顯示孩子部分與她的核心情緒、抑制情緒和防禦的關係。

由於莎拉能與孩子部分拉開距離，並從那部分來觀察，她心情放鬆，並有機會更常接觸她目前的開放自我，這種自我擁有多項特質：平靜、好奇、連結、有自信、富同情心、勇敢和清晰。

她繼續說：「但這孩子也想被抱起來。」

「那你能找到方法想像那種情況嗎？」我希望莎拉能用幻想來治癒她過去的創傷。「你可以想像一下，當你看到三歲的你，你的身分是她慈愛的母親嗎？看看你是否能夠意識到，什麼樣的

【莎拉三歲時內心小孩的情緒變化三角地帶】

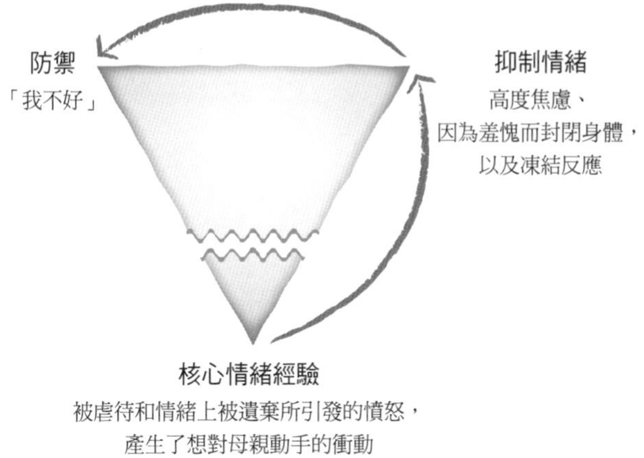

情況對年幼的你和現在的你都好。」

她閉上眼睛，向內聚焦了一會兒，然後說：「我告訴她，對希拉莉生氣沒關係，你愛她，不會放棄她。」

我問：「她能接受那番話嗎？或者她還小，不太懂那些話？」

莎拉點頭稱是。「她有一點懂，只是很難。她不想被擁抱。」莎拉又倒在我的沙發上，依偎著靠枕。「很高興你了解。」她說。

「我真的了解。」我回答。

莎拉的年幼部分隨著我們持續晤談，變得愈來愈平靜。那部分的恐懼和極度渴望減弱了。因此，莎拉晤談時更自在地向我堅持自己的權利。她不再凍結。她讓我知道她做了什麼和不喜歡什麼。在她的生活中，她開始更常對朋友和同事捍衛自己的權利，並且更能主導自己的生活。

我們都會有創傷——關於那些小創傷和大創痛[1]

把你的恐懼告訴我，我會告訴你發生了什麼事。

——英國兒童心理學家和精神分析學家唐納德・伍茲・威尼科特（D. W. Winnicott）

法蘭的故事說明了極度強烈的情緒和孤獨感如何造成創傷。基於許多原因，法蘭沒有足夠的內部或外部資源協助她走出悲傷。相反的，法蘭的大腦阻礙了這件事，當時她的悲痛強烈到難以承受。父母猝逝是巨大的創傷，這意味著她經歷了一個影響她幾十年的重大災難事件。

其他重大創傷包括性侵、戰爭、意外事故、天災、身體虐待和性虐待，以及目擊犯罪事件或成為犯罪受害者。但還有另外一種專業人員稱為小創傷的創傷，這種創傷的起因是反覆出現，有時看似無關緊要，但日積月累，最終導致患者出現創傷性壓力症狀的事件。我們都有某種程度的創傷，也都有能力治癒。

莎拉的故事圍繞著小創傷。她來諮商之前，相信自己接受了正常的教養。她也相信母親吼她實際上對她有好處。莎拉相信，如果她沒有被大吼，就不會成為好人。這是很好的例子，可以說明創傷如何誤導當事人的價值觀，以及虐待和情緒忽略（無論程度有多小）會導致羞愧。我建議莎拉不要再抨擊自己，別複製她母親對待她的態度，但她駁回這個意見，擔心要是自己沒有遵守那些嚴苛的標準，就會變得很糟糕。

小創傷

許多事件可能導致小創傷，包括：

- 缺乏感情
- 缺乏眼神接觸
- 缺乏情緒理解
- 情緒虐待：被吼、被辱罵、被操縱、被利用、被威脅遭到拋棄等。
- 被父母、兄弟姐妹、同儕或其他人欺負
- 被忽略
- 父母太專橫
- 受到太多注意（侵擾），過度刺激
- 在學校過不好

- 失業
- 感覺自己達不到父母的標準或手足的成就，亦即：不會念書、不擅長運動、不外向或不擅長交際
- 基於任何原因，感覺「跟人不同」或孤獨，包括但不限於對性別、精神或肢體障礙、精神或身體疾病、性取向、學習障礙、體型、體重、社經地位、文化問題等的感受。
- 搬遷
- 離婚
- 父親或母親再婚
- 混合家庭
- 不忠
- 認養或有孩子
- 被領養
- 與家庭成員發生衝突或疏遠
- 法律問題
- 身體或精神疾病
- 身體上的傷害

- 父親或母親生病，或是有兄弟姐妹或家人死亡
- 父親或母親坐牢
- 被監禁
- 有家人染上毒癮
- 父親或母親有憂鬱症
- 父親或母親受到精神創傷、患有精神疾病或人格障礙，例如自戀或邊緣性人格障礙[2]
- 貧窮
- 受壓迫
- 受種族主義影響
- 受厭女症影響
- 成為偏見或批判的目標
- 移民國外
- 無法達到社會期望

你也可以再增加上面沒有提到的自身小創傷：

-

小創傷是大多數人根據生活經驗，以浮動計算法發展出來的項目。小創傷會發生，是源於日常生活中隱藏或未被承認的事件。小創傷的出現，是因為情緒虐待，或是忽視，包括微妙和明顯的忽視。新的手足誕生時，長子或長女可能會受到忽視。家裡有罹患殘疾或生病的孩子時，「輕鬆」的孩子會感到被忽視。當我們沒有獲得適當的照顧、回應、看見、關愛、保護或援救時，會發生較微小的傷害，進而產生小創傷。換句話說，小創傷源於主觀的痛苦和傷害感，不論你的父母、手足、親戚、老師和神職人員是善意的，或者你似乎是被照顧和愛護的，你都同樣會有小創傷。

嬰兒和兒童特別容易患有小創傷。他們的大腦不成熟，還不具理性。如果大人不太會安撫寶寶和使他們平靜下來，寶寶容易不知所措。年幼的大腦對傷害和不適會有強烈反應，例如，照顧者如果很久都沒有幫寶寶更換濕了的尿布，寶寶會不舒服，接著就會難過生氣，啼哭要引人注意。如果沒有人靠近，寶寶的情緒強度就會建立，因為他們需要防禦措施來應付情況。寶寶會從情緒變化三角地帶往上移，而不是往下移，從核心情緒移到焦慮角落，然後轉移到發展防禦。如果沒有人來安撫寶寶，像「解離」（dissociation）這類的防禦措施就會形成，以應付壓倒性的情緒。[3]但如果照顧者安撫寶寶，讓他不要哭，寶寶就會回到平靜狀態，不會發展防禦措施。

另外也有可能的是，有些嬰兒和兒童很難安撫。有些孩子可能天生就難以安撫或不斷發脾氣，儘管父母有心關懷。在沒有正確答案之下，這些情況對所有人而言都是痛苦而具有挑戰性的。

如果你是在這些小插曲中認出你自己的為人父母者，我想鼓勵你不要自責，也不要責怪別人。我也不希望你感到內疚。我主要是想讓你認同你自己的童年，以及你可能經歷過的小創傷。作為父母，我們都是盡力而為。我希望你能藉由這項資訊得到希望、治癒傷口，以及預防自己和孩子在人生中出現新創傷。

小創傷和大創痛一樣，會留下印記，因為它們喚起了難以管理的強大情緒，尤其是當我們年輕而脆弱時。莎拉一想到她會使我不悅，就陷入了凍結的恐慌狀態。當我要求患者嘗試用言詞說明諮商時出現的情緒和身體經驗時，他們描述了一個類似黑洞的現象，先是一片空白、進入改變的狀態、開始頭暈、感覺麻木、脫離自己的身體，以及其他令人不安的感覺。這些奇怪的感覺是早期小創傷或大創傷造成的傷疤，可以透過情緒變化三角地帶來加以治療：越過防禦；平息焦慮、羞愧和內疚；處理核心情緒，使身體恢復到自然穩定（平衡）的放鬆狀態。

我的患者馬丁出身富裕家庭，父母都是幹勁十足的律師，他們愛他，但對孩子沒什麼興趣。馬丁需要的關注比他們給的要多。情緒疏忽導致馬丁萌生羞愧之心，認為自己一定有什麼毛病。在他的羞愧之下，是憤怒和悲傷的核心情緒。

史蒂芬妮的兄弟會欺負她和她姐妹。她小時候常常被恐懼和憤怒所困擾。那種恐懼和憤怒最終隱藏在焦慮和一個信念之下：家並不安全。

布魯斯的母親會輕蔑他人，她讓布魯斯覺得他毀了她的人生。布魯斯覺得母親恨他，他需要經歷厭惡、憤怒和悲傷，才會覺得比較好，而厭惡、憤怒和悲傷被羞愧和焦慮擋在外面。

瑪麗亞的二年級老師非常刻薄。她公開指出學生的錯誤，任意採取嚴厲的懲罰。瑪麗亞害怕上學。沒有人認真看待她的恐懼，她就透過解離來掩蓋自己的恐懼。

康妮是同性戀和變性人，並且以中性代名詞「他們」（they/them/theirs）[4]自稱。康妮已經偷偷自殘多年了，自殘是症狀也是防禦，他們自殘是要避免極度強烈的混雜情緒，這些情緒包括對他們混淆的性狀態和身分感受到的羞愧、焦慮、憤怒和恐懼，以及感覺與周圍的人不一樣。

邁克是三個孩子中的老么，患有輕微的妥瑞氏症。他記得自己大半的童年都在害怕和孤獨中度過；他覺得與手足和班上其他孩子疏離。他從青少年時期就開始使用毒品來「治療」恐懼或讓恐懼麻木。

瑪麗出現小創傷症狀，她父親會因為打破盤子之類的小過失而羞辱她和她姐妹。現在她和男友同居，甚至連一想到犯一些小錯，比如忘記做一件差事，或者更糟糕的是，打破玻璃之類的東西，就會害怕遭到嚴重羞辱和感到恐慌。瑪麗的男友不明白為什麼瑪麗會這麼緊張，甚至不跟他說話。如果她打破盤子，他不會介意。但瑪麗在這些時候根本說不出話來，因為她嚇呆了。

因為舊日創傷和童年逆境而受苦的人，既沒有過錯，也不該被怪罪。出現創傷症狀並不代表軟弱。真要說起來，它是提醒我們人性和生物性的東西。

「覺察」是治癒所有創傷的先決條件

當我們將個人經驗的幾個層面區隔和解離，就像法蘭解離她對父母之死的悲傷，以及莎拉埋藏她的憤怒一樣，我們原始的情緒經常被遺忘，然而神經網絡仍然像通了電的電線般運作。那個時候的情緒能量仍然滯留在大腦中。當大腦中的解離網絡看到環境中熟悉的東西時，代表那個創傷部分的神經網絡就被啟動。過去發生的事情感覺上現在又發生了。這些被遺忘的時刻可能會繼續影響你的生活，但沒有必要為了治癒創傷而挖掘失去已久的記憶。我們有必要做的是，了解殘留的情緒印象，並用情緒變化三角地帶來處理那些情緒。

我們經常聽到罹患創傷後壓力症候群的退伍軍人飽受瞬間恐怖經驗再現之苦。一場汽車槍擊事件會觸發恐慌的部分，退伍軍人產生槍聲大作的幻覺，他感覺自己面臨危險，儘管他實際上很安全。創傷治療的目標之一，就是在一個人安全的時候幫助他感到安全。

如果我們要治癒創傷、憂鬱、焦慮等心理症狀，就必須學會覺察本身的情緒和身體的反應。撥出時間與自己共處，方法包括冥想，或是簡單地將腳放在地板上並且深呼吸，以培養平靜和覺察。花時間這樣做，你會：

- 從注意想法轉變為注意感受和感覺
- 從思考過去和擔憂／預測未來，轉變為處在當下
- 充分處在當下，並與你的身體連結
- 轉變為速度慢下來的覺察狀態

所有這些轉變都可以幫助你更容易監控你的內在世界，並幫助你運用情緒變化三角地帶。練習一段時間之後，你會更進一步注意你的內在世界，而且需要做的準備會減少。

有兩種覺察的方式。一種是對本身狀態的普遍覺察。如果你問自己：「我好嗎？」你會傾向於注意你的一般健康狀態：「我很好！」或者「我筋疲力盡！」，另一種是更加聚焦的覺察。當你把所有的注意力集中在一個特定的感覺上，並且只是觀察那個感覺，你就會產生聚焦的覺察。它要求你對自己和你注意到的一切採取極端的同情和好奇的態度，而且不帶批判。聚焦的覺察需要安靜、平靜、耐心，並且不去預測接下來會發生什麼事。因此，你需要勇氣和信心來觀察某種感覺，並且讓那種感覺自然發生，記住，它只是一種感覺，殺不死我們，儘管它可能極度令人不快。如果你沒辦法擁有那種信心，就找個值得信賴的夥伴，在你讓這些感覺發生時待在你身邊。這些感覺發生時，你可以說話，並分享你觀察到的情況。知道情緒是如何表現的，能揭開它們神

祕的面紗，並幫助我們減少恐懼感，因而讓我們接受新的情緒經驗。

創傷與情緒變化三角地帶之間的關係

創傷會引起巨大的情緒。生活中一定會有痛苦的時候，許多人經歷這些時期而且沒有留下疤痕。但是當我們缺乏必要資源，例如沒有平靜可靠的人安慰和支持我們時，我們的大腦就會使用防禦來應付情況。我們可能會出現創傷症狀：憂鬱症、廣泛性焦慮、低自尊等。

當我們重蹈覆轍，做出一貫的錯誤選擇、以自毀的方式行事、不能與他人相處，或未能發揮自身潛力時，很可能就是小創傷使我們被卡住或不由自主的重複：舊神經網絡可能會不自覺地負面影響我們的選擇和行動。

當你發現自己正在使用某種防禦手段，或者你意識到你內在的某些東西阻礙你或防止你發展，你就正好可以善加運用情緒變化三角地帶，去發現它背後的原始創傷，並加以治療。

我們天生就會與人產生連結——關於「依附科學」

不管原因為何，幼兒若是缺乏母親或代理母親的持續照顧和關注，他們不僅會暫時受到這種剝奪的困擾，而且在某些情況下，影響可能很長遠。

——英國發展心理學家約翰．鮑比（John Bowlby）

為什麼莎拉很難相信她跟我在一起很安全，即使我不斷保證？我們童年時期受到什麼樣的對待，對我們與他人發展安全連結的能力是一大影響。連結的模式是在嬰兒期初期和整個童年時期建立的。記住，同步發射的神經元會形成緊密的連接。我們之前與他人接觸的經驗，會影響我們未來對他人有何預期。我們對他人的預期，以及我們相信他們能夠和不能提供的東西，會高度影響我們在成年時的人際關係中如何思考和行事。大腦中的所有連結都是無意識的；我們甚至沒有意識到我們的過去正在影響我們。我們將自己的假設視為事實，但那不是事實，我們只是透過我們特定的角度來看人生。

因為莎拉的母親經常對她大吼大叫，現在莎拉的大腦預期所有人都會對她吼叫。莎拉的母親

【嬰幼兒的情緒需要被接受】

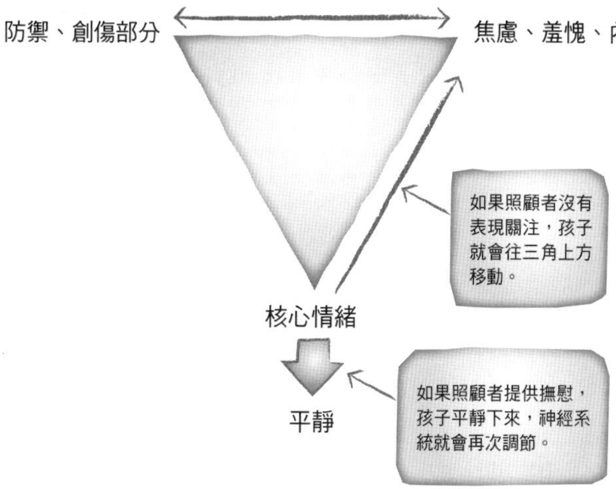
防禦、創傷部分
焦慮、羞愧、內疚
如果照顧者沒有表現關注，孩子就會往三角上方移動。
核心情緒
平靜
如果照顧者提供撫慰，孩子平靜下來，神經系統就會再次調節。

從情緒變化三角地帶的角度來看，嬰幼兒由於缺乏關懷而焦慮不安，並且衍生羞愧，這使得嬰幼兒無法處理核心情緒。

希望莎拉滿足她的情緒需求，所以現在莎拉認為：預期和滿足情緒需求是她在所有人際關係中該做的事。即使理智上，莎拉也許明白這是完全不合理的期待，但她的大腦告訴她，她必須把別人擺在第一位，否則就會有什麼壞事發生，因為和她媽媽在一起就會發生這種事！即使她的意識可能會有其他想法，但她的大腦是與她的過去連結。

人類天生就是群居的動物；我們需要別人才能生存。我們被迫去尋找關心我們的人，並待在他們身邊。[1]在理想的情況下，我們的照顧者可以讓我們接近，並且在我們悲傷時安慰我們。當照顧者能分享嬰兒和孩童的喜悅和興奮時，嬰兒和兒童會表現良好。一般來說，每當寶寶表達一種核心情緒，而照顧者以確認這種核心情緒的方式回應寶寶時，寶寶的情緒就能夠順暢流動，心理健康會得到支持。相形之下，每當嬰兒或孩童表達一種照顧者拒絕的核心情緒時，抑制情緒和防禦就會被啟動，因為這個小孩會阻止自己表達情緒，以取悅照顧者。

英國發展心理學家約翰．鮑比在一九五〇年代發展的依附理論，解釋了我們當下的環境和早期關係如何促進或破壞我們與他人連結、依附和感到安全的能力。當照顧者合理回應以滿足我們對食物、身體舒適和情緒維繫的需求時，我們感到安全。[2]當嬰兒和孩童周圍的人善良、反應熱烈、鼓舞人心、有同情心和可靠時，嬰兒和孩童會感到安全和放心。當嬰兒和孩童感到安全和放心時，他們會奮鬥、冒險，並且自信地探索周遭的世界。有了可以回歸的安全基地，孩子就可以自由投入生活，受到毫無阻礙的精力和興奮所推動。[3]

有安全感的孩子成為有安全感的成年人，與他人形成令人滿足的依附關係。反之，當照顧者不在身邊滿足我們的需求時，我們知道自己不能指望別人提供安慰和幫助，而恐懼、憤怒、悲傷和厭惡等核心情緒自然會產生。雪上加霜的是，當嬰幼兒經歷這些情緒時，他們需要照顧者安慰和舒緩。若是照顧者不能提供撫慰，孩子因而被迫獨自應付時，之後就會產生焦慮和羞愧，意味著面臨危險、感覺孤獨和無價值。核心情緒和抑制情緒的組合，是嬰幼兒所不能承受的。大腦必須管理這種不知所措的感覺，所以把這種感覺從意識中劃分出來，作為保護心智以及與照顧者連結的方式。這麼做，會導致小創傷，以及產生創傷部分。我認識莎拉時，她感覺不到自己的憤怒。憤怒已經與她的自我完全分離，她所意識到的只有焦慮，對自己感覺難過。

沒有獲得照顧者撫慰的嬰兒和孩童會獨自適應，運用防禦來協助自己應付，但他們無法茁壯成長。孩子的大腦處理孤獨和壓倒性情緒的方式，會產生防禦和小創傷。

原本要用來探索世界的精力，現在已經向內轉移。小孩存活下來，但是會有代價。像莎拉這樣的孩子得不到照顧者的撫慰，長大成人後，大腦便告訴他們不要依賴和信任別人。如同莎拉一樣，這些成年人在人際關係中容易出現痛苦和問題，更不用說陷入更嚴重的焦慮和憂鬱。

研究人員瑪麗．梅因做了一些實驗，觀察學步幼兒的父母將幼兒留在模擬遊戲室裡，等一段時間後再回去，幼兒的反應如何。[4]這個名為「陌生情境法」（Strange Situation Protocol）的實驗顯示，兒童和成年人有兩種主要的依附風格：安全和不安。梅因要將不安全類型細分為三類：黏人、迴避和混亂（黏人和迴避的組合）。這些學到的應對方式將會持續下去，影響著孩子長大後與他人連結的方式。

這幾類人以不同的方式描述他們的人際關係模式如下：

安全：我自給自足，而且我對親密關係也感到自在。我想要相互依賴的關係。我通常感受到被愛和被接受。我很習慣表達自己的情緒，並為有需要的人提供安慰。

由於安全促進了探索和擴張，有安全感的人往往在工作和愛情方面都進展順利，面對不可避免的逆境，他們也很有復原力。

黏人：我過分依賴。我想要過度親密。我緊抓著人際關係。我經常發現自己會為了不被拋棄而做任何事，即使這樣會違背我想要和需要的。我一心只想著我的人際關係。

黏人的這一類拚命避免被遺棄，所以經常不加鑑別地選擇伴侶，就好像不能讓自己好好平靜下來，客觀地評估伴侶的行為對他們是否友善和健康。處於這種黏人狀態的人常常在這個過程中失去自我意識。他們有人際關係，但沒有因為這些關係而獲得滿足。他們的工作和愛情都因為他們的主要目標是討好別人而受到損害。他們往往無法確定自己想要什麼。

迴避：我對親密關係感到不自在。我寧願退縮到自身利益和自己身上。我擅長築起高牆，保護自己不受他人傷害。我太不依賴別人了；我不需要別人。我常常顯得疏離，不習慣分享自己的感覺。

這種風格與黏人相反。屬於迴避類別的人即使看起來可能很平靜疏離，也會心理不安。我第一次見到法蘭時，她的依附風格是迴避的。這種人在人際關係中不會依賴別人。他們不尋求別人提供安慰和關心，他們的愛情生活缺乏深度，但他們往往在工作上表現優異，覺得工作是可以投注精力的安全之處。

害怕—迴避：我非常孤獨，也很絕望。我失去自我。我不知道自己是誰，有時覺得自己正在消失。我想避開其他人，當我靠近他們時，他們會嚇到我。我不值得擁有充滿愛和關懷的關係。我有時想傷害別人或自己。我感到受傷和破碎。雖然我渴望親密，但我害怕受傷害。

最後這類人的風格，和蒙受極端創傷症狀的人最相似。當孩子極度害怕自己的父母，製造出可以想見的最嚴重困境時，就會發展這種依附風格。

你可能想知道：一個孩子如何能夠既黏人又迴避人？梅因描述一些奇怪的行為，比方說有個小孩倒著走向父親或母親。先想像一個往後走近她父親或母親的孩子；這種畫面強烈而生動地展現了孩子既想要父母又害怕父母的困境。這類人在工作和愛中掙扎，因為他們在人際關係上經歷了重大焦慮。這種風格最能貼切描述我第一次見到莎拉時，她所處的情況。

嬰兒和孩童需要有情緒上的安全感，才能成長和茁壯……我與伴侶在一起感到安全，是因為我相信他會善待我。我相信當我要求他選擇相信我的時候，他會這樣做。我相信當我需要伴侶時，他會待在我身邊。為了感到安全，我需要始終如一的愛，而且我需要相信我的伴侶很重視我，並且在我要求時支持我。我必須相信我的伴侶不會故意拋棄我或傷害我。

可悲的是，許多人沒有這種連結。缺乏安全和保障衍生許多後果。我們如何被人所愛和接受，直接關係到我們如何愛和接受自己。如果我們難過時得不到同情，我們對自己的內心痛苦就不會有憐憫之心。如果我們必須把照顧者擋在我們的思緒之外，因為照顧者不尊重我們的身體或情緒界限，或者他們要求太親近或太疏遠的關係，我們反而很難讓別人進入我們的心靈和思想之中，因為害怕這種情況重演。

我們童年的安全感和受到的保護程度，會影響我們的神經系統發展。大腦在不安全的環境中，會更容易受到創傷影響，例如嬰兒和孩童經歷的孤獨。

識別你符合以下哪個類別、安全或不安全，可能對你有幫助：

1. 需要別人時，你是否會充分利用人際關係？如果不會，是什麼因素阻礙？是你？還是其他人？
2. 你在別人面前感覺到多麼封閉或多麼開放？什麼因素會影響你對人敞開或是讓別人影響你？什麼樣的行為能幫助你敞開心胸、什麼樣的行為使你封閉？

你如何回答那些問題，可以幫助你識別：如果你想在內心和人際關係中製造更多安全感時，需要什麼。我看過很多患者，他們一開始接受治療時沒有安全的依附，但是等到治療結束時，已經擁有「掙得之安全」（earned secure）。「掙得之安全」描述以往有不安全依附，但是到成年時變成擁有安全依附的人。

設置界限，可以讓你從「避免依附」轉移到「擁有安全的依附」

例如，瑪莎來看診的第一年，她特別提醒我說，她希望治療時間愈短愈好。她無意「像伍迪．艾倫一樣餘生都在治療」。她要我保證她可以隨時停止治療。以前的治療師讓她感到內疚，因為她後來想要停止諮商。瑪莎覺得被自己的內疚困住，而且不想再度覺得被我困住。此外，她先發制人，告訴我不要跟她分享我的生活。而且，當我向她表示同情或任何正向情緒時，她似乎感到畏縮。

諮商剛開始時，我非常小心處理。我的方法是找出她採取的一些迴避策略，並詢問內情，但我從未把她逼得太緊，因為這樣只會啟動她的防禦。她需要跟我保持距離，才會感到安全。當我們有更多相互連結的時刻時，我問她：那些時刻感覺像什麼。她的回答總是充滿矛盾，她喜歡那些時刻，但也擔心如果我們太接近，她會覺得有責任照顧我。我問她「接近」是什麼意思。瑪莎說她帶我進來是很危險的，她需要在我們之間保持某種牆。我問她如何做到這一點，她回答說：「這就像我感覺我們之間有一堵牆，我覺得有這堵牆讓我感覺很自在。」我們愈深入談論她與我相處的經驗，就愈明顯看到她為了避免自己受到一些假定的侵擾而下了多少工夫。當我問第一次侵擾她的人是誰時，她毫不猶豫地回答：「我媽！」如果有人不尊重我們的個人界限，比方說要你非答應不可，或者沒有經歷過健全的界限而不了解健全的界限是什麼，心理上就會被侵擾。

最後，瑪莎對於敞開自己的心胸並撤除她那堵牆，好讓她能更看清楚我，感到更放心。她需要看什麼？我確實不想侵擾她，如果她說「不！」我會聽從和遵守。如果我不知不覺靠她太近，她會讓我知道。她開始相信我可以尊重她的界限。她注意到我也反過來要求別人尊重我自己的界限。我們談論被尊重的感覺是什麼樣子，用言詞說明尊重的經驗實際上感覺如何——在她的核心中放鬆。我們處理了她對母親的憤怒，她的年幼部分對於未獲得母親的尊重感到生氣。接著，她開始相信別人也可以尊重她的界限。她對於要求別人尊重她的界限愈來愈感到自在。瑪莎從「避免依附」轉移到「擁有安全的依附」。瑪莎現在屬於「掙得之安全」的類別。

為了變得安全，我們必須建立信心，相信自己可以：

1. 設置和執行界限
2. 問自己想要或需要什麼

3. 處理所有人際關係帶來的可預期起伏

我們每個人都可以學習新的技能，來加強我們處理人際關係的能力。能夠提供幫助的技能包括：在反應之前先暫停一下、對引發情緒的緣由感到好奇、呼吸和接地以使情緒和反應平靜下來，使用情緒變化三角地帶，並學習其他讓自己平靜的方式，以便能夠周詳思考人際關係如何幫助我們或傷害我們。最終的目標是自信而有效地傳達我們的期望、需求、恐懼和界限。

藉著讓莎拉在痛苦的時刻放慢速度，我教她注意她是什麼時候被我們之間的衝突所觸發。一旦她知道自己被童年時的感受所劫持，她就擁有可以幫助她的工具。她可以呼吸，讓自己平靜下來。她可以放慢速度，並識別她被觸發的部分。她可以根據她與我一起因應的實際經驗，提醒自己，我們兩人關係的真實本質。她可以在理智上評估，她在現實中很安全，而不像過去那樣面臨危險。她可以跟她的年幼部分交談，讓它們知道它們很安全，並讓它們平靜下來。她愈來愈能夠停留在自己的成年開放狀態，在那種狀態中，她可以同時看到我和她的年幼部分，並讓自己平靜下來。這適用於所有人：當我們被觸發時，我們可以運用情緒技能幫我們平靜下來。我們愈能夠平靜，我們的思考就會愈合理，並能認清現實。這樣一來，我們就可以分辨過去和現在，並且根據當前情況解決問題。

相互依賴，亦即當兩個人既獨立又彼此依靠時，是安全關係的特徵。在關係上相互依賴的人，他們地位平等，彼此依賴，也各自獨立運作。具有相互依賴關係的人會識別自己的需求和伴侶的需求，並且努力使兩者保持平衡。

如果你找到你認為值得信賴而且情緒上已經準備好的人，就有機會治癒不安全感，並可以朝著建立安全關係的方向前進。但你必須願意改變和成長。當你身體裡的每一根骨頭（根據過去的不好經驗）警告你不要相信時，還要相信人，需要勇氣。但是你必須抓住機會才能成長。安全的伴侶、朋友或治療師就在那裡，想要和你談論問題和衝突，並建立橋梁。確保其他人願意修復他們造成的任何傷害。藉著反覆修復關係中的小中斷和小裂痕，我們學會了愈來愈信任。解決事情時通常會出現小裂痕，而要平安度過小裂痕很困難。在我們的諮商期間，莎拉和我在彼此的連結中有許多裂痕。每當我們的連結出現中斷，我就把它修復。我做到這點的方式是，明確告訴她，我的目的是無論如何都要了解她並保持連結。我運用了任何人在溝通困難時都可以使用的技巧。即使感覺不自然，但養成習慣，持續修復因為溝通不良和信任失誤而產生的小破裂，最終就能促成更高度的信任和親密感。

練習❷ 給予自己同情

如同依附理論告訴我們，以及我們直覺上知道的，我們全都需要被無條件接受和關愛，才能夠運作得最好。我們必須學會以同樣的方式了解自己的痛苦：仁慈地接受、安撫和對待自己，特別是受傷的時候。而且老實說，我們不僅會在傷心或恐懼時受到傷害，在生氣、厭惡，或是任何方面感到不安時，也會受到傷害。當我們感到快樂、興奮和自豪時，如果它帶來焦慮或羞愧，有些人甚至會受到傷害。

對大多數人來說，自我同情並不容易。然而，以同情和接受來理解自己的人會感覺比較好。想一想：當你難過時，別人理解、接受和同情你，或是以苛刻和批判的態度對待你，哪一種會讓你感覺比較好？當我們感到安全、被看到和接受時，我們的大腦就會平靜下來。

想想最近引起痛苦的事件或記憶。

把這些事情寫下來：

問問自己，如果有位好朋友經歷同樣的事情，並且和你有相同的感覺，你會怎麼說或怎麼做來安慰對方。**將你會做什麼或說什麼寫在這裡：**

一旦你使用你想像會給予別人的同情心，就試著把那種同情心向內轉移到你最近遭受痛苦的部分。實際嘗試對你的受傷部分說出上述令人安慰的話，或者想像做出上述令人安慰的行動，讓你自己無條件同意接受那種同情。

深呼吸。運用你的想像力將同情心吸進來，將任何痛苦呼出去。注意你的身體和思想對此的反應。如果你覺得這個練習很有挑戰，那很好。這只是意味著你真的在做這個練習。自我同情可能非常難！

寫下兩個詞，描述你對這個練習的反應（你的想法、感受，或你注意到的任何身體感覺）。許多人在接受自我同情時，會感到溫暖或更為放鬆。

1. ______________________

2. ______________________

練習❸　做自己的父母

當我們處理本身的情緒時，必須愈來愈頻繁練習，對我們在內心發現的部分採取接受和關愛的立場。

想像一個安全可靠和平靜的父親或母親安慰一個難過的孩子。父親或母親抱孩子的方式，可以讓孩子安全地感受到他自己的情緒，而且到最後感覺好些。這些照顧者具有他們的孩子不知道的知識：

1. 情緒是暫時的。
2. 情緒不會殺死我們。
3. 找個平靜而有餘裕的照顧者幫助我們經歷情緒。

你還記得你小時候，有人傷害你的感情或拒絕你，使你很難過的時候嗎？運用你的想像力看著你的成年自我接近你受傷的年幼自我。想像以你覺得正確的方式，擔任你受傷部分的父母。也許你的年幼部分需要一個擁抱或只是一些鼓勵的話。要確實看著和聆聽年幼部分的心聲。

你不是想改變過去，做過的事情就是做過了，無法挽回。

你要試著改變的是：你將來如何感受。你正在努力治癒小創傷。長大成人，挺過以往的一切後，你可以提供安慰和同情給受傷部分。你現在了解了關於情緒所需要知道的事，因此你可以運用想像力，將同情和安全感帶到某個痛苦的情緒性時刻，無論這個時刻發生在多久以前。你正在試著安全地連結你的受傷部分，並且以你需要的方式扮演受傷部分的父親或母親。

有幾種方法可以運用想像力對你自己的某些部分提供安慰和經歷安慰：

- 說話
- 口頭保證
- 擁抱
- 把自己裹在毯子裡
- 眼神接觸
- 拍拍肩或背
- 給予一杯水或食物，例如餅乾和牛奶

你能想到另外兩種可能可以提供撫慰的方式嗎？

1.

2.

對你來說，這個練習像什麼？你能記下你現在注意到內心發生的兩件事嗎？這兩件事可以是思想、情緒或身體的感覺。

1.

2.

第四章
核心情緒

童年情感忽視——邦妮的憤怒

我收到新患者邦妮的語音郵件，她解釋說她想找我談一些關於父母離婚的事情。我們通電話的時候，她告訴我，她是二十五歲的研究生，讀大學時經歷了兩年的「正規」治療。父母離婚的消息令人驚訝，她為此感到鬱悶。她不知道他們不開心。她在紐約郊區一個中等偏上階層的家庭長大，家中的教育很傳統，她形容自己是不喜歡衝突的害羞孩子。在我們最初的電話交談中，邦妮也告訴我，她童年不時會感到憂鬱，但這從未影響她在學校的正常表現。然而，她有時在社交上會退縮。

懂得具體描述情緒，才能邁出下一步

和邦妮初次通話之後的那週，我們見面了。她溫文有禮，當我迎接她時，她微笑，並跟著我走進辦公室。她環顧房間，看看沙發，又看看扶手椅，最後選擇了椅子，這是我辦公室裡離我最遠的一個座位。我注意到這一點，並想知道這個距離對她而言代表什麼意思。我注意到她的姿勢——拘謹端正。她運用背部和腿部的肌肉正襟危坐，我坐過那把椅子多年，知道邦妮沒有讓她

自己放鬆。

第一次來的案主感到緊張很正常。我不帶批判，尋找焦慮的跡象並加以處理，從一開始就幫助我的患者感到更自在。

覺察自己的身體在空間中的狀態，有助於闡明我們在欲求、需求、創傷和人際關係方面的故事。例如，想想自我感覺良好者的典型姿勢，相較於低自尊者的姿勢。對自己感覺良好的人通常會站得筆直，抬頭挺胸，也不會突然坐下，一副要把自己藏起來或縮小一樣。

「歡迎。」我帶著燦爛的笑容說。「開始前，我想分享一些想法，你對這些可能所知或期望甚多，但我想清楚說明這幾點，因為這些事對我們的合作非常重要。」

她與我互看了一下，我繼續說：「首先，我想要你知道這是一個不帶批判的區域，我從好奇和同情的角度來看待你所分享的一切，我會鼓勵你用同樣的方式來對待自己，批判會讓我們停止運轉，讓我們感覺很差。批判在這裡沒有幫助。第二，你的安全和自在比什麼都重要，如果在任何時候，你覺得不對勁，或者你感到難過或苦惱，或是我說了一些你不喜歡的話，我希望你讓我知道，你覺得自己辦得到這點嗎？」

「是的。」她說，點了點頭。

因為我不知道她能包容他人到何種程度，我想稍加重申這一點。不管是治療或生活，設定界限都很重要。許多人發現，自己即使不喜歡某件事也很難拒絕，因為這樣做感覺太對立了。

「如果你感到苦惱或不高興時讓我知道，你覺得如何？你可以說出來或用手勢表示嗎？」

「我想我可以說：『我感覺不舒服』。」

「你願意現在練習一兩次嗎？我不是要讓你為難，但是對我來說，我們彼此真誠溝通很重要，你願意練習一下嗎？」

我看到她猶豫，然後說：「我感覺不舒服。」

「做得好！再說一次，只是為了練習。」

「我感覺不舒服。」她甚至更有活力地說。

「太棒了！」我說：「我還有最後一件事要告訴你：你根本不必顧慮我或我的感覺，我會處理我自己和我的感受。你有需要時，我會在這裡協助你。好嗎？」

「聽到這番話真的太好了，因為我確實常照顧別人。我會盡力不要對你那樣做。」

「你知道自己會這樣？」我問。

她點了點頭。

「太好了！所以，如果你基於某種原因而發現你自己關切我，或者以為我正在批判你告訴我的事情，也許你可以讓我知道，我們可以在這件事發生的時刻，一起對它感到好奇。」

「好。」她給了我一個燦爛的微笑，但我仍然感覺她很遙遠。

「我們開始晤談時，你注意到發生了什麼事？」

「沒注意到什麼事，自從我父母告訴我他們離婚以後，日子真的很難過。」

「請不要拘束，儘管說。」

邦妮的臉紅了。她的眼中充滿淚水，嘴角收緊。「大約三個月前，他們要我一起吃晚飯，他們告訴我說他們已經離婚，他們說，他們不開心已經一段時間，現在我長大了，他們便決定分手，這是彼此共同的想法，他們準備賣掉房子，各自在同一區買一棟新房子，他們說：那樣就沒問題了。」她提高嗓門。「但對我來說有問題，我這輩子都住在那間房子裡！」

那個時刻發生了很多事情，無論是在她意識中還是意識外。我可以看出，邦妮正在經歷多重的情緒。我並沒有只因為她在哭泣就認定是悲傷。人類會為了很多原因哭泣。為了表達悲傷、憤怒、恐懼、厭惡、焦慮、羞愧、內疚，或這些情緒的任何組合，都可能會使一個人哭泣。我想在她感覺到情緒的時候，幫助她知道她具體感受到什麼。原因何在？因為知道我們的感受有助於平息當下的情緒，減輕圍繞著那種情緒的焦慮。了解具體的情緒，有助於我們知道接下來應該做哪些對我們有幫助的事情。

邦妮說她父母離婚是「不好」的。但這是一種想法，而不是一種情緒，而且它是含糊不清的。我的目標是幫助她更具體了解自己的經驗。

「我知道『不好』對我來說意味著什麼，但那對你意味著什麼呢？」我問。

「真的很難熬。」她回答。

「你能告訴我更多嗎？比方說，最難的部分是什麼？」

避免面對真實情緒的含糊防禦

她靜默了一會兒。我不確定她是否在思考、是否在說話之前先編輯自己的想法，或者根本沒有在思考，而是腦筋放空。她似乎有些放空。最後她微笑說：「我真的不知道。」

「你剛剛沉默的時候發生了什麼事？」

「我只是在思考。」

「和我分享你在思考什麼，感覺還好嗎？」我現在非常溫柔，因為她似乎不願意說或無法說出來。

「我只是在思考，一切都糟透了，但願這事沒有發生。」更含糊！她生氣了嗎？傷心？害怕？厭惡？焦慮？羞愧？內疚？

「是的，糟透了。」我重覆她的話。這是完全合理的情緒，但它並沒有真正告訴我有關她個人經驗的任何事情。我可以想出許多原因來解釋，為何父母離婚時一切都糟透了。我十九歲時父母離異，我知道我為什麼覺得糟糕，但我不知道那對她意味著什麼。「假設」經常會阻礙溝通。

明確性是處理情緒和思維的關鍵因素。如果你能引起一種特定的感覺、影像、記憶、身體感覺或信念來處理，就可能會治癒。我開始認為她可能會把含糊當作防禦，讓她不必處理自己的真實情緒，並避免面臨任何沒意料到的負面後果，這些後果可能是伴隨著確切知道自身感受而來。

「邦妮，」我輕聲說：「我感覺到你正在努力與我分享更多。」

「是的！」她強調。

「也許你可以表達你掙扎的兩面：想分享的一面，和不想分享的一面。」

她又開始哭了。「如果我說一些我被它困住的事，我只會像那樣被困住而已。」

儘管我不太明白她的意思，我可以看出這對她很重要。

「如果你只會像那樣被困住而已，那又怎樣？」我問。

「你會為此批判我。」她說。

「我明白了。」我點頭說。「所以如果你認為我會因為你說的話而評論你，你當然會覺得很難與我分享想法，謝謝你讓我知道，這真的很重要。」

我明白她的含糊不清是為了防止被困住和被批判。

邦妮不敢說話，或者感覺被困住了。我也不敢說話，因為每次我問她事情，我都會進一步困住她。我們如何才能夠讓自己從這個互動中解套？這個互動可能具有來自她過去的深刻意義。我靜靜地思考和體會一會兒之後，再度說話：「要你明確回答問題，會讓你感覺被困住嗎？」

她從面紙盒裡抽出一些紙巾時，點了點頭。她現在看起來年紀很小。她的身體挪動去抽取紙巾的方式有些不平穩和笨拙。

【邦妮在治療開始時的三角地帶】

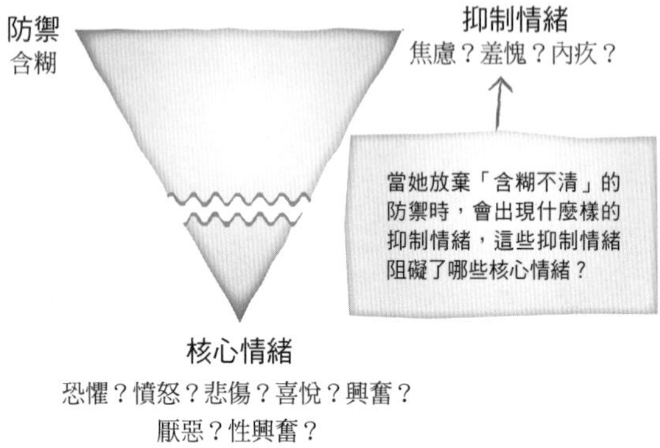

「現在把速度放得很慢很慢，一些非常重要的事情發生了。」我停頓了一下，直到她明顯放鬆。「我想知道你是否能夠想像：你感覺被困住的部分走出來並且坐在沙發上，這樣你就可以透過你最平靜和自信的自我，看到你那一部分的影像。你看到了什麼？」接下來，我等了很久，也許等了一分鐘。

過了一會兒，她說：「我看到自己變成一個小女孩。」她嘆了一大口氣，肩膀垂下，這表示她開始放鬆了。

我們的大腦有能力藉著跳脫自我來想像我們的創傷部分，以便將那些部分具體化，進而透過我們目前的成年觀點來看它們。這樣做有很多作用：她剛剛在目前的自我和年輕的受困自我之間製造的距離，立即使她平靜下來。把存有不愉快感覺的部分顯露在外，好讓自己能和它們交談，是立即減輕羞愧、內疚和焦慮的可靠方法。想像將自己的一部分隔離起來，最能進一步了解和治療自我創傷部分。許多人第一次來諮商就可以做到這一點，但有些人不能。這需要當事人願意專注、有耐心和想嘗試。

「很好！」我說。「現在讓你的那部分和我們坐在那裡，注意一下感覺起來如何。」我比手勢，指著想像中的小邦妮坐著的沙發。「繼續看著這小女孩，直到她的輪廓變得更清晰。她多大年紀了、穿什麼衣服、人在哪裡？」我要她盡可能深入地談到回憶，這樣我們就可以加以處理。她和這部分的自我共處，試著透過現在的眼光來看它的時間愈久，它就會愈清晰。我們正在照亮她童年時期有過創傷經歷的一部分大腦，也就是一個神經網絡。

「很奇怪，我看到八歲的自己身穿韻律服站在廚房裡。我記得我父親剛剛用力打我的頭，因為我說我不想再學芭蕾舞，他說我不知好歹。我討厭芭蕾，我討厭其他的孩子和老師，我不想再去上課了。」

我對她的困境感到難過。在她喚起的記憶中，她向父

將自己的年幼部分視為獨立個體，有哪些治療效益？

- 使自己與那些年幼部分所擁有的情緒產生距離，會讓人立即感到寬慰。
- 幫助我們連結和了解年幼部分，並且與它們溝通，這樣我們就可以撫慰和幫助它們。
- 透過目睹年幼部分的情緒，並讓它們卡住的情緒能量再次流動，就可能治癒年幼部分。
- 協助建立溝通橋梁，將年幼部分重新整合到我們的意識中，從而促使我們的神經系統平靜。

母直接表達了一個要求。她小時候這樣做不僅被打，還被罵是不知好歹，個性遭到抨擊。我心想，當時她父親這麼一打，不知不覺把她的直率打掉了。這是小創傷。

那時她父親傳授給她的教訓是：

1. 跟別人說自己的感覺或是對自己重要的事情，並不好。
2. 別人（因為小孩的想法是，自己父母這樣，就等於所有的人都這樣）不關心我的感受。
3. 如果我告訴你我想要什麼或對我重要的是什麼，我會受到傷害和羞辱。

這個記憶幫助我更加理解，為什麼當我問她對父母離婚的感受時，她會覺得被我困住。在她的心裡，告訴我她對離婚的看法，就等於告訴她父親，她對芭蕾舞的感覺如何。

她的一部分被觸發，把她送到過去的情境中。在那一刻，我不復存在。相反地，她透過八歲時的眼睛，把我看作是她的父親。她的另一部分也在房間裡，和我們在一起：那是要保護八歲邦妮的部分。保護者部分附和說：「不行！我們不敢告訴希拉莉，否則我們會像爸爸打我們那樣受到傷害。」那一刻我是她的父親，而她是八歲孩子。

為了讓邦妮放心直接表達，並且讓她的需要獲得滿足，她的保護者部分必須了解，她現在和我在一起很安全，我不是她的父親。但那個八歲孩子陷入過去之中。我們必須幫助她看到我不是她的父親，她也不再是沒有資源保護自己的八歲孩子。她需要重新了解她現在很安全，因為她成年了，可以捍衛、保護或支持自己。小時候，她被困住，成年後，她不會被困住，可以捍衛自己，說：「我不喜歡那個！」或「你不能這樣跟我說話！」或「我要離開這裡。」

我讓她準備好運用這個記憶來治療八歲的她，並讓她擺脫過去，進入確實安全的現在。

我對邦妮說：「你現在跟我坐在這裡探訪這個情景，你對小邦妮或你父親有什麼感覺？」

我試圖接觸與這個記憶並存的核心情緒。八歲的邦妮必須阻止她的憤怒和悲傷，這兩者都是一個人遭到身體攻擊時會自然產生的核心感覺。但現在我要求邦妮的成年自我看看她對父親或八歲的自己有何感受。我想讓邦妮以成年人的身分安全地感受到她在孩提時不准擁有的感覺。體驗那些感覺將有助於讓她自由，記憶將不再有這樣的情緒能量。解放難以擺脫的憤怒，將有助於消除她的憂鬱症。這樣她就不需要她目前用於自我保護的「含糊防禦」，那種機制會影響她傳達自己的需求和期望。

我問邦妮，她從那段記憶對她父親萌生什麼樣的感覺，她回答了我的問題。她現在能夠回答，是因為我們撇開受困於過去的年輕邦妮。八歲的她一直處在她心中最重要的位置，從我們的諮商一開始，她一直是根據那部分的她來行事。一旦我們把那部分移到沙發上，成人邦妮就會感到更安全，能夠把我看成是我，而非她父親，並且因此能夠和我分享她的情緒。

「我很氣我父親。」

「觀察得很好，你的憤怒很重要！」我說。

承認核心憤怒是邦妮的一個里程碑。我在做心理諮商時，要是我的患者能夠進入舊有的憤怒，我就會心想：「成功了！」我的目標正是幫助別人充分經歷憤怒。[1]

「邦妮，你身體裡發生了什麼讓你知道你現在感到生氣的事情？留心任何你注意到的事情，我們來試著用言詞描述這些身體感覺。」當我們才剛學習注意自己的身體經驗，或者對意識自己的身體感到不自在時，有一個詞彙表可供選擇很有幫助。「當你從頭到腳地審視你的身體時，注意你有什麼感覺，注意你感受到的能量、溫度變化、緊張、壓力、激動，以及任何你意識到你正在經歷憤怒的事情。」這個建議促使她現在繼續處在當下、待在自己身體裡，並要求她向內聚焦。

大約過了二十秒後，她說：「我注意到，就好像心頭有把火。」

「太棒了！你還注意到什麼？我們要真的放慢速度，這樣

含糊防禦會對生活造成哪些問題？

- 會使真相持續隱藏。
- 會讓我們對自己的意思和我們需要／想要的東西持續感到困惑。
- 會讓我們很難處理人際關係衝突，因為我們所說的並不是自己想要／需要或反對的事物。
- 會讓我們很難說出自己對某項事物的真實感受。
- 會讓我們很難找到與特定情況相關的核心情緒。

你就可以感受到最細微的差別。」

「好像有些向上移動的能量。」邦妮雙手握拳。我也希望她意識到這一點。它是有意義的，憤怒和它的衝動正透過她的拳頭表達出來。

「做得好……我聽見你說你注意到心頭有把火，而且它的能量正在向上移動，對嗎？」

「是的。」邦妮說。

「用好奇的心態保持那種知覺，我們要歡迎憤怒，看看它想做什麼，這種憤怒非常重要。注意你的雙手，深入感覺它們，那些拳頭告訴我們什麼？」

她注意力不集中，抬頭看著我。「這感覺不對。」她一臉扭曲地說。

邦妮感覺到她身體中的核心憤怒。但之後有某種東西轉移，抑制情緒已經出現。我怎麼知道？因為她停止和憤怒共處，跟我說那感覺不對。

邦妮已經從情緒變化三角地帶的底部，也就是核心情緒角落，跳到右上角，在那裡我們發現抑制情緒。這是一個跡象，顯示我們應該停止正在做的事情，轉而處理接下來的情緒。

底層的核心憤怒往上推移想要表達，而抑制情緒往下推移想要阻止表達，這兩者相互衝突。在經歷對父親的憤怒中意識到這種衝突，是很關鍵的治療時刻。這種衝突多年來一直發生在邦妮的潛意識中，但是它運用一種隱藏的影響力來處理，也就是含糊防禦。

「好，我們停止現在正在做的事情。你做得很好，你注意到很多關於憤怒的事，以及你現

【邦妮在處理憤怒期間的三角地帶】

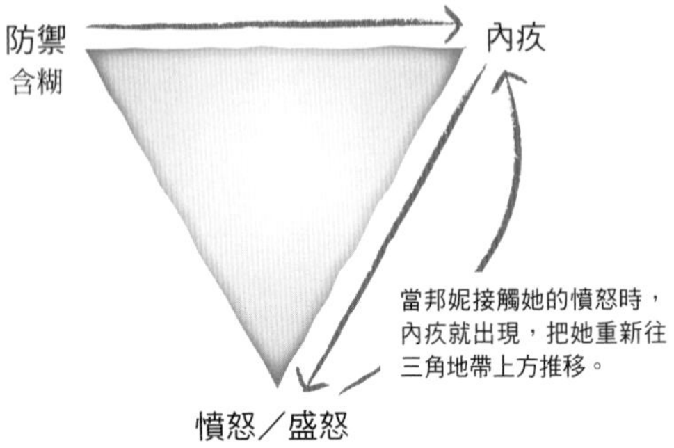
防禦
含糊
內疚
當邦妮接觸她的憤怒時，
內疚就出現，把她重新往
三角地帶上方推移。
憤怒／盛怒

邦妮將含糊防禦暫擱一旁，從情緒變化三角地帶的左上（防禦）角落移到右上（抑制）角落。接著，她能夠將自己的內疚移到一旁，這樣她就可以觸及她對父親的核心憤怒。之後，內疚再次出現，抑制了核心憤怒的經驗，並把她重新往情緒變化三角地帶上方推移到內疚（抑制）狀態。憤怒尚未對經驗感到放心。

在如何經歷它，甚至更重要的是：你讓我知道，我們正在做的某件事，你覺得不對。我真的很感謝你這麼誠實。謝謝你。」我說。「我們來認識一下你覺得生氣並不對的那個部分，你的那部分說了什麼？」

「我感覺很糟，我不想傷害我父親。」她解釋說。

「你感覺很糟時，那是什麼感覺？我們可以幫它加上一個情緒字眼嗎？」

「我認為這有罪，打人不對！」

誰說到任何關於打人的事情？我納悶。現在我們知道憤怒產生的衝動。憤怒想打她父親。但是在我們到達那裡之前，我必須幫助她處理抑制的內疚感。

我們再看一下情緒變化三角地帶：我們處理含糊防禦，她願意暫時放棄它。接著，她能夠接觸她的核心憤怒。當憤怒變得太靠近或激烈時，打她父親的衝動便開始突然闖入她的意識中，她被內疚所阻擋。我們的目標是幫助她把內疚擱置一旁，這樣她便能夠自由經歷她的憤怒，一直到怒氣自然消散為止。這會：

1. 釋出她受阻礙的憤怒能量，幫助她的大腦整合神經網絡，這樣她就不會再因為那種記憶而受到同樣的影響，或絲毫不受影響。
2. 重新連結她的大腦，這樣將來她就可以接觸她的憤怒，可以自由使用它來捍衛自己應有的權利和設立界限，而不會有過多的內疚妨礙她表達憤怒。

幻想打人並不犯法，還可以解決憤怒

我繼續說：「你說得對極了！在現實情況中，打人不對，但我們現在是假裝，我們所做的，不是為了你在外部世界會做的事情而預演的彩排，這僅限於在這裡做，我們只是幻想看看。你爸爸現在在哪裡？」

「我想他在工作。」她微笑。

「你認為，如果你想像打他，他會真的受傷嗎？」我問她，測試一下她對現實情況的認知。

「不會。」她強調說。

「好！所以如果你內疚是因為覺得自己犯了罪，幻想打你爸爸是什麼罪？」

她想了幾秒鐘。「我想這不是犯罪，但這樣做似乎不行。」

「你能多說一些嗎？幻想打人有什麼地方不對？」

「有壞念頭不就是壞事嗎？」

「你從哪裡學到這一點？」

「我不確定。我媽媽曾經罵我說我有時候恨我弟弟。她說：『你不能恨你弟弟，要愛你弟弟。』」

「完全正確！就像你父親不准你說你討厭芭蕾舞，否則就會有不利的後果。你得知『壞』念頭很危險，這相當有道理。所以把打你父親的畫面想像得很逼真，就像我鼓勵你的憤怒去做似乎『很壞』的事情一樣。」

「我想那講得通。」

「我從某件事究竟有建設性還是有破壞性來思考；它能幫助解決手邊的問題，還是會讓事情更糟？用我們現在的做法來處理憤怒，在很多層面上有建設性，它會幫助你感覺更好，因為你不必把怒氣憋在心裡，而且，減輕你對父母的一些憤怒，很可能對你和父母的關係有幫助。利用幻想，你可以在這裡安全地表達憤怒，在幻想中，沒有人會真的因為嚴厲的言詞或暴力而受到傷害，可以說，你把情緒發洩出來了，一旦憤怒消除，你的身體就會平靜下來，當身體平靜下來、你終於和你父母談論你的感受時，你會比較理性、體貼和善良。大腦可以更妥善解決問題，並且在我們無法壓抑情緒或陷入情緒時，找到能夠處理感受的方式。

「要消除與憤怒相關的能量，幻想是非常安全的方式，說到處理情緒，大腦並不是真的了解幻想和現實之間的區別，[2]這對我們正在做的這件事非常有用。這樣說有道理嗎？」

「確實有道理，但我還是覺得，如果我打父親，就是壞人。」

「對，所以在現實情況中不要打他，你願意盡量請你的內疚部分往旁邊站，好讓我們可以認識另一部分的你嗎？那部分的你對於你小時候被打，有理由生氣。內疚部分願意暫時相信我們嗎？如果你的內疚部分開始對我們所做的事情感到不安，它可以馬上回來讓我們知道它是如何掙扎，你願意試試看嗎？」

「我會試試。」她說。我接受她的意願，馬上付諸行動。我有信心推動她，因為我之前這麼做過很多次，我知道如果她能讓憤怒充分自我表達，她就能立即轉變和解脫。

「我知道這聽起來很誇張可笑，但是你可以向你的內疚部分問問，看它是否願意在候診室等候，聽聽它的答覆？」為了創造內在安全，與各個部分溝通非常重要。內在安全等同於與朋友或父母保持安全有保障的關係。如果內在部分感覺較好，而且不被評斷、批評或放棄，就比較願意被認識和溝通。

等了幾秒鐘後，我問：「內疚部分說什麼？」

「它說，它會在候診室等候，但如果發生了什麼它不喜歡的事情，它就會進來。」

「很公平。」我說。「你能感謝那部分的你願意信任我們嗎？」

她這樣做了，我們回頭談她的憤怒。

經歷憤怒，才能宣洩憤怒

當我第一次幫某個人諮商時，他們很少會自在地經歷自己的憤怒，也就是感受憤怒帶來的身體感覺和衝動。我們全都已經社會化，認為憤怒不好，而且有破壞性，但是有些人認為憤怒和某些情緒比其他情緒更具威脅和可怕。然而邦妮準備好了。

一旦邦妮把她的內疚部分放在一邊，我問她是否仍然可以在身體上發現憤怒。她是否仍然能夠觸及身體中的憤怒感，而非只記得憤怒，是至關重要的。在身體上感覺到憤怒，是開始經歷憤怒的方式，而經歷憤怒是宣洩它的第一步。

「我們可以回到你父親打你後的廚房場景嗎？你代表年幼的自我，仍然感受到憤怒嗎？」

「是的，我覺得胃部緊張，同樣的能量上升。」

「很好，那就維持那種感覺，當你保持那種感覺，注意它是否對你父親有某種衝動。」她的雙手又開始握拳。

過了幾秒鐘，我問她內心發生了什麼事。

「你注意到憤怒想要做什麼嗎？」

「它想打他！」

「你能讓自己想像那種情況嗎？我們只是要認可憤怒想要做的事情，我知道你永遠不會真的打你父親，你愛你父親，但憤怒的衝動就是行動。它想要回擊，它強力保護你，你想像到什麼？」

「我想揍我爸爸。」

「做得好！讓你自己看到那個場景。憤怒究竟想要打他哪裡？」我為她感到興奮。我坐在我的座椅邊緣，我的聲音現在更強勁、更有力。我與她的憤怒能量一致。

「打在兩眼之間，就像快打一拳迫使他理智些一樣。」

「好，讓你自己感受一下你的拳頭和他臉部之間的碰觸，讓這種碰觸像電影一樣生動。」我停下來讓她這樣做。「他現在在哪？你打他了嗎？」

「是的，他坐在地板上。」

「看看他，你看到了什麼？他現在在做什麼？」我希望她一步一步地經歷這個幻想，直到最後。在這時候，我們都不知道這會導致什麼情況。這是當場發生的新經驗，不過是由情緒的生物特性來支配。

邦妮說：「他嚇呆了，他正在抬頭看我。」

「現在重新查看一下你身體裡的憤怒，你注意到什麼？」

「我上半胸部有東西。」邦妮描述。

「繼續觀察，看看裡面是否有一股衝動。」

「有！它想大喊。」

「很好！」我鼓勵和肯定她。

學習保持情緒經驗，有助於鬆開卡住的事物，這麼做能幫你在未來維持憤怒和其他核心情緒並充分加以處理。這將使邦妮獲益無窮，因為她將能夠利用她的憤怒來明智地主張，為建立健康的人際關係而設定牢固的界限。

「如果我們可以舉起麥克風對著你胸中的感覺，讓這感覺說話，它想對你父親說什麼？」[3]

「你他x的是哪裡有毛病？」

「好極了，如果憤怒情緒不是提問，而是作出聲明，並且用一種與你胸中的感覺相當的力量來傳達呢？」提問題是稍微避開憤怒的做法，我希望邦妮直接一點。[4]

她大聲吼道：「你這他x的爛貨！我八歲時只是不想去上芭蕾舞課，這不是什麼罪過，而是正常的要求，如果我告訴你，你得跟誰去做什麼事，你會喜歡嗎？」邦妮抬頭看著我。我感覺到她只是在確認我面對她吼叫時是否沒事。

「做得好！現在，再次檢查身體的憤怒感覺，看看還有沒有怒氣。」

「你不應該那樣做！」她向她的父親尖叫。「那是錯的！」

「他正在做什麼？」我問。

「他的頭垂下，看起來很慚愧。」她的聲音帶著悲傷。憤怒已經轉移。

「你對此有什麼想法？」

「我為他感到難過，他有點可憐，現在他知道了。那讓我感覺很好，即使我現在為他感到難過。」

「我們再來檢查一次你有沒有發現內心有更多憤怒。你注意到什麼？」

「憤怒消失了。」她回答。

「它後面留下什麼？如果你剛剛從頭到腳審視全身，你現在注意到什麼？」

「我感到更平靜。」

她用這種方式來處理憤怒，把核心情緒轉移到以C開頭的語詞的那些開放狀態，包括平靜、好奇、連結、富有同情心、有自信、勇敢和清晰。核心情緒極為重要，因為它們是真我開放狀態的門戶。

「平靜在身體內感覺像什麼？我們能用言詞來描述最細微的感覺嗎？」我問。

「我感覺更輕鬆。」確認這點後，她深深地吸氣和吐氣。

我引導她重回她的身體。「如果你注意到你大聲吐氣，那個動作告訴我們什麼？」

「『我如釋重負』，就好像我剛放開某種龐然大物。那就是為什麼我覺得內在變輕鬆了。」

「所以要保持內在的輕鬆感覺……要了解它，並且在保持那種感覺時注意發生了什麼。」

「感覺很平靜，我意識到我對我父母離婚真的很生氣，對我來說，這真的把事情搞砸了，我喜歡像往常一樣看著他們在一起，但是我也明白，他們在結束一生前還想要做更多冒險。」

「這兩樣都是感覺：你對父母離婚把事情搞砸感到憤怒，另外，你也了解他們的需求。」

「對！」她大力點頭說，那個動作告訴我，她已經識別對她而言非常真實的一些事物。

「承認事實，感覺如何？」

「感覺更好。他們離婚，我還是很不高興，但我現在感覺沒有那麼壓抑或把自己封閉起來。」

「哇！太棒了。今天你進來的時候覺得很難跟我分享想法，接著，我們能夠把一部分的你放在一邊，這部分的你藉著含糊其詞來自保，以免有人迫使你作出決定。然後，我們能夠進入一個回憶，在這個回憶中，你知道說出自己的想法不安全。接下來，你接觸你過去不可能擁有，但如今跟我在一起能夠感受到的情緒。然後，你允許自己以安全的方式處理你對父親的憤怒，利用這種方式處理，沒有人會受傷。接著，你對你父親感到有些悲傷和同情。之後，你感到平靜和輕鬆，你剛剛得到了這個極好的見解，那就是，你雖然對父母離婚感到憤怒，但也能理解。我們做了這麼多事！你好厲害，我們今天能做到這些，你有什麼感覺？」

「真的做很多事，太驚人了！我很開心。」

「對你來說，快樂的感覺像什麼？」

她笑起來。「我也累了。」

「你當然會累——你很努力。現在我們可以停下來，或者再花一分鐘談談快樂的感覺像什麼，因為那是你剛剛很努力才達到的境界，那些快樂的情緒就像大腦的維他命。」

她向我描述了這種感覺。「快樂的感覺就像是我很平靜、祥和，感覺心胸敞開。」

邦妮和我見面一年，處理她陷入困境的其他幾個部分。她用新發現的能力迎接她的情緒。例如，她可以跟父母談離婚問題。她還分享說，她覺得自己對所有的一切都更投入。她也更滿意自己在私人和工作上的人際關係，她不太擔心衝突了，因為她更有信心容忍自己的情緒和他人的情緒。她在治療的最後幾週回答說：「那些情緒都只是感覺。」她的憂鬱症也痊癒了。

處理核心情緒是一個重複的過程，其中包括檢查你的全身、注意各種感覺、傾聽對衝動的感覺、觀察衝動想要做什麼、在幻想中把衝動付諸實現，然後再次檢查……視需要而定，一再重複這些步驟，直到情緒的能量被釋放出來，並且自覺平靜為止。這一點在概念上很簡單，但是要讓自我去經歷這項經驗，一開始絕不簡單。這個過程需要患者的信任（包括對她自己和對我的信心）、勇氣，以及願意讓情緒不經批判而流動。

為什麼我們需要憤怒，又該如何善用？

邦妮無法堅持自己的權利，因為她必須放棄憤怒，才能安然度過童年。她和她父親的連結在小時候比較重要，但是長大成人後，若不使用（核心）憤怒，她會很容易受到傷害。如果我們不能感受到自己的憤怒，就不能以適當的行動保護自己，例如說「不」，以及針對別人對待我們的方式設限。

對我們最管用的方式，是能夠運用憤怒，並且學習如何建設性地引導它。我們透過與它建立健康的關係來做到這一點。我們必須面對自己對憤怒的任何恐懼，同時了解憤怒的起源。我們需要解決自己對憤怒這個念頭所產生的任何衝突。最後，我們需要學習如何堅持自己的權利。這樣在對他人採取比較激烈的手段時才會有信心，並感到自在。

我的一些患者擔心，如果讓自己生氣，就會氣到失控。這個疑慮很重要。為了解決這個問題，我們探討了那種想法源自何時何地。我有時會問一個問題：「你是否曾經失控到以暴力對待自己或別人？」如果答案是肯定的（但那種情況很少見），重要的是把動作放慢，先控制衝動，直到患者覺得不用採取行動就能更安心經歷憤怒為止。另一方面，如果患者的情緒從未失控，他未來就不可能失控。然而，恐懼是真實的，在大多數情況下，恐懼來自年幼孩子的部分。

我的一些成年患者會以兩歲孩子的情緒強度經歷他們的憤怒，因為童年時期的神經網絡被啟動。這就是為什麼人會覺得如此失控，因為憤怒會以孩子最初感受到它的方式在時間中凍結。

不是所有的憤怒都來自童年。日常生活中的考驗和磨難一向會引發新的憤怒。無論憤怒源頭為何，我們有時會因為對自己的憤怒感到極度害怕而將它埋藏。當我第一次見到因為憂鬱症前來治療的莎莉時，我不由得注意到，儘管她身材高大，但看起來非常溫順又幼小。她聲稱別人冷酷對待她。她害怕別人生氣，所以凡事都不敢拒絕。她分享自己的故事時，就像缺水的花朵一樣萎靡。我問她對於她分享的事情是否有感覺時，她說：「那也是沒辦法的事」，然後發出一聲長嘆。我對她的消極和聽天由命感到震驚。當我聽說她的朋友和家人如何徹底利用她的善良時，不禁義憤填膺。我感同身受的憤怒促使我對她的憤怒感到好奇——她的憤怒究竟何在？

莎莉已經與她的憤怒失聯。但是當她被利用或被忽視時，她需要憤怒來告訴她。憤怒會提醒我們：某件事情不對，需要改變。是憤怒保護我們免受侵犯。當某件事情不對勁或造成傷害時，我們全都需要憤怒告知。若我們無法與核心憤怒連接時，就會處於極大劣勢。

莎莉需要再次找到她的憤怒。她需要意識到憤怒的衝動，並用以改善她的人際關係和生活。她需要找到替代和非破壞性的方式來滿足她想發怒的衝動。她需要學習化她的憤怒為正向的堅持。

我希望莎莉意識到自己的感受，但是當我問她，如果有個朋友直到最後一刻才取消晚餐的約會，她會有什麼感覺時，她說她只是感到難過。然而，她的肢體語言告訴我，故事還有下文。當我試圖引導她識別自己的憤怒時，她明確否認這一點。

「你能從頭到腳審視全身，看看是否能找到一個讓你知道自己正在經歷憤怒的微小感覺嗎？」

【莎莉的情緒變化三角地帶】

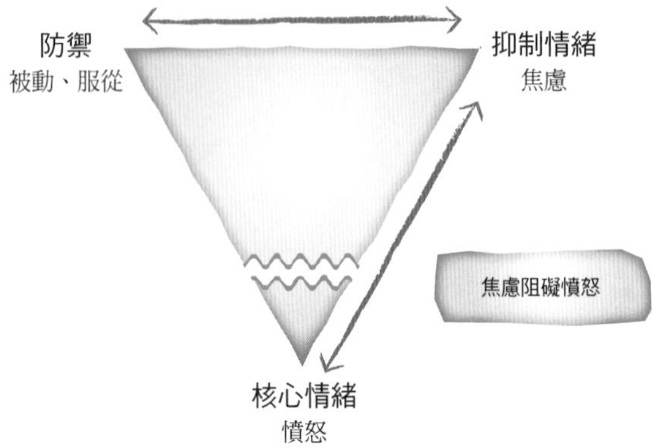

憤怒被焦慮所阻礙。為了避免憤怒和焦慮，莎莉變得被動和順從（防禦）。

她花了一些時間，最後說，她覺得她的橫膈膜有個東西。她坐著觀察那種感覺達一分鐘後，指出那是沮喪。當我們清楚意識到憤怒、但不知道該怎麼處理時，常常會用沮喪來阻撓憤怒或加以限制。

在接下來的幾分鐘內，莎莉感覺到自己身體裡的憤怒，在這段時間裡，她不斷練習和重複，進而對於經歷憤怒感到很自在。我的許多患者都有類似的經歷。

你可以與憤怒建立親密的關係。透過想像把憤怒轉移到你的身體，你可以堅持自己的需求，質疑其他人想對你造成傷害的意圖，並設置限制和界限。利用「堅持」的力量、而非利用攻擊挑釁，你可以堅定但和善地把你的欲求和需要更平靜地傳達出去，以確保別人會聽到你的意見。

我也有處於情況中另一端的患者，他們需要

的是多加控制自己的憤怒衝動。

鮑勃在一個老是大喊大叫、捶牆、敲桌、打耳光和打屁股的家庭中長大。鮑勃認為「憤怒」與「表現出憤怒」是同樣的意思。

當我和鮑勃談論「表達衝動」和「僅僅注意到衝動」之間的區別時，他很感興趣。「你的意思是，它就像一個包含兩步驟的過程？我父親會產生憤怒的情緒，但之後他會把憤怒變成行動，發洩在家人和家裡各種東西上。」

「完全正確。」我確認。「這是微妙但非常重要的區別，憤怒不會傷害別人或你自己，但是將憤怒付諸行動或把那種憤怒發洩在他人或自己身上，會造成問題。」

我的患者幾乎個個都在與他們的憤怒

「經歷憤怒」與「表現憤怒」有何不同？

許多人把「經歷憤怒」與「表現出憤怒」混為一談。但經歷憤怒是純粹的內在體驗，這和表現出憤怒大相逕庭。表現出憤怒會將怒氣發洩在另一個人身上。憤怒可以直接發洩到使你生氣的人身上，也可以發洩到在錯誤的時間和地點出現的人身上。

表現出憤怒，通常會傷害他人和人際關係。在經常吼叫的暴力家庭中長大的孩子會誤以為「憤怒＝破壞性」的行為。然而這兩者大不相同：憤怒不是打、揍或大吼，而是由身體感覺和行動衝動所識別的核心情緒。憤怒想要變得苛刻，有時候還想要打人、推擠、擊倒、粉碎、刺傷、摧毀或用武器射擊某人。如果我們接受那些衝動，並且安全地加以發洩、運用幻想，而不是將之化為行動，我們就可以控制自己的憤怒衝動，以文明方式解決爭端，以保有身為人類該具備的正直特質。

掙扎。他們害怕自己的憤怒會對別人和對他們的人際關係造成什麼影響，也害怕別人的憤怒會對他們造成影響。大家都不喜歡憤怒在身體內製造的感覺：肢體緊張、滿腔怒火，或者憤怒的能量直衝上半身。他們不知道如何引導憤怒的能量和衝動。透過運用情緒變化三角地帶，我們可以改變自己與憤怒的關係，掌握它的強大和自我保護能量。與憤怒和平共處並不一定容易，但總是值得一試。

關於核心情緒，你需要知道的事

源自真正喜悅的自發性笑容，或由悲傷引起的自發性啜泣，是由位於腦幹深處的大腦結構執行的……我們無法對這些區域中的神經運作施展直接自主的控制……我們所能阻止的情緒，大概只有像防止打噴嚏那樣的程度而已。

——神經科學家安東尼奧・達馬西奧（Antonio Damasio）

我記得年紀較小的時候曾對突如其來的強大情緒力量感到迷惑，我記得，當我的身心被一陣憤怒、恐懼、悲傷、內疚或羞愧劫持時，感覺有多麼無力。處於憤怒的痛苦中（起因很可能是和男友或父母吵架），我記得我看到自己舉止失控。當我變成一個惡女或窩囊廢（視情況而定）時，我討厭自己，卻又無能為力。

這些強大的力量是什麼？在那些時刻，我變成誰？我所喜歡和認定為自我的我發生了什麼事？那個我是平靜、體貼、自信和善良的。我的患者也談論感受、沮喪和焦慮突然降臨在他們身上的情況。當我們被情緒壓倒時，自我就被埋藏在某種陰暗情緒或某種劫持大腦的情緒風暴下。

有時候我們可能幾乎忘記了還有另一部分的我們存在。情緒、心情和狀態是普遍存在，而且無所不包，直到它們神奇地消失為止。

要了解我們不斷變化的情緒狀況，我們必須了解情緒的一些基本屬性。基本的核心情緒是憤怒、悲傷、恐懼、厭惡、喜悅、興奮和性興奮。雖然我們體驗核心情緒的方式有細微差別，但核心情緒有許多共同的特性。

「情緒存在」是既定的事實

我們全都有七種核心情緒，大腦天生就有這些情緒。我們無法控制自己的情緒，也無法防止它們在我們身心上造成反應。情緒就像一個能預防危險，也能用於娛樂的警報系統一樣，不知不覺地開啟，激起一系列身體和生理反應，以確保我們會在這個時刻生存下來。情緒對身心有緊迫性。

情緒就是存在！對於那些認為自己不應該有情緒的患者，這是我一講再講的真言。許多人認為情緒只供弱者使用，但此言差矣。沒有人能阻止核心情緒在大腦的邊緣系統中被觸發。[1]「你的悲傷就是存在，」我對批判自身悲傷的患者說：「悲傷無關好壞。」邦妮的憤怒就是存在。對於那個記憶，我們毋需批判，反應也沒有對錯之分。一旦你同意情緒不能被根除，只能被阻撓，你將有動力以盡可能健康的方式來處理。如果我們知道情緒就是存在，那麼責怪自己或別人帶有情緒，就不再合乎道理。然而，作為成年人，我們有責任學習如何建設性地管理情緒。

情緒也有開關

當我們感覺到危險或快樂時，大腦中的一個情緒開關就會針對某個核心情緒（恐懼、憤怒、悲傷、厭惡、興奮、喜悅和性興奮）開啟。想像一頭灰熊即將襲擊你時，你覺得什麼情緒會啟動？是恐懼。恐懼會在大腦中被激發，而且你的身體也會不假思索地對它做出反應。如果你必須考慮「逃跑」這件事，那麼在你決定逃走之前，你會是死路一條。

謝天謝地有恐懼的力量存在。想想有時候有人故意嚇你時，你會跳了起來，因為恐懼使你反射性地避開大腦認定為危險的東西。一旦我們覺得安全，大腦新皮質（我們思考時所使用的大腦部分）就會評估環境未來是否有危險，並確定是什麼因素造成，以及危險是否結束。

儘管情緒使我們遭受重大的痛苦，但是人類的進化看到了自動而無意識啟動的情緒有助於生存。邦妮的父親因為她「不知好歹」而對她吼叫，結果「噗」一聲——一種情緒開啟，那就是邦妮的憤怒。如果你認為，我們不應該有核心情緒、這種核心情緒沒有道理，或者我們有那種感覺是件不好的事，這些想法都沒有幫助。情緒就是存在，它們有時開啟，有時關閉，而這取決於我們的情緒大腦在環境中感覺到什麼。

每個人都有不同的情緒敏感度

我們不得不擁有核心情緒。但是就像所有的人類特徵一樣，情緒敏感度存在於一個頻譜上。有些人幾乎無感，有些人卻又多愁善感，情緒就是這樣。我們的一些朋友或家人可能很敏感，而有些人可能沒那麼敏感。當我們根據別人感受到什麼以及感受的強度來判斷對方時，它說明了更多關於我們處理別人情緒的能力。

情緒具有感染力

看看一群嬰兒當中有人開始哭泣時會發生什麼事。你還來不及反應，全部的嬰兒都在哭了。或者，想想看電影時笑出聲的觀眾。你聽到有人狂笑時，要忍住才不會跟著笑。

如果你的伴侶或小孩難過，那可能會令你感到擔憂，因為情緒具有感染力。看到你心愛的人生氣、傷心或害怕，會激起你的情緒。如果你沒有意識到這一點，而且對種種情緒感到不自在，你可能會變得冷漠或有防禦心，以防別人引起你不想要的感覺。一些研究顯示，是鏡像神經元（一種特殊類型的腦細胞）讓我們能被情緒感染，並給予我們同理心。[2]

情緒就像海浪，會有高低起伏

核心情緒上升，達到高峰，最後退潮，和海浪很相似。了解這一點，有助於我們為經歷核心情緒的完整表達作好準備。我們必須預期它們會先增強然後減弱，而且記得要在整個經驗中深呼吸，乘浪前行，等個幾分鐘讓強度減弱，在轉換發生之前進入放鬆和紓緩狀態。這就像踢到腳趾頭。傷害發生時，你預期疼痛會升到最高點，然後消退。我們透過這種經驗來呼吸，以忍受身體疼痛的浪潮。我們可以做同樣的事情來駕馭情緒波動。

還記得法蘭何時終於突破悲傷嗎？她經歷了幾次浪潮，每次持續幾分鐘。然後，她經歷了緩解。大多數核心情緒在自由流動時，持續時間不超過幾分鐘。大多數人可以忍受幾分鐘的不適，特別是如果我們知道緩解將至的話。

學習指認和驗證情緒，你會感覺更好

當我們知道自己正在產生什麼情緒時，會主觀地感到比較平靜。理想上，我們在小時候就學會指認自己的情緒。但有時候基於種種原因，我們沒有學習識別情緒。有科學證據指出，用言詞描述情緒，實際上會改變大腦，降低衝動。[3]

克雷格和他二十五歲的女兒度過一個美好的週末。當她離開時，他感到焦慮。起初克雷格不知道為什麼焦慮會出現，畢竟他和她度過了這麼一個美好的週末。但是在他檢視內心，探究自己有什麼情緒之後，他意識到他有兩種感覺：感恩和喜悅。我認為這是個很好的例子，可以說明情緒具有提高焦慮的力量。感恩和喜悅都很美好，但是湊在一起有時候反而會變得太過度，因而讓我們容易焦慮，並在情緒變化三角地帶上把我們從核心情緒往上移動到抑制情緒角落。然而，一旦克雷格意識到他的情緒後，焦慮就消失了。

我教所有的患者識別他們的情緒，讓自己感覺更好。光是指認和驗證情緒這樣的行為，就有助於身體和心靈放鬆，這是使用情緒變化三角地帶的一大好處。

情緒根植於身體

數以百萬計的感覺和運動神經元將情緒大腦連結到身體的所有部位，包括心、肺、胃、皮膚、小腸、大腸和肌肉。如果你感受某項事物時多花一點時間，你會注意到身體出現的感覺。例如，我傷心的時候，會覺得心裡有一種沉重感。我認定，憤怒是我胸口的一種繃緊感以及從腹部竄升到頭部的一股能量；恐懼讓我顫抖；興奮是精力充沛，有時候讓我感覺刺激，而且有手舞足蹈或想和人相互擊掌的衝動。

情緒會驅使行動

情緒驅使我們在當下行動，我們覺得這些情緒是瞬間產生的。無論是憤怒、悲傷、恐懼、厭惡、喜悅、興奮或性興奮，核心情緒讓我們準備好展開行動。當某種情緒發生時，如果能感受自己的身體，就能了解自己的特定衝動。當我們專注於情緒時，衝動就會顯現出來。每個核心情緒

【戰或逃引起的身體反應】

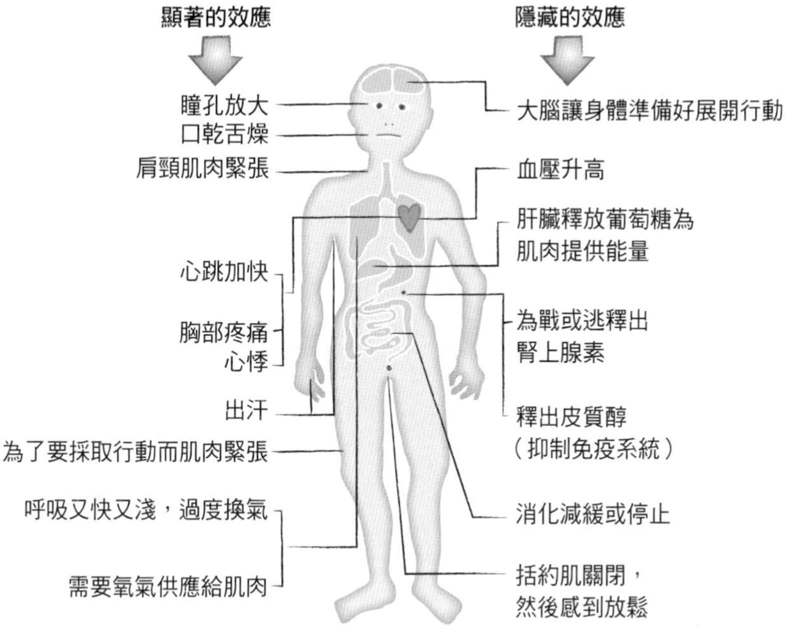

- 恐懼的衝動是逃跑、躲藏，有時會僵住無法動彈。
- 憤怒的衝動是戰鬥、侵略性、出言不遜、攻擊、恫嚇、保護自己／他人和催化改變。
- 悲傷的衝動會讓我們放慢腳步、尋求安慰和連結，又或自我封閉。
- 喜悅的衝動是微笑、變得強大，與他人分享我們的喜悅。
- 興奮的衝動是推動我們朝著興奮的目標前進。這讓我們想跳躍、和朋友或隊友相互擊掌，或是尖叫。
- 厭惡的衝動是退縮、遠離令我們憎惡的東西，或嘔吐。
- 性興奮的衝動是朝著我們欲望的目標前進，或者尋求性解放。

都有普遍的衝動。

當情緒受到阻礙時，知道我們正在產生何種衝動的能力也會受到阻礙，讓我們無從覺察。情緒和衝動告訴我們關於周遭環境的重要資訊，以及我們如何回應環境。當我們失去與情緒的接觸，就失去了這個寶貴的生活羅盤。

所以下一次你感到情緒激動時，問問自己：「我現在感受到什麼情緒，它促使我去做什麼事？」你發現的資訊會告訴你一些關於你的情緒需求和你渴望的東西，接著你可以知道如何使用這些資訊，並把這些需求和渴望列入考慮，最後做出決定。

情緒會被擴大

情緒可以增強和擴大。它們有能力壓倒我們，使我們神遊或想就此消失。情緒也可以擴大以回應內在或外在的某樣事物，自我評斷和自我批評就是讓內在情緒擴大的因素。

比方說，我在課堂上問一個問題，老師說她已經回答過了，我對此感到尷尬。我可能會想：「我真是白痴。」這個羞愧的想法增強或擴大了我的尷尬，它變得更大，而我感覺更低微。如果我們不想擴大自己的痛苦，可以阻止這些想法繼續發展。如果我們把批評性的自我對話轉變為富有同情心的自我對話，會立即感覺好些。例如，在上述教室的例子中，如果我想的是「我不該被公開羞辱」，感覺就會變成是自我同情。

其他人也可能放大你的情緒。如果在假期前夕，我向我母親承認，我怕坐飛機時，她回答說：「哦，老天，但願你沒有告訴我這件事。」而且她的眼睛裡還充滿了不可置信，這會使我的恐懼愈來愈強。現在我更害怕了。我的心跳加快，手臂顫抖，呼吸愈來愈淺、愈來愈急促。

憤怒是一種容易被放大的情緒。想想與愛人爭吵可以如何愈演愈烈。如果你向伴侶提出一個問題，你的伴侶覺得遭到指控，並且開始採取防禦態度，你就會感到心煩，因為你覺得對方沒有聽你說話。你的伴侶把你的心煩解釋為憤怒，就變得更生氣。從一開始感受到的侮辱，你們兩人變得愈來愈憤怒，愈來愈防禦，拒不讓步，並且陷入自以為是的憤慨。如果發生衝突時沒有小心緩和緊張局勢，例如暫停、休息一下，最重要的是，抗拒憤怒的拉力（憤怒有強烈的衝動想要跟人爭吵），那麼爭吵很快就會演變成大聲吵嚷的爭論，甚至更糟。

當我們發現自己沒有工具或能力將不斷升高的情緒能量降低到可控制的程度時，情況會變得很可怕。那就是為什麼我們會豎起防線來應付，也是為什麼莎拉每次被點燃怒火時都必須將它關閉，或者幻想逃離我的辦公室，因為她沒有工具或技能來管理她的感受。

相較之下，我們可以跟那些替我們感到高興和興奮的人分享喜悅和興奮等正面情緒，來擴大那些情緒。當我們與那些有良好反應的人分享正面情緒時，彼此都會建立良好的感覺。擴大喜悅和興奮會促進安全的依附。事實上，與我們的伴侶分享生活中的快樂和興奮時刻，是在我們的主要關係中激發興奮和愛的絕佳方法。

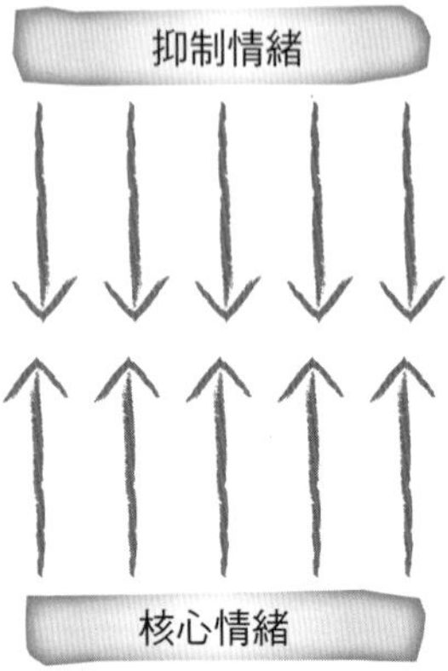

想像一個活塞：核心情緒隨著向上和向外推動以求宣洩的有力衝動出現。核心情緒往上推動以便表達，而焦慮、羞愧和內疚是會壓抑核心情緒的能量。

情緒擁有能量

人類是活的有機體。一切活的有機體都需要保持平衡的能量狀態，才不會過熱或過冷導致死亡。就像汽車需要汽油才能行駛一樣，我們需要食物來產生能量，以使身體功能得以運行。呼吸和消化製造能量供人體的細胞使用，能量使我們的心臟跳動、肺部呼吸、胃部消化、肌肉運動。我們必須使能量的使用和消耗維持平衡，以保持體內的平衡與和諧。

如果汽車的溫度太高，就會過熱並停止運轉。引擎產生熱氣，必須將那種熱氣排放掉。核心情緒也是如此，這類情緒會製造能量，那種能量需要宣洩。當我們使用太多的抑制情緒和太多的防禦時，情緒能量會被阻塞，身體就會產生問題。

焦慮、內疚和羞愧，是我們運用下降的能量

來阻礙核心情緒表達的三種方式。抑制情緒在當下提供協助，做法是保持我們與他人的連結，但是這樣做得付出代價：情緒能量受阻。

當喬納森知道他的狗死了，他的胃和心突然感受到沉重的悲傷感。他內心的感覺傳遍他的身體，直衝他的眼睛。但是在悲傷傳到他的眼睛之前（他可以透過哭泣來宣洩悲傷），他用喉嚨裡的自動肌肉收縮來阻止它。大多數人都經歷過喉嚨裡有一團東西哽住的感覺。喬納森停止哭泣，並且告訴自己：「勇敢點！」沒有感覺到他的悲傷，是導致他得憂鬱症的一個因素。

我們經常阻止核心情緒能量。當情緒能量被阻擋時，我們就會在情緒變化三角地帶向上移動，到達抑制情緒和防禦角落。但是那種能量並沒有消失，而是引起不安，對身心造成壓力。情況不一定要變成那樣。我們可以在情緒變化三角地帶往下移動，經歷我們的核心情緒，並以更健康的方式來管理我們的感覺。

練習❹ 注意內在經驗

在接下來的練習中，我們開始來練習「注意內在經驗並加以指認」。重要的是要記住，談到認識自己，沒有正確答案，只有你的主觀感覺才重要。有需要的時候，使用附錄中的情緒和感覺詞彙表（見第三七六—三八二頁）來幫助你用言詞描述情緒和感覺。

身體感覺

安靜下來，藉此將步調放慢。感覺你的腳踏在地板上，並做四、五次深度的腹式呼吸（看做幾次對你感覺適合，就做幾次）。現在，提醒自己，疲倦或飢餓是什麼感覺。選擇你最容易想到的經驗。

你在身體上經歷的感覺中，哪種感覺讓你知道你餓了或累了？給自己至少三十秒的時間觀察，因為比起思想，身體的感覺需要更長的時間才能被察覺。

寫下一、兩種讓你知道你餓了或累了的感覺：

1. ____________________

2. ＿＿＿＿＿＿＿＿

從頭到腳審視你的身體

保持穩定的呼吸，從頭到腳審視身體，就像在跳進水裡之前把腳趾伸進水裡，只是要看看那是什麼感覺。看看你是否可以描述你注意到的一些感覺，無論那些感覺有多細微。請記住，如果一開始你對你的身體沒有感覺，那就在你的心臟和胃部逗留一段時間，看看多花個十秒鐘會帶來什麼感覺，例如：「我的身體感到平靜」或「我感到緊張」。

寫下你注意到的三種感覺：

1. ＿＿＿＿＿＿＿＿
2. ＿＿＿＿＿＿＿＿
3. ＿＿＿＿＿＿＿＿

如果感覺開始以令人感到恐懼或不舒服的方式發展，請休息一下。持續深呼吸，並想像你早先發現的和平之地。當你比較平靜，並且準備好要描述感覺時，就再次沉入。

記住：永遠不要評判自己注意到什麼。隨時保持對自己的好奇和同情。如果你覺得很難或不可能意識到身體的感覺時，不要評判自己、保持好奇心並對自己抱以同情，那就驗證一下，然後問問自己：是什麼因素造成那種情況。看看你是否可以描述有什麼事情感覺上很怪異或不舒服。是感覺本身嗎？你覺得愚蠢還是放縱？你有批判或苛責自己嗎？只要注意這些事情就好。

在想法和情緒之間建立心智彈性

為了弄清楚你在某個特定時刻是處於情緒變化三角地帶的哪個角落，你必須看出想法和情緒之間的差異。有時我們的想法對我們有幫助，但往往沒有建設性，反思、強迫觀念和憂慮在我們的腦海中縈繞。我們甚至不知道自己在想什麼，這件事讓自己感覺更糟。

我不建議大家停止思考，整天在脆弱而情緒性的狀態下生活，並不實際。但大多數人只關注自己的想法，卻忽視自己的情緒。我們希望建立靈活彈性，能在思想和情緒之間來去自如。專注於你的想法。注意它們。也許你在想：「這項資訊很有趣」，也許你在想：「這東西很蠢」，又也許你在想今天晚餐要吃什麼。只要注意自己的想法即可，但不要對這些想法加以判斷。目的只是要注意，就這麼簡單。那麼，你現在在想什麼？

寫下你注意到的三個想法：

1. ____________

2. ____________

3. ______

接下來，把注意力移到脖子以下，到你的心臟，專注在那個部位約十秒鐘。確定你沒有屏息，而是深呼吸。

你能描述一下你注意到的情緒或身體的感覺嗎？你可能會意識到你是平靜、放鬆、緊張、焦慮、溫暖、寒冷、快樂、悲傷、憤怒、害怕、興奮、活潑、麻木或者顫抖。

寫下你注意到的三種情緒或感覺：

1. ______
2. ______
3. ______

最後，轉回到你的頭部。再次聚焦於你的想法。問問自己：「我對這項練習有何看法？」

寫下你現在想到的三件事：

1. ______
2. ______
3. ______

接著再轉回到你的心臟，感受你正在經歷的。不要假設你以前感受到的就是你現在的感覺。

寫下你現在注意到的三種情緒或身體感覺：

1. ______________________
2. ______________________
3. ______________________

對於往上進入你的大腦並且思考你的想法，以及往下進入你的身體並且意識到情緒和身體的感覺，你是否感覺到這兩者之間的差異？

檢查你的內在狀態

我建議每天在行事曆中設定一項提醒，比方說「請記得檢查你的身體」。這個方法可以讓你養成放慢步調、理解自己思維和情緒的習慣。當你注意到一些感覺正確而良好的事物時，停留一會兒，目的是了解這種感覺，保持好奇。

當你注意到一些比如緊張、焦慮、悲傷、疼痛等難以言說的感受時，看看你能否找到最能描述情緒或感覺的詞彙。你能為你正在經歷的事情找出原因嗎？問問自己：「現在發生了什麼會引起這種情緒或感覺的事情？」看看你是否能確定，你感受到的是核心情緒，還是抑制情緒。久而久之，你會愈來愈準確了解你位在情緒變化三角地帶的哪個角落，並且更能夠幫助自己。

例如，法蘭知道她有阻礙悲傷的傾向後，她確定她會定期檢查自己。她知道，她的大腦會反射性地埋藏或消除悲傷，所以她必須積極找到它並把它帶出來。當她注意到內心的悲傷時，她也會認可它。「認可」意味著優先考量。她意識到身體內的感覺（那些感覺告訴她，她感到悲傷），並且聚焦於那些悲傷的感覺，直到它們轉移或對她說話為止。她會試圖弄清楚，當時在她內心或外在環境中發生了什麼引起她悲傷的事。最終，她懂得以同情心處理她的悲傷。

大多數人覺得用言詞描述不舒服的經驗比較容易。當我們尋求能描述正面經驗的詞彙之際，似乎有更多詞彙可以隨時用來描述負面經驗。以平靜為例。許多人表示，平靜讓人感覺不到什麼，但是當我們經歷平靜時，「柔軟」、「靜止」、「發光」和「溫柔」等詞彙都適用。當你發現令人愉快的情緒和感覺時，要和那些感覺繼續相伴，並添加更多適合的詞彙加以描述，即使那些感覺並不明顯。增加詞彙的作用就像參考點，標誌著大腦中的良好體驗。結果，你會更容易返回這些有益身心的體驗。

日常行程

- 放慢步調，注意你的身心發生了什麼。

- 留意防禦性的想法和動作，並質疑它們存在的原因。
- 不要再專注於內心，檢視一下身體的感覺，藉此試著將防禦行為擱置一旁。
- 用言詞描述你所經歷的事情。
- 驗證你的感受。

持續進行這些步驟，你就會創造正向的大腦變化。

練習❺ 找到你的核心情緒

從頭到腳慢慢審視你的身體，以尋找任何情緒，無論這情緒有多麼細微或微妙。當你找到某種感覺時，問自己以下的每個問題，以找出最適合的核心情緒。務必要慢慢進行，一次只檢查一種情緒。給自己充裕的時間（花三十秒鐘審視你的身體，尋找每一種情緒，你會覺得這樣做費時良久）。

回答下面的每個問題，並在你現在找到的每一種情緒旁邊打勾。只要接受你注意到的東西，並且抗拒質疑「你是否應該有這種感覺」的誘惑：

- 我感到憤怒嗎？
- 我感到悲傷嗎？
- 我感到恐懼嗎？
- 我感到厭惡嗎？
- 我感到喜悅嗎？

- 我感到興奮嗎？
- 我感到性興奮嗎？

選擇一個你正在經歷的核心情緒。盡量注意情緒本身就好；不要去思考情緒，只是感受它就好。停留三十秒，一邊深呼吸。當你和那種情緒一起停留更久，會發生什麼事？

寫下你注意到的三件事：

1. ____________________
2. ____________________
3. ____________________

為你正在經歷的情緒完成下面的句子。不要去判斷或思考，當你的身體感覺到這種情緒時，只要讓它告訴你答案就好。

我對__________很生氣，因為__________。

我對__________感到難過，因為__________。

我害怕__________，因為__________。

我對＿＿＿＿＿＿感到厭惡，因為＿＿＿＿＿＿。

我對＿＿＿＿＿＿感到高興，而且想要和＿＿＿＿＿＿分享。

我對＿＿＿＿＿＿很興奮，而且想要和＿＿＿＿＿＿分享。

我對＿＿＿＿＿＿產生性興奮，我的幻想是＿＿＿＿＿＿。

第五章

抑制情緒

小創傷的倖存者——史賓賽的社交焦慮

史賓賽在一個氣氛冷淡的家庭中長大。他的父親態度輕蔑，幾乎沒有朋友，總覺得別人「令人討厭」而「愚蠢」。史賓賽的母親很消極寡言，沒有做任何事情來緩和家裡的緊張和敵對氣氛。史賓賽總是獨自待在自己房間裡畫畫，透過這種方式找到平靜感。

成年之後，史賓賽儘管熱中於繪畫，卻從事平面設計。他是才華洋溢的藝術家，但由於天性害羞，他很難推廣自己的藝術。史賓賽告訴我：「我必須克服我的社交焦慮，才能夠更自在地認識新朋友以及展示我的作品。」在社交場合，史賓賽言行舉止都猶豫不決，因為他害怕說出「不對的事情」。

擔心激怒別人，就永遠無法自在社交

在我們第一次的諮商中，我問他：「你說『不對的事情』，是什麼意思？」

「我擔心自己會說出愚蠢的事情，或是一些令人討厭的事情。」他回答。

「那如果你這樣做呢？」

「那就糟了！」我可以看到史賓賽的身體因為恐懼而有反應。

「糟了？」

「我不想要看起來像白痴，或是讓別人對我生氣。」

我注意到他的左腿抖動。「你左腿的動作告訴我們什麼？」

「我害怕別人會生我的氣。我無法處理那種情況。」他說。

「你跟我說這件事時，在腦海裡看到了什麼影像？」

「我獨自站著，每個人都看著我、議論我，因為我是白痴而生我的氣。」史賓賽說。在他進入每一項社交互動之前，那個影像就在他腦海裡播放，難怪他不想出門。

從我們第一次見面起，史賓賽就讓我留下深刻印象。他一表人才，態度仁厚溫和，總是禮貌周到，如果他有帶咖啡來，就一定會多帶一杯給我。我對史賓賽的感覺是，在所有那種抑制之下，存在著一個非常有趣的人，此人要是有更多信心，就可以貢獻良多。可悲的是，他害怕引起別人的評判和憤怒。他的自保之道是限制自己與別人的互動，只擁有少數幾個泛泛之交。

史賓賽總是擔心會犯錯和觸怒別人，他用這種方式避免讓自己感受到和別人在一起所產生的難耐焦慮。如果他的防禦會說話，可能會說：「如果我能夠弄清楚別人想要從我這裡得到什麼，我就可以回應他們的需求，並且避免讓他們生氣。」他的大腦過於活躍，總是想太多，一直嘗試要弄清楚如何保護自己避免他人批判和憤怒，而這些都是他自己想像出來的。

不幸的是，他想要解決的是一個無法解決的問題。誰都沒有讀心術。預測別人想要什麼，需要大量的精力，而這些精力原本可以用於娛樂和互動。

史賓賽的防禦住在他的腦中。它讓他遠離了焦慮的身體症狀，包括噁心、心頭揪緊、緊張不安的核心、快速跳動的心臟，並幫助他避免了「做自己」引起的不適。但是這個策略並不能永久解決他的社交焦慮。

防禦幫助我們避免令人痛苦的感覺：焦慮、羞愧、內疚，以及可能勢不可擋的核心情緒。但防禦需要成本。對史賓賽來說，那種防禦的代價是處於人群之中無法放鬆。強迫性的反覆思考（也稱為反芻）和擔憂毫無意義，更不用說根本就是折磨。他的腦中一再重複播放這個序列：沒有人喜歡我……我很糟糕……我會犯錯……每個人都會對我生氣……沒有人喜歡我……我很糟糕……我會犯錯……每個人都會對我生氣……沒有人喜歡我……我很糟糕……我會犯錯……每個人都會對我生氣……

反芻如何避免別人的憤怒，代價很大：

- 反芻所使用的精力本來可以用來好好工作、玩得開心、發揮創意，或者對世界保持好奇心。
- 反芻可能引發大腦的「戰或逃」部分進入永久的危險警戒狀態。這導致壓力荷爾蒙的釋出，久而久之可能會損害健康。

● 反芻會降低一個人解決問題的能力。心智焦慮時，運作不會順利。反芻和擔憂會讓人覺得自己正在解決問題，但那充其量只是沒效率的做法，而且有時這個問題實際上並不存在。

治療進行到大約三個月時，史賓賽描述他青少年時期是怎麼過的。「要是我父親不喜歡我說的話，他會讓我覺得自己很糟糕、很糟糕，就好像我刺傷他一樣。看來他不明白我是普通青少年，青少年有時會說些討厭的事情。他把我說的話放在心上，會說『你恨我，你對你的狗比對我好』這類的話。他經常跟我說我很壞。」

「好殘酷。」我感覺到我對他父母的憤怒，因為他們缺乏同情和關懷。這種輕蔑的忽視如此具有破壞性。

「是這樣嗎？」史賓賽說。

「嗯，你對這件事感覺如何？」我問。

「很差，但我認為這是我的錯。」

「我跟你說你父親的行為很殘酷時，你有什麼感覺？」我問。

「我鬆了一口氣，謝謝你。」史賓賽低頭說。

「看來你和他們兩人很不一樣。」我回想起他如何照顧他的狗。他的父母做對了幾件事，其中一件就是幫史賓賽買一隻小狗，他飼養和照顧牠十三年。他寵愛和關心狗的方式讓我感動得流淚。

我運用了他與他養的狗韋斯利的關係，韋斯利經常在我們的晤談中出現。當我想舉例說明在沒有恐懼之下被愛時有何感覺時，我會要求他回憶他對韋斯利的感覺。當他需要想起被愛和被接受的感覺像什麼時，我請他回想韋斯利對他的感覺，以及他和韋斯利在一起的感覺。我會比較一下他對待韋斯利的方式和他父母對待他的方式，藉此讓他了解他和他父母不一樣。

史賓賽對別人有同理心，對自己卻非如此。我要他對這個雙重標準感到好奇。為什麼他能對別人感同身受、對他們網開一面，卻又如此確信別人不會對他做同樣的事？

我認為，有一部分的他可能被困在一個與他父親有關的過往記憶中，這個記憶會在當下不知不覺地重複播放。換句話說，他的大腦並沒有意識到這是他正在重溫的記憶。史賓賽透過他自己年幼部分的眼睛來看世界，他以他回應父親的方式回應其他人。如果他能夠從小就處理他對父親的核心感受，並幫助自己受傷的年幼部分感覺更安全，也許他會發展出更多信心，更清楚地看到目前的現實情況和其他人。

長大成人後，我們有權力避免自己受行事卑鄙者的傷害，而不像小時候那樣無力反抗。但史賓賽一直堅信每個人都會像他父親那樣對待他，或者如果有人現在這樣做，他將無法應付。

我們諮商幾個月後，史賓賽想通一件很重要的事。

【史賓賽在治療開始時的情緒變化三角地帶】

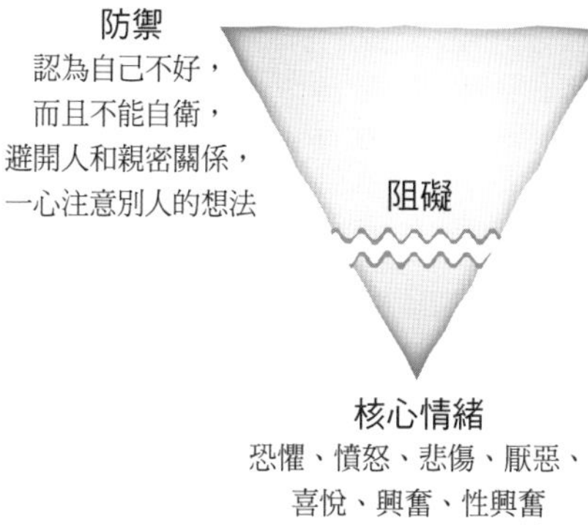

「我以為是因為我有問題，我父親才會這麼糟糕和刻薄。」

「你小時候過得太辛苦了，你真的拿到了一手爛牌。你父親這麼糟糕，並不是你的錯，我猜早在你出生之前他就已經是這樣了。你知道關於他童年的任何事情嗎？」我問。

「略有所知，我知道他小時候過得不好，有一天我無意中聽到我母親跟我阿姨說了一些我爺爺酗酒的事，我想我爺爺可能因為酗酒和犯罪，甚至坐了一陣子的牢。有一個說法是，他在酒吧和人爭吵時，差點殺了人。」

「所以，似乎你父親從小就要面對憤怒的爸爸，讓他生氣的原因可能是那一點，而不是你，你能理解嗎？」

「我理智上能理解。」

「你在這裡理解它，」我指著我的頭說：「但不是在這裡理解它。」我指著我的心說。

「那可能是正確的。」他確認。

治癒創傷意味著幫助大腦隨時更新其「軟體」。我們希望將過去的事件列為記憶，在大腦中歸檔。我們實際處於危險時，會希望我們的生存情緒能夠發揮作用。但是我們安全的時候，會想要感覺平靜，這樣就可以把精力用在生活上。我們的諮商重新連結了史賓賽的大腦，這樣他就可以了解，不管他在孩提時代碰到任何事情，那都結束了。史賓賽也需要學習一些額外的社交技巧，比方說如何針對善意設置限制和界限，因為從小就沒有人為他立下典範。

隨著我們的諮商持續進展，史賓賽慢慢獲得信心。他把他與父親的互動標示為虐待，並開始把自己看做是小創傷的倖存者。他開始深深地感受到，被虐待不是他的錯，他父親才是該負責的一方。我可以看到他的信心正在發展。他以更肯定的口吻大聲談論他不喜歡的事情。他站的時候更加抬頭挺胸，肩膀挺直而不是駝背。他的聲音愈來愈深沉宏亮。他甚至穿著更整潔，就好像他更關心自己以及如何向世界展示自己。

一隻腳踩在現在，一隻腳踏進過去，就能安全處理創傷

諮商進行到六個月時，有一次，史賓賽分享了一個記憶：他父親誣指他在暖氣開放時還開著窗戶。他父親非常憤怒，因為這樣會增加暖氣費。但史賓賽很肯定自己沒有開窗。

「他罵我是不負責任的白痴。」

「那非常不公平而且刻薄，」我肯定地說：「我們可以利用這段記憶，一勞永逸地處理你父親嗎？」

「好。」他說，等著我引導他。

「首先，我想幫助你轉變成你最自信的自我。」我微笑說。「你能想起最近你什麼時候覺得自豪嗎？」

我希望他現在的自我盡可能強大而能幹。如果他能夠取得他對自己感覺良好時的記憶，正面感覺就會抵達他心智的最前端，並使他更容易與受傷害的年幼自我連結。

「我想那是在工作上得到獎勵的時候，我是年度員工，他們在公司的聖誕晚會上宣布這件事，大家都在場，我拿到了獎金，但最好的一點是他們在演講上說的話。他們說我很有團隊精神，總是願意伸出援手。」

我很感動。他以前從來沒有和我分享過那件事。

「哇！你回憶那件事時，你的身體有什麼感覺？」

「我感覺更強大，就好像我更高、背挺得更直一樣。」他在椅子上移動，坐得更直。

「你注意到你的姿勢改變了嗎？」我問，這樣他就可以意識到這個轉變。

「我坐直了。」

「那麼，當你和這個強大挺直的感覺以及我保持連結時，讓我們回到這個關於你父親的記憶，讓這個時刻的記憶盡可能逼真，你能把這裡的記憶看做是在一台畫面粗糙的老舊電視機上播放嗎？」我在離他六英尺遠的地方舉起手掌，充當電視螢幕。我要史賓賽的大腦與記憶有一些距離，以使他自己與年幼部分保持距離，並且避免年幼部分擁有的情緒壓倒他的自我意識。

「是。」他說。

「你看到了什麼？」我問。

「我看到我和爸爸在浴室，窗戶是開著的。他指著窗戶大喊。我的頭低著。」

「現在，你以你當下最自信強大的自我，和我坐在這裡，你看到這一幕時，有什麼情緒產生？」

「我為自己難過，也很氣我父親，他完全是個混蛋。」史賓賽用嚴厲的語氣說。他一隻腳踩在現在，一隻腳踏進過去，這是安全處理創傷的方式。

「有衝動嗎？」我問。

「我想要保護這個男孩，並且告訴我父親，糟糕的人是他，因為他用那種方式對待一個孩子。」史賓賽說這些話時充滿自信，我幾乎可以感覺到他的大腦發生了變化，新、舊神經網絡分離成一個明顯不同的過去和現在。他的聲音很宏亮，語氣聽起來很穩定。

「你能把你堅強而自信的成人自我安排到現場，並運用你的想像力做感覺上正確的事嗎？」

史賓賽盯著我的手。他臉上的表情很生氣：嘴唇嘛緊，眉頭皺起。

「發生了什麼事？」我在大約一分鐘後問道。

他把目光從想像中的電視轉移到我的眼睛。「我衝進浴室，罵他混蛋，在他鼻子上猛擊一拳，然後拉住那男孩的手，告訴他，要是有人再這樣跟他說話，對方得承擔後果。」

我們兩人現在都沉默下來，代表他自己處理這個充滿強烈關愛與保護的驚人時刻。

他深吸一口氣，目光集中在我身上，然後向上凝視，接著再回來看我。我等他先發言分享。

「那感覺很好。」他說。

「保持它在你心中的感覺。」

「我的意思是，我有點顫抖，整個身體都在刺痛。」

「可以忍受嗎？你可以保持這感覺嗎？」

他點了點頭，又過了三十秒左右，他補充道：「現在刺痛正在消退，我覺得更輕盈，但也更堅實或者更重，哇！」

「哇！」我跟著他重述。

史賓賽繼續說道：「我是說，他是我爸爸，我愛他，但我也受不了他，他對我來說完全就是人渣，我不敢相信自己能夠像那樣反抗他，而且做起來也沒那麼難。他甚至沒有頑強抵抗，他承認失敗，我逕自和那孩子一起走出去，那是我。」

「保持這一切在內心裡的感覺。」

「顫抖甚至變得更少了，我感覺很強大。」

「你感覺你身體的哪裡更強大？」我問。

「從背部一直到頭部，上上下下都有一種充實穩定感，但好像前面有一個開口，我不知道那樣說是否有道理，但感覺就是那樣。」他直挺挺地坐著，臉上神情平靜。他現在看起來不一樣，就某方面而言比較成熟了。

「我覺得很有道理。保持這種身體經驗，看看接下來會發生什麼事。」

「我不相信我能做到這點！」

「你做到了！那附帶了什麼情緒？」

「我不確定。我想我為自己感到驕傲。」

我眉開眼笑。「注意那是什麼感覺，這是新產生的，而且非常好。」

「感覺好像我的整個身體變大，我很興奮，但並不焦慮，我喜歡這樣，但這也有點奇怪。」

「奇怪嗎？我知道奇怪對我意味著什麼，但它對你意味著什麼？」

「感覺很好，但也可能有點可怕。」

「是的，這很好，但也有點可怕。」我緊跟著他重述一遍。我希望我們慢慢來，這樣他就能深入感受所有這些新產生的情緒，讓他的大腦和身體有空間接受它、整合它，並且創造一個新常態。一分鐘過去了。

「我現在感覺比較平靜了。」史賓賽看著我的眼睛。「謝謝你，」他說：「我很感激你鼓勵我這樣做。」

「不客氣，」我說道，心裡感到高興。我們靜靜坐了一會兒。然後我就像平常那樣問：「今天一起做這件事，感覺怎麼樣？」

「真的很棒，我覺得充滿希望，如果我能假裝勇敢面對我父親，也許我可以真正勇敢面對別人，也許我不必彎下身子，也許我可以抬頭挺胸，冒一些風險。」

「我知道你可以，這只是開始而已。」

史賓賽的「自我」已經完全實現了一個開放狀態。我看到他的自信、平靜、清晰。我感覺到我們的連結，而且最重要的是，他對自己有同情心。

接下來的一週，我問史賓賽，在那次關鍵的諮商之後，是否有什麼事情發生。「你有什麼想法要分享嗎？」

「是的，關於我的童年，我思考良久，回憶不斷湧現。我想到我一直多麼害怕，而且因為我做了這一切隱匿而浪費許多時間，我不想再這樣做了。我不確定這種感覺是否會持續，但我的確感覺不一樣了。我甚至聯繫一位畫廊老闆，有位藝術家朋友建議我打電話給畫廊老闆，雖然我只不過留了一則訊息給對方，但做了這件事，讓我感覺很好，真的很好！」

「你是怎麼領悟那一點的？」我想要他描述他上週以來經歷的內在變化。

「我認為對抗我父親的某些事情改變了我。即使我只能幻想要怎麼做，但感覺上很有效。我

無法解釋為什麼，我只是覺得比較不害怕。如果某人是混蛋，錯在他們，不在我。」

史賓賽繼續和我諮商了兩年。我們處理了他對母親的感受，他與她的關係有所改善。史賓賽開始理解，他母親的疏忽，是由於她自己的童年創傷和恐懼。她不敢對抗他父親，怕後果不堪設想。雖然他沒有免除她的罪，但他感受到寬恕和同情。除了和他父親的關係之外，他和母親建立了一種更密切的新關係。史賓賽的平面設計師工作很出色，因此他不僅要求早該要有的加薪，並且承擔更多任務。他在現有的友誼中找到更多快樂和滿足，也開始和一個似乎很適合他的可愛女性約會，而且在紐約州北部的一個畫廊展出作品。

我為史賓賽繪製很多情況的情緒變化三角地帶，並給他書面資料作為參考。他告訴我，他隨身帶著一份放在錢包裡。他經常提到這一點，並用它來提醒自己保持與核心憤怒的連結，特別是在他感受到恐懼和羞愧的拉力時。當他覺得他的年幼部分被拉向這些情緒時，他立即想像它們，檢查它們需要什麼，並加以提供。有時候，他告訴我，年幼部分需要口頭保證，確認如果有人很卑鄙，他可以保護它們。有時候年幼部分需要人拍拍它們的背。有時候，他膽怯地承認，它們需要一個大大的擁抱。

我幫助史賓賽培養他對年幼部分的同情而非輕蔑。處理他所有受困的情緒，最終會使他如釋重負和提高自信，認定他可以處理自己的感受。他待在開放狀態的時間愈來愈長了。

處理焦慮、羞愧和內疚

過去的經驗可能教導我們，某些核心情緒不可接受，所以當現在有某種核心情緒被喚起時，焦慮和其他抑制情緒就可能會不知不覺被觸發。抑制情緒的作用就像紅燈，會發出「停止」訊號：「不要覺得是那樣！」情緒經驗從一種核心情緒切換到一種抑制情緒。核心情緒受到阻撓，會有下列三種不同的表現方式：焦慮、羞愧，和／或內疚。

處理焦慮——專注身體的感受，並深呼吸

早在成為心理治療師之前，我就知道焦慮是什麼。我青少年時，每逢星期日就會感到恐懼，因為星期一快到了，我可以確認那種恐懼是焦慮。我會說：「我對於明天要上學感到焦慮。」我父母經常會問：「你覺得是什麼因素讓你焦慮？」有時候我知道原因，但除了提醒自己週一終將過去之外，我不知道該怎麼做才能積極幫助自己感覺好些，一直到我認識情緒變化三角地帶，這種情況才改變。

在我參加第一次AEDP的研討會上，講師讓我們參與他們的體驗活動。我們必須透過在

身體層面上處理情緒並且處理那些經驗，練習剛剛學到的知識。研討會結束後，我們分成幾個三人小組，一個人扮演治療師，另一人扮演患者，第三個人是記住時間並且視需要向講師求助的目擊者。輪到我當患者時，我被問到：「你現在覺得怎麼樣？」

「現在」這個詞很重要。在以情緒做任何事情之前，我必須把自己帶到當下，然後再讓自己放慢到蝸牛爬行的速度，這樣我才能在自己的情緒和身體的感覺開始發生時，即時感受它們。

當扮演治療師角色的學生問我現在的感受時，我對於第一次嘗試這些技巧感到很緊張，所以就回答說：「我很緊張！」

然後她問我：「你如何在你身體內體驗那種緊張感？」

我如何在我身體內體驗緊張（從技術來說是焦慮）？很新鮮的問題！我深吸一口氣，意識到我的感官經驗，並從頭到腳審視我的身體。

「我感覺我的心臟在胸口快速跳動，我全身感覺到某種震動。」我說。

我的夥伴接著提示：「你能暫時在內心保持那種感覺嗎？呼吸並注意，有什麼事情改變的時候，讓我知道，我們只需要注意那種感覺就好。」

我按照指示，留意我身體的體驗。無可否認，我很害怕。我記得我認為如果把注意力放在快速跳動的心臟上，它甚至可能跳得更快。我想我會變得更加焦慮和失控。我現在在眾人面前，而且很脆弱，我不想在同事面前失控。儘管我擔心，但我鼓起勇氣，保持信任，繼續專注於胸部的怦怦心跳。令我驚訝的是，我的心平靜下來。當我向內聚焦時，震動的感覺也平息下來，我感覺更放鬆。這是一個啟示。

從那時起，當我意識到自己很焦慮時，就立刻將自己的意識轉移到身體。我抵抗「往上進入大腦思考」的拉力，這是大多數人自然而然會有的反射動作。我專注於身體感覺的方式，不批判自己，也不對自己施加壓力。我只是保持焦慮帶給身體的感覺，慢慢地深呼吸，直到有某種事物轉移。就像在那場研討會上，我平靜下來。以這種方式處理焦慮，可以幫助我感覺更能自制。以這種方式降低焦慮，也是找到核心情緒的一個前兆。

我們經歷焦慮的各種方式

焦慮以多種形式出現，我的有些患者感到頭暈，或覺得靈魂出竅，有些患者則感到胃糾成一團或收緊。有些患者注意到自己心跳加快，呼吸變淺。有些患者感到手臂和腿部刺痛。焦慮很有創意，會用多種症狀表現自己：

- 頭昏眼花
- 心不在焉
- 感覺靈魂出竅

- 混亂
- 耳鳴
- 視線模糊
- 胃收緊
- 腸胃不適：腹瀉、噁心、嘔吐
- 發冷或熱潮紅
- 突然想小便
- 出汗
- 偏頭痛
- 心跳加速
- 淺呼吸
- 呼吸微弱
- 胸痛
- 手臂和腿部刺痛
- 不寧腿症候群（搖晃的腿）
- 顫抖

當我們確定自己正處於情緒變化三角地帶的焦慮角落時，下一步就是要平息焦慮。意識到身體的感覺、呼吸和接地氣，都有助於平靜焦慮。接下來的任務是要弄清楚底下的核心情緒。即使我們不能一直都確定自己正在經歷什麼情緒，但僅僅是尋找這些情緒就會有用，因為這樣做會在我們的內在經驗和自我之間創造距離和角度。

焦慮顯示我們正在經歷核心情緒

焦慮應被視為有益的訊號，儘管令人不舒服，但它顯示我們正在經歷核心情緒。當你注意到你感到焦慮時，那太棒了！你可以把該提示視為召喚，號召情緒變化三角地帶來尋找、指認、驗證和經歷深層的核心情緒。那些核心情緒不僅重要，而且藉由從焦慮轉移到核心情緒，你的焦慮也會減少。

多種情緒同時出現，便會讓人焦慮

根據我們環境中發生的情況，核心情緒和抑制情緒可能同時出現。當許多情緒一起出現時，我們會感到不知所措和焦慮不安。為了減少被壓垮的感覺，我們需要將正在經歷的事情分解成可管理、可行的幾部分，做法是指出我們能夠注意到的每一種核心情緒。

當各種情緒前仆後繼崩潰，
它們會造成焦慮

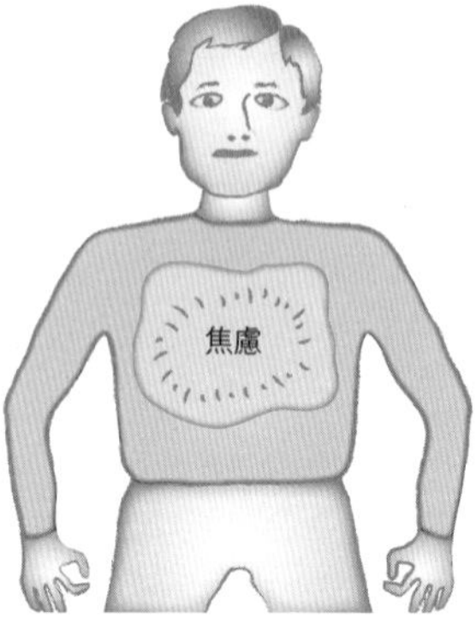

注意每個核心情緒，
並分別保有它

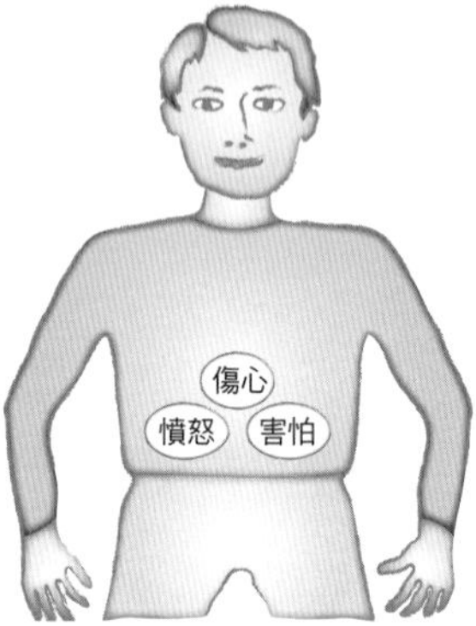

談到情緒變化三角地帶，我們必須一次處理一種情緒。逐一注意每一種情緒，想像它們之間的空間會降低焦慮。迅速瀏覽每一個核心情緒，並在內心尋找它：我注意到興奮和恐懼和歡樂和……指認每個核心情緒，並用「和」而非「但」來分隔，可以幫助大腦保持種種情緒，同時讓這些情緒分離。使用「但是」會否定或削弱在它之前的一切情緒。例如，說「我感到悲傷**但**也喜悅」會破壞了悲傷。我們需要完全承認「我感到悲傷**和**喜悅」。我們每次都要留心每一個核心情緒。當你注意每一種情緒時，要指認它、驗證它，並意識到它。然後繼續檢查是否有更多的情緒需要驗證。

面對衝突的情緒，可以這樣減輕焦慮

知道我們可以同時體驗到相反的情緒這件事，對我來說是一個啟示。例如，當我們愛某個人，但他們傷害我們時，同時感受到「我愛你**和**我恨你」並不奇怪。這裡的兩種情緒就是愛和憤怒。[1] 雖然大多數人經常產生愛和憤怒，仍然很難在心中同時保有這兩種相反的感受以及其兩種相反的衝動。記得驗證兩方，藉此大幅改善無法調和的衝突所引起的焦慮。在你的心中，你可以對自己說諸如此類的話：「我愛我的伴侶，**而且**現在我討厭或非常氣他或她。」通常像這樣的小幅度改寫，感覺會好得多，並且更易於管理。

以下是一項練習：下次你焦慮時，畫一個類似下方的人像，留一些空間以便在人像的頭部和身體上寫字。注意你腦中的焦慮念頭，寫下其中一些。然後，把你的意識轉移到你在脖子下經歷的事情。試著指認你在焦慮的下方找到的每一個核心情緒。一次快速瀏覽一個核心情緒：我感到難過嗎？我感到害怕嗎？我感到生氣嗎？我感到興奮嗎？等等。列出你認為在人像的身體部分認出

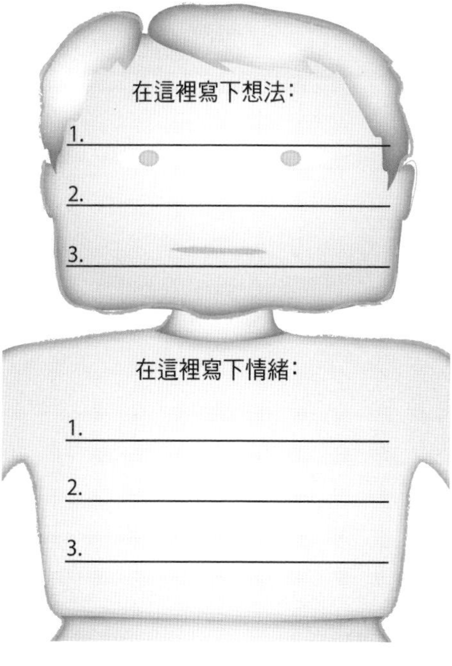

的所有核心情緒。

不要害怕一次又一次費力做這項練習。繼續做。光是這個嘗試就對你的大腦有好處。你會隨著練習而改善！

處理羞愧——消除讓人產生羞愧的錯誤觀念

「大多數人都在平靜的絕望中度過一生。」

——亨利・大衛・盧梭（Henry David Thoreau）

「每走近我的靈魂一步，都會激起我的魔鬼嘲笑，那些魔鬼是怯懦的耳語者和製毒師。」

——心理學家榮格（C. G. Jung）

運用情緒變化三角地帶時，放鬆防禦，往往會發現羞愧。羞愧很普遍、複雜和極度令人痛苦。羞愧太痛苦了，所以心靈會以各種方式扭曲（防禦）以保護我們，讓我們甚至不知道自己有羞愧心。我們可以用一些勇氣和精神力量來擺脫羞愧，而盡我們所能，了解羞愧是第一步。[2]

我們都有羞愧心，沒有人能倖免。在某個時候以及在某件事上，我們全都曾被斷然回絕、拒絕、漠視，在有真正的需求時聽到「不」這個字眼，或者被我們所依賴的某個人拒絕。

沒有人想談論羞愧，這是有道理的，羞愧讓人不舒服。談論羞愧事實上會引起羞愧，我們一聽到這個詞，就會開始意識到身體產生反應。但了解羞愧有助於將它的威力降至最低。

那麼，羞愧究竟是什麼？它是如何產生的？我們如何認清它？如何轉化它？把羞愧分成兩類有助於理解。有一種羞愧是有益的，亦即健康的羞愧，還有一種具有傷害性，也就是有毒的羞愧。

健康的羞愧確保我們成為世界上的好公民。我們天生的自衛本能必須受到抑制，才能夠組成有效能的團體。團體提供許多生存利益：幫助、協作、保護等。羞愧確保我們不會太貪婪、貪求、有侵略性、謾罵和疏忽。健康的羞愧激勵我們成為好人。當我們按照團體的價值觀行事時，我們感覺很好。當我們不這樣做時，會感到羞愧。

同理心是設身處地為人著想的能力，能幫助你了解和分享別人的感受。同理心使我們不會做出違反人道的行為，例如強姦、謀殺和違反人權，因為我們傷害別人時，自己也感覺很糟。我們想像在受害的一端會有什麼樣的感覺，而且我們不希望對任何人造成傷害。健康的羞愧和同理心是幫助人類感受和關心彼此的自然方式，這樣一來，任何物種都會生存下來。

有毒的羞愧是「我不好，我不夠好，我不可愛」的深刻感覺。有毒的羞愧對於我們物種的生存來說並不必要，沒有它，我們全都會表現更好。但令人遺憾的是，它的確存在，而且是我們許多心理痛苦的根源。有毒的羞愧導致憂鬱、成癮、飲食失調、人格障礙，例如自戀和邊緣人格障礙等等。羞愧會造成完美主義、蔑視、傲慢、誇張和偏見，這些全是我們用來對抗不安全的防禦措施。我們感到羞愧時，會不願意分享我們的真實自我。我們的羞愧告訴我們：我們有事情瞞著人。羞愧告訴我們：我們是破碎的、有缺陷的，或不同的。此外，羞愧告訴我們：如果有人發現我們感到羞愧的原因，我們會被排斥。好消息是，我們有很多方法可以防範和治癒有毒的羞愧。但首先我們需要了解是什麼原因導致有毒的羞愧、認清它的症狀，並根除汙名，這樣我們就可以彼此坦誠交談。

我原本不知道羞愧是什麼，以為它只是指偶爾感到尷尬。後來我研究羞愧的生物學和心理學，才學會看出羞愧不知不覺悄悄以各種方式影響我們。我開始注意到羞愧無所不在。我注意到大家如何避免誠實地分享自己的生活、感覺和經驗。我注意到，當我述說我的艱難或者針對他們的生活試探地提出問題時，有些朋友會感到不自在。我注意到並開始質疑何時和為何我會抑制自己的真我。當我發現自己的羞愧並且加以揭露時，無論是對自己還是對別人揭露，羞愧不知怎地就失去威力。對此，我感到無比寬慰。

運用情緒變化三角地帶有助於改變有毒的羞愧。它以幾種方式做到這一點：

- 提醒我們，羞愧的確存在，而且它可能會使我們卡在自己的防禦之中
- 引導我們主動尋找和承認我們的羞愧部分

- 引導我們接受自己本來的樣子
- 引導我們重溫造成我們感到羞愧的記憶，這樣我們就能夠釋放來自當時的核心情緒，就像我和史賓賽所做的那樣

我們的使命就是要消除那些讓人產生羞愧的錯誤觀念，了解我們經歷過並造成上述觀念的小創傷和大創痛，以及經歷因為侮辱或攻擊核心自我意識而產生的核心情緒。在那個過程的最後，就迎來解脫。我們更進一步接觸真實的自我，對別人更敞開心

羞愧≠內疚

羞愧和內疚經常被混淆。當我們做了不好的事情時，感受到的是內疚；當我們覺得「自己很不好」時，感受到的是羞愧。內疚是關於壞的行為；羞愧是關於壞的自我。我們的羞愧部分經常認為：

- 我不夠好。
- 我很蠢。
- 我毫無價值。
- 我有缺陷。
- 我很醜陋。
- 我不可愛。
- 我出了毛病。
- 我不被接受。
- 我是失敗者。
- 我是壞人。

胸。這個過程就是解放！[3]

想想史賓賽。他來找我是因為他正在經歷令人精神耗弱的社交焦慮，但是當我們開始談論他的父親時，他非常羞愧。史賓賽認為自己忘恩負義、苛刻、不夠好，是壞孩子，因為他父親這樣告訴他。他認為是自己很糟糕，父親才會這樣。事實正好相反，史賓賽非常體貼（為我帶來咖啡）和能合作（因為具有團隊精神而當選年度員工），並會表示感激（感謝我幫助他），但他表現出羞愧，跟他說的情況完全相反，並且讓他無法看出自己父親的行徑就是虐待。

羞愧是被拒絕時的心理反應

我們不是天生就懂得羞愧，而是從別人那裡學來的。當我們主動與另一個人示好，卻吃到閉門羹時，就會引發羞愧。羞愧是我們對原始的拒絕所產生的生理和心理反應。

羞愧與我們特定的生活經驗相連結。我們全都為羞愧所苦，但是每個人會感到羞愧的人事物和為何遭受這種羞愧，都是獨一無二的。身為成年人，我們可能不記得自己的羞愧如何發展，但羞愧總是與特定事件聯繫在一起，而這些事件教導我們要提防或隱藏起來。許多造成羞愧的經驗，在我們懂得說話之前、當我們還是嬰兒時，就已經發生了。

例如，想像一個滿臉微笑、興奮不已的一歲半寶寶展開雙臂奔向母親。這個寶寶既不設防又脆弱，他的神經系統期待一個與他心意相通，同樣興奮、微笑和熱情歡迎的母親。但是當孩子跑到他母親跟前時，發現她心事重重。他媽媽一整天下來感到疲倦，是可以理解的；也許她正在和輕微的憂鬱搏鬥、正在處理年邁的父母，或是面臨其他常見的磨難。她現在沒有心情。她以不感興趣或甚至失望的表情迎接她的寶寶。沒有人該為這種不願接受的反應而受到責備；母親已經盡力而為。儘管如此，母親缺乏相應的熱情，引發了她孩子的羞愧。孩子的興奮與其照顧者的冷漠，雙方情緒之間的不相稱，會被當成一種拒絕的經驗，這個孩子對興奮會有不好的感覺，而且會將這種感覺內化。

另外，當我們被拒絕時，憤怒和悲傷之類的核心情緒也會出現。畢竟，我們不喜歡被拒絕，因此，遭到拒絕會引發憤怒、抗議，之後引發悲傷，是理所當然的，失去了你自己和使你羞愧者之間的連結，會令你感到悲傷。

我們對甚至最微不足道的拒絕也會自然而然產生憤怒和悲傷，尤其是年輕時。如果我們的悲傷或憤怒得到積極回應，我們的神經系統就會安定下來，恢復平靜。如果我們的核心情緒面對的回應不是同情心，而是冷漠，或者更糟的是遭到報復，羞愧會使我們向內退縮以取得保護。如果一再被拒絕，年輕的心智就會形成根深柢固的信念，認為這是自己的錯。然後，羞愧使我們藏身於保護之中，阻礙我們未來認識自身的憤怒和悲傷。

當然，即使是「最好的」童年也會有羞辱。我們生活在社會上，父母難免有時候必須抑制孩子的情感表達。有時候明顯表現情緒是不合適的，例如孩子在大庭廣眾下咯咯笑個不停或大發脾氣時。我們偶爾都會被喊一聲「噓！」。但如果父母反覆侮辱，卻沒有同時試圖修補與孩子的連結裂痕，孩子就會知道：「如果我們做A事情，就會感到羞愧。」所以孩子會停止做A這件事。

有毒的羞愧是在兩大方面造成的：

1. 當我們爭取愛、對於身體和情緒的關懷和接受，卻一直受到冷漠、鄙視、忽視或報復時
2. 當我們察覺到別人對我們的身分、需求和感受加以批評或駁斥時

虐待和忽視總是導致長期羞愧。孩子受到虐待時，會認為這是自己的錯，就好像他們認為自己一定很壞，否則不會感覺如此糟糕。孩

~~誰是罪魁禍首？~~誰是該負責的人？

根據我的經驗，大多數人不想責怪父母或其他家人，即使他們做了有害的事情和犯了大錯。責備無濟於事。身為家長，我犯了許多錯誤，為此我的孩子付出了代價。我最不想做的事就是令父母覺得羞愧。然而，我確實喜歡談誰該負責。由於父母是成年人，他們有責任負責孩子的幸福。身為父母，我們可以、而且也必須為我們的錯誤負責。我們也可以原諒自己。要做到這一點有一個方法，那就是從羞愧（我很壞）轉變為內疚（我有時會做壞事）。換句話說，我們可以對自己說，我們不是有意要傷害，也不是壞人，但即使如此，我們還是犯了錯，做了令自己感到後悔的有害之事。之後我們可以試著彌補，比方說對自己所犯的錯誤和自己不夠了解時所做的事情承擔責任並道歉。

子太小，不會認為照顧者可能有過錯。

還記得莎拉的母親怎麼羞辱她，讓她覺得自己有基本的需求和情緒是不好的？莎拉小時候，如果生病需要照顧，母親會對她大吼大叫。如果莎拉抗議自己的玩具被拿走，母親會對她大吼大叫。如果莎拉的母親了解羞辱女兒會造成什麼影響，她可能會更有覺察力，而且也許會更努力克制自己的情緒反應。

邦妮的父親羞辱邦妮，因為邦妮不喜歡上芭蕾舞課。如果邦妮的父親對羞愧造成的影響稍有了解，可能會先停頓一下，再對邦妮作出反應。他可能會好奇，為什麼邦妮說的話會引發他的憤怒，畢竟，她只是一個沒有權力的小女孩。但是邦妮只是說了「不喜歡芭蕾舞」，卻對他有很大的影響，而且因為影響太大，所以他反應強烈。那種過大的反應應該是一條線索，顯示羞愧可能隱藏在某個人的憤怒之下。她父親原本可以好好告訴她，雖然她必須繼續上芭蕾課，但她不必喜歡這件事。他被惹怒，這項事實透露了更多關於邦妮的父親而非邦妮的事。如果他有較多的自知之明，邦妮就不會出現羞愧和創傷的症狀。

令孩子羞愧的溝通會對孩子傳達出「他／她很壞」的訊息。非羞愧性的做法需要父母「為決定負起責任」，而不是「責怪孩子」。史賓賽的父親童年時受到身體虐待，然而他不但沒有解決那時產生的羞愧，反而將那種羞愧傳給了孩子，因為史賓賽的需求和情緒而予以羞辱。羞愧是燙手山芋，世人不知不覺地自動將它傳遞給其他人：「你很壞！你很奇怪！你錯了！」這就是創傷和羞愧如何從一代傳遞到下一代。談論羞愧、相互進行羞愧教育，最終治癒羞愧，不僅對我們很重要，對我們的孩子和後代也很重要。

感覺與社會不同，或與社會格格不入造成的有毒羞愧

羞愧也來自社會及機構。對於一個人應該如何行事，我們的文化、宗教、教育制度和社區都有許多規則，無論是明訂的規則或是潛規則。當我們認為自己沒有符合標準時，我們自然會感到羞愧。甚至連有家人關愛和支持的人，也會因為自己很貧窮、非白人或非基督徒、確定為跨性別者或同性戀者、生病或殘疾，而感到羞愧。在此只提一些仍然遭受汙名和不公對待的團體，例如，許多父母努力幫助女兒接受和愛護自己的身體，但是要與我們的文化勢力競爭幾乎不可能，各種雜誌封面紛紛以纖瘦、脫毛、修過圖的女性為主題，這讓外表跟那些封面人物差距很大的族群感到羞愧。正如我前面提到的，飲食失調是一種症狀，顯示這個人有一部分患有毒性羞愧。想要恢復，就必須解決羞愧。

另一個製造羞愧的環境可能是學校。老師在教室前面講課，許多學生學習不佳，他們需要與環境互動和實驗。黑板上的「２＋２」，與透過拿著兩顆柳橙再抓起兩顆柳橙，來學會它們相加等於四，是截然不同的經驗。在課堂上學習最好的孩子，不止在一方面有不公平的優勢。他們不但學到更多，羞愧心也較少。在現行體系中學習很困難的孩子，會誤以為自己不成功是因為自己不聰明，他們感到自責。但其實是這個體系讓他們失敗，而不是他們讓這個體系失敗。

文化對男性氣質和女性氣質的定義，也是造成我們有很多有毒羞愧的原因。例如，萬寶路男子（Marlboro Man）文化告訴我們，男人應該是強硬的，侵略性和憤怒才是男子氣概；反之，表現出悲傷或恐懼等溫柔情緒，依賴別人的男人，會被貼上「懦夫」或「娘娘腔」的標籤，這些詞彙很明顯是為了羞辱而設計的。反之，一般預期女性不會表現出憤怒。事實上，表現出憤怒的女人就會被貼上「潑婦」的標籤，這個詞彙是為了羞辱而設計。一般來說，男人恥於表現出溫柔，女人恥於表現出憤怒和性興奮，不然就會被稱為「淫亂」或「蕩婦」。

珍妮天生就有高度的性興奮。請記住，性興奮是一種核心情緒，核心情緒的範圍很廣，有些人有強烈感覺，有些人則感覺不強。珍妮想要性愛，不是因為她的自尊心低下，或是其他的負面原因。她只是喜歡性愛。但是，我們的文化和她的宗教信仰（她是不實踐型的天主教徒）讓她因為這個她無法控制的遺傳屬性而感到羞愧。「感覺只是存在的事實！」可悲的是，珍妮對自己感到羞愧。念高中時，珍妮被稱為性愛成癮的女人、蕩婦、妓女等，這些全都影響了她的自尊心。事實上，嘲諷侮辱者需要運用情緒變化三角地帶來理解：他們的防禦（以嘲諷侮辱形式進行的攻擊）底下存在著哪種由珍妮的性行為觸發的情緒（恐懼？性興奮？厭惡？羞愧？焦慮？）。

電影以不切實際的角度描繪性和人際關係，這助長了羞愧。我們長大後認為，在電影中看到的是正常的，我們會根據它來衡量自己。所以，如果我們的性別或人際關係不符合那些標準，就會感到羞愧，而必須常常假裝自己是某類人。

「正常」這個詞是問題的一部分，製造了羞愧而非幫助紓解羞愧。「正常」是什麼？為什麼「正常」很重要？整個概念是製造羞愧的一個設置。如果「正常」對你很重要，那就問自己為什麼。你的回答會闡明你為什麼會覺得羞愧。

我們如何使這些文化期望與我們的生物學和核心情緒的現實情況協調一致？我們如何處理「無法符合自己的期望」這個事實？我們是否應該同意：「『能為真我感到羞愧』是成長的一部分」？我們是否應該袖手旁觀，讓社會大眾為真實的自己、自然感受到的東西、為自己所愛的人、為自己喜歡的東西，以及為自己的需要而感到羞愧？

你檢視得愈多，就會找到愈多製造羞辱的標準。難怪我們當中有很多人都覺得我們必須隱藏自己的真實面目，並假裝符合荒謬和武斷的標準。除非我們了解羞愧以及如何打擊它，否則我們將繼續隱藏、限制自己，並承受採取防禦的後果。

觸發羞愧的因素是什麼？

填空題：

如果每個人都知道我＿＿＿＿＿＿＿＿＿＿＿＿＿＿的話，我就再也不要露面了。

你最深層的祕密被揭露，這種威脅會觸發大腦中的危險訊號。我們變得害怕，羞愧和恐懼同時發生。當別人指出或幾近看到我們感到羞愧的事情時，我們的羞愧就會被觸發。

這裡舉個例子：我的患者瑪莎害怕別人覺得她需要關懷。「瑪莎很需要關懷」是她小時候聽到的。成年之後，當她有需要時，她會感到羞愧。瑪莎內化了家裡的一個想法：「有需要」就等於「很差」。她的朋友和伴侶都向她保證，他們並不認為她很需要關懷，但她一直為自己感到難受。她的羞愧不僅使她離開她所愛的人，也使她在自己的需要沒有獲得滿足時變得憤恨。她因為父母不想滿足她的需要而鄙視父母，並且將這種鄙視投射到她朋友和伴侶身上。羞愧扭曲了她對現實的看法，並阻止她理解她朋友和伴侶跟她父母不一樣，而且他們實際上很慷慨大方。

差異是另一個會引發羞愧的重大因素。我喜歡這個，但是你喜歡那個。我想要這個，但是你想要那個。我是這

完美的神話

我治療的許多人力求完美。當有人告訴我她想要完美的時候，我會問：「為誰而完美？」沒有人是完美的！我們每個人都有缺陷。當你明白我們全都透過主觀的角度來看事情時，完美的整個概念並沒有意義。對某個人來說很完美的東西，在別人看來可能並不完美。「完美」這個詞通常代表的是：「曾經我需要某種具體的方式來獲得重要人物的認可，並且避免被羞辱。」在那種情況下揭露原始的自己，可以幫助我們鬆開完美主義的掌控。

樣，但你是那樣。我感覺這樣，但你感覺那樣。為什麼差異會導致羞愧？因為差異對大腦而言很困難。我們不確定這種差異代表什麼意義。是我們其中一個人不好嗎？或是，我們其中一個人比較好？我會受到威脅嗎？我「正常」嗎？

- 我有精神病，那透露了我的什麼事情？
- 我的孩子是同性戀，那透露了我的什麼事情？
- 我得了癌症，別人現在怎麼看我？
- 我患有成癮症，我會被批判嗎？
- 我有焦慮症，有人看得出來嗎？如果看得出來，他們會批判我還是理解情況？
- 我的痛苦透露了我的什麼事情？
- 我的性幻想和喜好透露了我的什麼事情？
- 對我而言，我的母親、父親、手足和朋友全都已婚，只有我未婚，那透露了我的什麼事情？
- 我不想有孩子或是膝下無子，那透露了我的什麼事情？
- 我離婚了，那透露了我的什麼事情？
- 我收入不多，那透露了我的什麼事情？

- 我有一個信託基金，不需要工作，那透露了我的什麼事情？
- 我沒有上過大學，那透露了我的什麼事情？
- 我有肢體障礙，那透露了我的什麼事情？別人會如何看我？
- 我有口音或者我是移民，那透露了我的什麼事情？

你可以在這裡加上你自己對於和人不同所感受到的憂慮嗎？

感到羞愧時的反應

人類的進化十分巧妙，把羞愧的情緒設計成令人極度痛苦，所以我們會用盡一切方法來避免。還有什麼能使我們否認自己的原始滿足和自私需要，以符合團體的需求？

羞愧被觸發時會發生什麼事情？你可能會聯想到想要隱藏、逃跑或自我掩飾。你可能會聯想到感覺不值得、不好受、不足、難為情，或者不適應。你可能會聯想到獨自、孤立，或者沒有連結。這些都是各種羞愧的表現。當我們準備說或做某些我們認為會得到負面反應的事情時，羞愧（或者較不強烈的尷尬）的抑制情緒就會向我們的神經系統發出訊號，把我們封閉起來，而運用核心情緒的管道以及與別人的連結會被切斷。羞愧產生時，我們感到自己自我封閉、畏懼和後退，直到不存在。我們都知道視線朝下的目光所代表的意義：我們避免眼神接觸，因為我們不能忍受別人以負面觀點看待我們。我們在羞愧中滿臉通紅，覺得糟透了。

羞愧使我們保持低調和內斂。曾因為暴露真我而被傷害多次的人，他的心智可能會說：「讓我們盡可能使自我保持低調和隱藏，這樣就沒有人能傷害我們。如果我們擴充和向外伸展到世界以發現新事物，我們將會重新被拒於門外。保持低微和隱藏，藉此謹慎行事。」我們是這樣做的。

長期羞愧會引發的另一個心理反應是，用傲慢或攻擊來掩飾低微的感覺。例如，有些小孩和大人會霸凌別人，他們有深感羞愧的部分，可能因為覺得很難受，所以必須運用「攻擊」防禦來大力否認和抵禦羞愧感。霸凌者也可能缺乏同理心，因為他們可能從來沒有獲得同理心，或是會阻擋自己產生同理心，因為那太痛苦了。請記住，造成有毒羞愧的主要原因之一是，照顧者對他們的孩子缺乏同理心，並且忽視、否認或蔑視感受。

大多數人都有尚未發現、卻影響到自己在世上如何感受和如何安身的一些羞愧地帶，就像邦妮或史賓賽那樣。我們默默地感到空虛、失去連結、孤獨，對自己本來的樣子感覺難過。有些人感受到生活中的空虛，可能試圖用物質財富或成就來加以填補。但這麼做行不通，因為這個空白是內在的。我們會藏祕密，或者假裝自己是某種人。我們用惡行麻醉羞愧，或者用傲慢和侵略性的性格盔甲來防禦痛苦。心智創造了許多方法來保護我們免於感受到羞愧的痛苦。

「羞愧」和「接受良好感覺」之間的關係

運用情緒變化三角地帶能提醒我們：要在當下注意我們的內心世界，並且意識到幾種方法，這些方法不是讓我們（隨著羞愧）萎縮，就是讓我們的開放自我擴展和變得真實。在任何特定時刻，我們都可以檢查一下內心，並且質疑：我是否在抑制自己？我是否跟人分享真實的我？我是否冒著健康風險，跟人分享自己的情況？我感覺渺小或是偉大？我是否讓自己有用處？我是否讓自己深獲讚美、關愛、喜悅和其他愉快的感受？如果你總是不加鑑別地抑制真我、如果你不能與別人分享你的真實感受、如果你從不冒險與別人連結、如果你覺得自己很低微、如果你不讓自己接受或甚至注意正向經驗，你都可以輕易地在情緒變化三角地帶的頂端找到你自己。

羞愧使我們習慣性地忽視良好的感覺（這讓我們覺得我們的身體在擴張），以繼續「維持低微」的現狀，進而獲得保護。我們保持低微，是基於兩個主要原因。

文化訊息如何影響我們

沒有人教我們健康的驕傲與傲慢或自負之間有什麼不一樣；我們認為不該表現出自信，也不該自我感覺良好。我們接收到諸如以下的訊息：不要狂妄自大。我們受的教育既沒有教導我們接受良好感覺很重要，也沒有提供如何發自內心體驗讚美的模式，我們也沒有獲得明確的許可和鼓勵來這麼做。大多數人一聽到肯定的話，就不會讓自己的身體愉快地擴張。使自我保持在縮小的狀態，可以提供保護，防止我們被其他可能會批評我們很自大或自信的人所羞辱。但是我們可以既發自內心感到愉快，又可以行事謙遜和體貼別人。如果我們一直不肯接受肯定，代價就是對自己的自信造成打擊。

保持低調，感覺比較安全

如果我們的主要防禦措施是保持低調，我們就不能讓自我深受讚美、稱讚和其他形式的肯定。發自內心經歷這些良好感覺，會使我們感到更強大、不受保護、和容易受到別人傷害。體驗好的感覺（讓我們變得更強大）和羞愧（讓我們變低微）之間的衝突是不可調和的。我們不能同時是強大又低調。「保護」最後勝出。但是，我們可以努力放鬆控制，甚至醫治我們的羞愧，開始重新學習如何經歷驕傲、快樂和其他良好的感覺。這就是建立自信的方式。

運用情緒變化三角地帶處理羞愧

為了感覺更好，我們知道我們必須將自己置於情緒變化三角地帶的底部。當我們被羞愧所阻礙時，我們必須鬆開羞愧的掌控，才能夠往下移動，回到核心情緒，最終恢復開放的狀態。我們必須與羞愧分離，才能夠治癒它。我們絕不能相信羞愧針對我們所說的話，我們不能讓它統治我們。我們必須看到我們羞愧的部分，就好像它們與我們是分開的；一旦能夠稍加分離，我們就可以開始以更健康、更療癒的方式理解我們的羞愧。

史賓賽的羞愧導致他與別人中斷連結，即使他非常想與朋友連結並建立人脈網絡。一旦史賓賽發現自己的羞愧，並承認自己不是天生就會羞愧，就能對自己感到羞愧的事情覺得好奇。一旦他出現好奇心，他與羞愧的部分就開始分離。現在他能夠與他的羞愧溝通，以協助減輕羞愧。

為了從羞愧中恢復過來，我們必須追根溯源。我們需要用常識以及長大成人後對人類心智運作方式的知識來評估我們的過去。有時候，回頭看看我們上幾個世代的人，會有幫助。我們可能只是遺傳到他們的羞愧。

我的患者喬治的家人認為離婚很可恥。當喬治在婚姻中受苦，想離開這段婚姻時，他覺得被困住，認為他不管怎麼樣都離不了婚。價值判斷是主觀的，而不是客觀的真理。我們必須質疑價值觀並加以通盤思考。

喬治是因為自己不好的緣故才離婚？並不是！喬治需要了解，是什麼因素導致他家人把離婚與羞恥聯繫起來。他父母怎麼會認為離婚很可恥？他家人相信離婚說明了一個人的什麼部分？喬治把離婚的什麼部分吸收內化了？當他問父母，離婚對他們意味著什麼時，他們告訴他，他們怕上天會嚴厲審判喬治。一旦喬治了解家人為什麼會對離婚感到羞愧，羞愧就會放鬆掌控。當喬治與他那些正在掙扎的部分合作時，他覺得自己可以更自由地做出與本身價值觀一致的決定。

一旦我們願意接受我們的羞愧有可能不是真理（即使可能感覺上像是），我們的目標是與遭受羞辱的部分建立一種安全的新關係。我們可以學習為自己受苦的部分提供理解、同情和安慰，因為這是治療的一部分。

與不會批判的人分享，也能轉化我們的羞愧。連結是一種治療羞愧的方法，因為羞愧會以「孤獨」為能源。當你與別人分享一些你感到不好的事情，而對方以同理心或自己特有的羞愧來回應你時，孤獨就會消失。當脆弱碰上脆弱，就會創造安全感和連結。連結是羞愧的解藥，無論是你自己和你的羞愧之間的連結，還是與其他幫助你感覺被愛和被接受的人的連結，都是如此，然而你相信的那些事正是讓你不討人喜歡的原因。[4]

運用能抵消羞愧的舊記憶，也有助於減輕羞愧。記住你感到被愛、連結、安全和稱讚的時候。不要忽略那些時候，而是試著與之共處。雖然這需要花工夫和心智能量，但擁有正向肯定的記憶可以治癒羞愧。大腦容易忘記好東西，所以我們必須積極召喚它。正如我們不管和任何核心情緒共處時，都必須保持良好的感覺，在焦慮出現時繼續呼吸，並注意各種轉變。當你覺得自己的身體擴張時，你知道這感覺可能很奇怪，甚至有點可怕，然而，保持呼吸，每次花幾秒鐘，如此一來，這項經驗就可供運用與管理。最後，你處理擴張情緒的能力將會提升。你會注意到，你開始真正覺得身體更大，意識到你在世界上占有更多空間。

這也有助於了解我們的盲點，也就是：當我們很難弄清楚什麼是現實或什麼是過去投射到現在的情況，你可能無法評估你的羞愧是適當的或有毒的。在這些時候，最好從別人那裡得到反饋意見，以幫助你評估情況。

例如，我擔心我是否說了太多自己的事情，別人會認為我是自我中心。所以我的預設是：不要說太多關於自己的事情，藉此讓自己保持低微。我就可以跟朋友述說這種憂慮，並且聆聽他們針對「我實際上沒有多談自己」這項事實提出反饋意見，幫助我減輕那種羞愧感。但是我仍然在與它對抗。這是我的盲點，它的起源可以追溯到我童年的一些經歷。

情緒變化三角地帶提醒我們尋找隱藏在抑制情緒之下的核心情緒。任何時候只要我們感到羞愧，我們就必須找出當我們被別人羞辱時所經歷的核心情緒。既然羞愧感覺很糟，因此我們常常會對令我們感到羞愧的人生氣，甚至暴怒。這種憤怒需要被感受到。當我們安全經歷憤怒時，羞愧經常就會消散。

作為成年人，我們可以學習如何不在畏縮或暴怒之下處理羞愧時刻。一旦我們知道自己的弱點和觸發羞愧的因素，我們就可以有效運用情緒變化三角地帶。

最近，我和我想進一步認識的友人翠西亞一起外出吃晚飯，我問她：「你覺得你最近的工作怎麼樣？」她任職的公司正在經歷一些重大變動，很可能使她的工作處境變得艱難。

她回應我的問題說：「你問的是治療師會問的問題。」

我起初很震驚。然後開始內爆。我感覺自己的臉漲紅，身體往內部拉扯。我正在經歷「羞愧」抑制情緒。我之所以覺得羞愧是因為我是這樣的人，以及我提出像治療師會問的問題。被指控行為像治療師，是觸發我羞愧的因素，因為我聽到這種說法已經好多次，我對這項批評很敏感。回想起來，翠西亞的意思可能沒有像我聽到的那樣苛刻，但我感覺受辱和丟臉。

為了幫助我自己並挽救這頓晚餐，我跟她說我要去洗手間一下。在那時，我運用情緒變化三角地帶，把我的羞愧反應放在一邊。

首先，也許是最重要的一點：我給自己同情心。我對自己說：「這太糟糕了，你不應該被譏諷。你只是努力想要表達善意和交流。」自我同情馬上發揮重大助力。

然後，我自問：「這種羞恥感阻礙了我正在產生的哪種核心情緒？」光是問自己這個問題，就有助於阻止羞恥感急劇上升。我細查各種核心情緒，並自問：「我生氣了嗎？」是！我不想被人弄得感覺很糟，特別是當我只是要表達善意。「我恐懼嗎？」沒有！「我難過嗎？」是！翠西亞傷害了我的感情，那讓我感到傷心。「我厭惡嗎？」是有那麼一點，她對我的行為讓我感到厭惡。這樣做很粗魯！一旦我標記了我的核心感受，我就平靜下來。我可以重建自己，繼續吃晚飯。

【朝三角地帶上方移動】

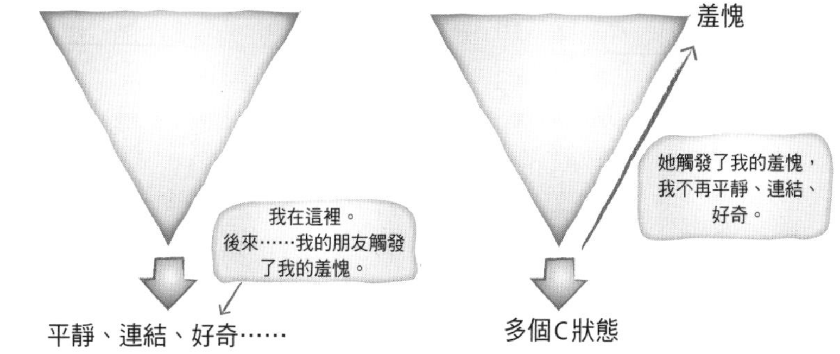

【重新往三角地帶下方移動】

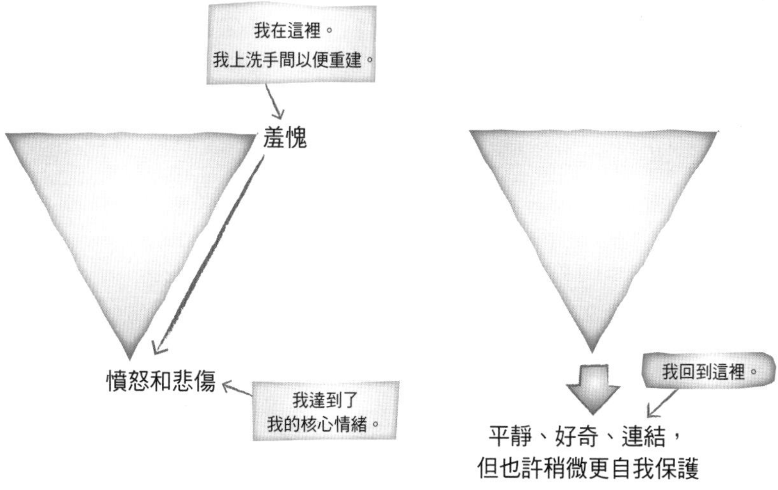

處理羞愧的九種方式

1. 你不是天生就對自己感到羞愧，而必須了解，羞愧是學來的。
2. 會羞愧不是你的錯，即使我們的羞愧告訴我們是這樣。
3. 要知道，作為成年人，我們可以學習如何處理羞愧，也能獲得協助，例如學習如何拒絕。我們可以獲得足夠的信心去冒險和從躲藏處出來。希望常在。
4. 知道你可以確保圍繞在你身邊的，都是因為你這個人而接受你和愛你的朋友與夥伴。你可以找到你能放心分享你的成就和失敗的人。你可以找到人分享你的喜悅和興奮。你可以找到跟你一樣喜歡做人真實和可靠的那群人。
5. 練習改變你習慣性縮小和隱藏的反射動作。當興奮、驕傲、感興趣等擴張感覺產生時，慢慢開始試驗，承認這些感覺。注意你是否會馬上忽略良好的感覺。
6. 知道傲慢、蔑視、完美主義、偽裝、霸凌和侵略性通常是為了掩飾潛在的羞愧。
7. 你的某個部分會在你最痛苦的時刻感到羞愧或難過，練習對這部分的你給予同情。
8. 練習處理你羞愧的部分，把它當作跟你對話的另一個人，問它：「你是怎麼學會感受羞愧的？你從哪個人或哪裡得到這個訊息？」然後耐心聽聽你的羞愧部分說什麼。它可能會告訴你一些新的事情。
9. 練習發現和驗證你目前和過去因為羞愧而感受到的核心情緒。

處理內疚——設定界限，有勇氣對別人說「不」

羞愧使我們覺得自我有某些部分不好，但是如果我們做了某些不好的事情時，內疚會告訴我們。內疚有助於確保我們不傷害他人，同時也會抑制我們，讓我們和其他人和睦相處。但有時候，當我們沒有做錯什麼，只不過可能引起別人的一些感受，我們就會感到內疚。

使用情緒變化三角地帶來處理內疚時，我覺得將內疚分成兩類很有用：一種內疚是我們真的做了很糟的事情時，另一種內疚是我們沒有真的做什麼壞事，但感覺上有做或別人跟我們說我們有做，例如，因為有特殊的需要、偏好、想法或情緒而感受到的內疚。知道我們正在經歷這兩類內疚中的哪一種，是第一項挑戰。我們以不同的方式處理不同的內疚。

許多人因為把自己的需要擺在別人之前而感到內疚。有時候，把其他人的需求放在第一位是正確的。大多數人從小都被教育要這樣做。但是，為了我們的福祉和我們的人際關係，經常把自己放在第一位是最明智的做法。堅持優先考慮別人的需要，不利於我們的心理健康，也不利於我們的人際關係，因為它滋生了怨恨。

當我在二〇〇二年初見我丈夫喬恩時，我相信我最重要的角色是照顧者，總是優先考慮他人而非個人的需求。我的自尊與我身為照顧者有關。在建立關係的初期，有一次我告訴喬恩，我認為自己是「完全付出」型的人，他說：「太好了！因為我是完全接受型的！」我笑了，以為他在開玩笑。但令我沮喪的是，久而久之，我意識到他並不是在開玩笑。事實上，他是我所愛過的人之中，第一個想要、需要，和習慣得到比我能給的東西更多的人。我愈來愈筋疲力盡和氣憤。我意識到我也有需要。至少可以說，那是我很難承認的一點。

在婚姻治療中，我逐漸接受一項事實：我並不像我想要認定的那樣，是個完全付出的人。他半開玩笑地說，我對他說一套做一套。我達到付出能力的極限後，我們被迫重新定義自己。我為自己有所限制深感慚愧，也為無法做到他對我要求的一切事情感到內疚。在身體上，內疚使我不舒服。

接受自己有所限制，這個過程起先令人痛苦，接著是令人獲得自由。回想起來，我知道，接受自己的侷限性，並且藉著拒絕來設置界限，這整個過程幫助我成為更有愛和連結的配偶。儘管我有所侷限，但當我感受到真正被愛時，我對喬恩的感謝與日俱增。喬恩容忍我的內疚，透過這個過程，喬恩和我重新設定了我們的標準。他不再完全接受，我不再完全付出。我們達成平衡；我們必須這樣做，才能夠讓這項關係繼續下去。

我的許多患者對支持自己或是設置界限（例如對超出自己能力範圍的工作說「不」）感到內疚，他們的孩子、伴侶和父母責備他們，而且反應嚴厲，指出他們的侷限性或停止連結。或者，有些人責怪別人讓他們感到內疚。一般來說，我們會責怪別人「造成」我們感到內疚，而不是處理我們在設定界限時產生的核心情緒，例如恐懼。當我們設定界限時，我們也需要有勇氣讓聽到這個「不」字的人表達感受，比方說憤怒或悲傷。每個人都有權表達自己的感覺，但無權以苛刻或其他破壞性的方式抨擊這些感覺或是加以利用。

遭人指責使我們開始相信和接受自己的情緒或思想是不好的。我們以言語或非言語的方式接到這樣的訊息：你的悲傷傷害了我，你的憤怒讓我對自己感到難過，你的喜悅讓我感覺很低微，你的興奮使我變弱；最終，我們對自己的感受感到內疚。有些人感到內疚，只是因為「存在」，就好像他們光是活著就是對某人做了壞事一樣，一如倖存者感到內疚一般。

如果內疚沒有根據，又對我們不利，我們可以做些什麼來轉移它？我們必須聆聽內疚部分的心聲，查出它認為我們犯了什麼「罪」。接著，我們必須評估這個罪是否真的是錯誤的行為，或者我們是否只是在支持或照顧自我。如果我們對照顧自己感到內疚，那我們就需要了解內疚的根源，以及為什麼我們很難接受自己有界限。也許內疚是與羞愧連結：我們做自己，已經讓某人失望。也許內疚阻礙了核心情緒，我們可能因為自己的憤怒而感到內疚。

當你問內疚的自我，它認為你犯了什麼罪，而你沒有得到答案時，你一定懷疑內疚抑制了核心情緒。為了幫助我們減輕被誤導的內疚，可以尋找底層的核心情緒。想想莎拉如何因為只是問我一個問題就感到內疚。提問題的舉動感覺上太堅持自我了。莎拉的母親因為莎拉堅持自我而受到威脅。她對莎拉大吼大叫，激起了莎拉的核心憤怒。但因為莎拉對她母親生氣是危險之舉，憤怒被內疚（和羞愧）制止了。莎拉成年後，認為連主張自己的需求優先於別人都算犯罪。她還讓「堅持自我是不良特質」的觀念成為自己性格的一部分。因此，僅僅是想要堅持自己的需求，就讓她感到非常內疚和羞愧。

當你在情緒變化三角地帶上標出自己的狀態，並且判斷自己為內疚所苦時，可以問問自己：如果我沒有移動到內疚那裡，我對引起我內疚的人可能會有什麼感覺？內疚的產生可能與任何核心情緒有關，視童年的經驗而定。你可以對自己的憤怒、悲傷、興奮、恐懼、性興奮、厭惡或喜悅感到內疚。

成年以後，如果我們總是把別人的需求看得比我們自己的需求重要，我們就會枯竭、沮喪、焦慮，並且經歷各種由壓力引起的健康問題。就進化來說，我們天生就是要生存，而生存意味著照顧自己。核心情緒正是為此目的而演變。我們需要傾聽和尊重它們，對內疚之外發生的事情有一點了解，並且找到一種感覺良好的平衡或折衷方案。當我們開始優先考慮自己的需要時，我們必須容忍內疚，直到它減少（它會減少），並找到新常態。

在我和邦妮的諮商中，她對自己氣惱父親感到內疚。儘管她知道：「感覺是存在的事實」，而且她要是感受到憤怒，也沒有人受到傷害，但在幻想中表現出憤怒的衝動，感覺上仍然不對。藉著經歷容忍內疚的過程，以便體驗自己的核心情緒，她開始明白，自己的情緒沒有問題。就像大多數人一樣，沒有人教過邦妮：幻想是可接受的。我們的思想和情緒純粹是內在過程，除非我們據以採取行動，否則不會影響別人。

我們可以巧妙而婉轉地設定界限，或者以可能會給別人製造不安全感和危險感的方式做到這點；當我們要讓別人知道自己的極限時，說話的方式會讓結果很不一樣。我們跟別人互動時從關切的立場出發，讓對方知道他們的話已經被聽進去，然後再清楚表達我們的需求，這是很有用的做法。我們愈常練習設置界限，在展現理解和仁慈之際守住界線，就愈容易設置界限。

衷心的道歉能治癒最深的傷口

每個人都偶爾會對別人造成傷害，有時候是故意的，有時是無意的。如果有人說我們傷害了他，我們不能否認。受到傷害是主觀的感覺，受害者可以確定傷害已經發生。比方說，如果你受到傷害是因為你的伴侶花太多時間在工作上，你的伴侶需要聆聽你受到什麼傷害，即使對方工作是為了賺錢養你們兩人。那麼在理想情況下，你們可以一起決定如何處理此事。有時候需要改變，這通常只需要被聆聽和理解；有些情況則需要提出道歉和補償。

我的患者瑪拉和傑克已經同居一年。瑪拉打掃的時候，不小心撞倒一尊玻璃雕像，雕像在瓷磚地板上摔碎了。不幸的是，那是傑克在廣告工作上獲得的獎座。瑪拉的第一個衝動是隱藏證據。她很驚慌，不知道傑克會如何反應。她幻想自己逃跑，認為這樣就可以避免他對獎座毀損產生憤怒和其他情緒。瑪拉的第二個衝動是說服傑克和她內疚的良心：這不是什麼大不了的事情。「東西就只是東西而已，」她告訴自己：「我又不是殺了人！」當然，那是事實，但那種態度可能不利於她與傑克的關係。

實際上，瑪拉深感抱歉。她的第三個衝動是集中力量和勇氣直視傑克，說：「我打破了你的玻璃獎座，我知道它對你有多重要，我知道這無可取代，我為打破它而深感遺憾。我理解失去珍惜的財物會有多難受，如果我可以做什麼事情來補償你的損失，請告訴我，同時，如果你生氣，我能理解，我深感抱歉。」

認錯，能使人變謙卑。要抵擋對自我的攻擊，需要有力量。許多人為自己沒有犯錯而自豪，有些人年輕時因為犯錯而遭到嚴厲譴責。結果，即使已經長大成人，我們還持續像別人做過的那樣責備自己。大多數人在理智上了解，追求完美不切實際，但是承認自己的錯誤可能很艱難、痛苦而可怕。

知道何時道歉以及如何道歉，對所有人都有幫助，也是寶貴的人際關係技能。適當道歉的要素是什麼？已故的卡內基美隆大學教授蘭迪・鮑許（Randy Pausch）在他精彩的著作《最後的演講》（*The Last Lecture*）中為如何適當道歉設定了三條準則：

1. 說你感到抱歉，以及你為何感到抱歉
2. 表示你理解自己的行為如何造成傷害
3. 賠罪，或者如果你不知該怎麼賠的話，可以詢問如何補償學習如何真正的道歉，是你可以為自身人際關係所做的好事之一。這全是關於責任歸屬。當我們的行為造成傷害時，我們感到內疚。無論我們造成損失是出於無心或是故意，當我們為這個損失負責時，就會發出一項訊息：我比較在乎你，而不是我的自尊。真誠地關心對所愛的人造成的傷害感覺，會促進深刻的愛和信任。這並不容易。但是，衷心的道歉有能力治癒最深的傷口。

練習❻　安撫焦慮

將意識聚焦於身體的感覺，是促使大腦改變的強大催化劑。這就是為何注意焦慮引起的感覺（例如胸口的顫動或緊縮，或是胃部的糾結）會減少焦慮。你一注意到焦慮就加以安撫，通常會有幫助。

陷入焦慮是違反直覺的，我們通常會避開令我們苦惱的感覺。帶著好奇心、同情心和零批判，注意你的焦慮、不安或緊張。當你中斷在你腦中進行的故事情節或思考時，深呼吸，只聚焦在焦慮的身體表現，持續約二十秒，或者直到你注意到有某樣東西變化為止。

寫下你注意到的三個變動，無論好壞，也不管有多小：

1. ____________________

2. ____________________

3. ____________________

當我們停止利用防禦來避開核心情緒時，情緒變化三角地帶就預測焦慮可能會出現。但我們也不再利用防禦來轉移焦慮。如果我們事先準備好三、四種可以減輕焦慮的策略，手邊就隨時有技巧可減輕焦慮，並且能夠使用情緒變化三角地帶，以達到開放狀態。

試著找到你最能夠減輕焦慮的方法。以下是一些建議，你可以全部試一下，增加一些自己的方法，並整理出一份安撫工具的清單：

1. **呼吸**：做四、五次幽長、深度的腹式呼吸。深呼吸會刺激能使你鎮定的心肺神經（請參閱第九十四頁深度腹式呼吸的說明，以喚起記憶）。
2. **使自己接地**：將雙腳放在地板上，把所有的注意力都轉移到腳底，停留至少一分鐘，直到你對腳下的地面有強烈的感覺為止。
3. **放慢速度**：當你呼吸並且感受你的腳踏在地上時，要靜止不動。傾聽你周圍的外在聲音，注意周遭環境中的顏色，注意其中的質地紋理，不要一心多用！
4. **把自己放在和平之地**：想像一個平靜的地方，例如海灘：感受皮膚上的熾熱陽光，傾聽浪潮的聲音，感受清涼的沙子緊貼著你的腳，看看海水。找到你的和平之地，並且盡可能生動地想像影像。
5. **專注於焦慮感**：注意焦慮引起的身體感覺，例如快速跳動的心或翻動的胃。對焦慮感到好奇和同情，保持這些感覺，深呼吸，直到你感到這些感覺平靜下來為止，終究會靜下來的！

6. **指認核心情緒：**找出引起焦慮的所有核心情緒。問問自己：你是否感到傷心、恐懼、憤怒、厭惡、喜悅、興奮和／或性興奮。想像這些情緒，一次想像一個，讓每個情緒之間有空間。驗證它們，做法是對自己說：「我感覺＿＿和＿＿和＿＿……」

7. **運動：**消耗體力可以減少焦慮。

8. **連結：**和朋友聯絡，告訴他，你對某件事感到不安，想聊一聊。如果你周圍沒有朋友，也許可以找支持團體，例如戒酒無名會、戒酒無名會家屬團體、戒毒無名會、情緒無名會等。談話有幫助！

9. **以你的孩子部分想像你的焦慮：**做你自己的好父母，藉此對你的孩子部分提供安慰。給它一個擁抱、用毯子裹著它、給它餅乾和牛奶。看孩子部分需要什麼才會感覺好些，就以那種方式來運用你的想像力。

10. **嘗試其他可減少焦慮，或者幫你在當下感覺更投入的活動：**烹飪、玩音樂、伸展或做瑜伽、創作藝術品、讀好書、看一些有趣或悲傷的電視節目、洗個熱水澡、幫自己泡杯茶、練習雜耍、散步、手淫或冥想。你可能已經有一些你知道對你管用的事情。

寫下在沮喪時刻，你認為效果最好的三種鎮定工具：

1. ＿＿＿＿＿＿＿＿

2. ＿＿＿＿＿＿＿＿

3. ＿＿＿＿＿＿＿＿

練習❼ 羞愧的訊息

我們會接收父母和家人的許多訊息，以下只是其中一些：

「別自以為聰明！」

「別傻了！」

「不要堅持了！」

「別那麼害羞！」

「不要發瘋了！」

「別承認你的缺點！」

「要獨立！」

「你太窮了！」

「你太瘦了！」

「你太胖了！」

「要堅強一點！」
「你很壞！」
「像個男人一樣！」
「像個女人一樣！」
「不要賣弄風騷！」
「別荒唐了！」
「你沒有比別人好。」
「貼心一點！」
「聰明一點！」
「不要軟弱！」
「學學你哥哥！」
「別那麼敏感！」
「別這麼不體諒別人！」
「你很懶！」

列出你直接或間接從家人那裡了解到你該注意的三項訊息：

1. ____________________

2. ____________________

3. ____________________

這些訊息如何影響你和你的自我意識？

1. ____________________

2. ____________________

3. ____________________

我們也從學校、同儕、宗教和文化中收到許多訊息，以下是其中一些：

「安靜！」

「要用功！」

「去冒險！」

「行為別放蕩！」

「別當懦夫！」

「你太敏感了！」
「不要成為罪人！」
「當個好人！」
「你不夠虔誠！」
「不要表現出你的感受！」
「別丟我們的臉！」
「不要不尊重你的家人。」

寫下你從學校、宗教和文化那裡了解到你應該注意的三項訊息：

1. ______
2. ______
3. ______

每一項訊息如何影響你的自我意識？

1. ______
2. ______

3. ______

最後，我們接收到關於對自己感覺良好的強烈訊息：

「不要把自己看得太重。」

「別以為你比其他人好。」

「不要得意忘形。」

「你覺得自己太厲害了！」

這些評論讓我們感到羞辱或羞愧。許多人接收到的訊息是：自我感覺良好或對自己感到驕傲是不好的。

你能列出你直接或間接從你家人、同儕、學校、宗教和文化中得到關於對你自己和你的成就感覺良好的三項訊息嗎？（正面或負面訊息均可）

1. ______

2. ______

3. ______

每一項訊息如何影響你的自我意識？

1.

2.

3.

練習❽ 你每天會遇到的「應該」

使用情緒變化三角地帶時，「應該」通常代表防禦的想法。這個詞在人生中的適應性目的是什麼？

我們使用「應該」這個詞時，具有覺察力對我們是有益的。每當你對自己說：我應該______，要注意那個想法並感到好奇。也許你應該，也許你真的不應該。問你的一部分：為什麼我應該／做／感覺______？聽聽那部分的你如何回答。評估這個想法對你有益還是有害。羞愧和內疚往往在這些念頭之下。

以下是一些例子。

我應該更強硬。

隱藏的情緒：因為你覺得自己很軟弱而感到羞愧。

我應該不要那麼敏感。

隱藏的情緒：因為擁有各種感受而感到羞愧。

我應該更加寬容。

隱藏的情緒：因為自己有需求而感到羞愧。因為沒有替別人做更多而內疚。

我應該能夠或應該想要更喜歡社交。

隱藏的情緒：因為沒有更交遊廣闊而內疚和羞愧。

我應該瘦一點。

隱藏的情緒：因為沒有瘦一點而羞愧。

我應該多說些話。

隱藏的情緒：因為沒有更健談而內疚和羞愧。

我應該有一個更漂亮的女友。

隱藏的情緒：因為不足夠而羞愧。

我應該更努力工作。

隱藏的情緒：因為不夠努力而內疚。因為懶惰而羞愧。

我應該有更多朋友。

隱藏的情緒：因為不夠而羞愧。渴望有更多朋友。

「應該」的想法並非根植於事實，而是學習得來。有時這樣的想法對我們有利，有時則不然。並非所有的「應該」都是壞的，例如，有時「應該」會告訴我們要照顧自己（我「應該」去看醫生）和做個好人（我不「應該」心地不好）。然而，許多「應該」是關於滿足家人、同儕、宗教或文化的武斷標準，那些信念可能不會對你有利。

你能寫下你跟自己說的三個「應該」嗎？

1. ____________________
2. ____________________
3. ____________________

當你發現無益的羞愧時，帶著好奇但不帶批判與它談談，會有幫助。如以下的例子。

羞愧：我應該做個更好的朋友。

開放的自我：真的嗎？為什麼你應該這樣？

羞愧：因為這樣一來，我的朋友會更喜歡我。

開放的自我：發生了什麼事讓你覺得你的朋友不喜歡你？

羞愧（現在正絞盡腦汁想出例子）：有一段時間沒有人請我幫忙做什麼。

開放的自我（使用情緒變化三角地帶）：如果把羞愧放到一邊，沒有被人叫去做事會造成哪些核心情緒出現？

開放的自我識別和驗證悲傷和憤怒的核心情緒。

開放的自我：也許你需要主動聯絡，而不是等待。

羞愧：我怕別人太忙了。

開放的自我：我聽說你害怕。這麼做很難。但這與你是何許人無關，為了沒有人請你幫忙做事而感到傷心和憤怒，是可以的。如果你想要人陪伴，可以考慮打電話找朋友聚聚。如果她太忙，她會告訴你。

【貝琪在情緒變化三角地帶上標示她的防禦、抑制情緒和核心情緒】

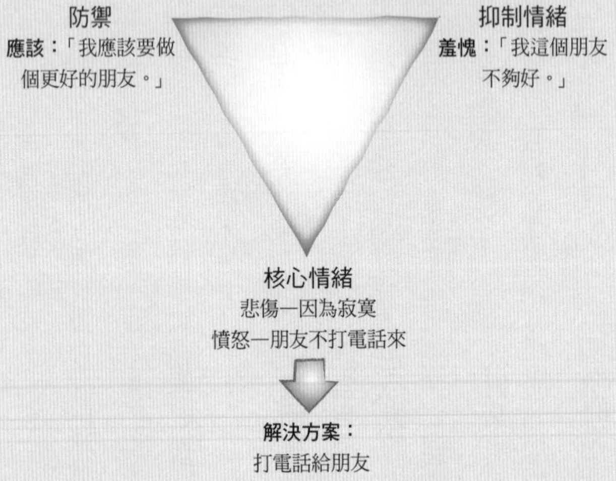

我的患者貝琪覺得孤獨，而且被朋友忽視。在我們共同努力下，我們識別了某些抑制情緒，這些情緒是使她無法與人連結的根源。在處理核心情緒的同時，我鼓勵她與自己進行類似上述情況的對話。這項談話幫助貝琪減少羞愧。她得知：

1. 她有一個羞愧部分，這個羞愧部分擔心朋友不喜歡她。
2. 她擔心別人太忙，沒空理她。
3. 她對於朋友不打電話給她，存有一些情緒：主要是悲傷和憤怒。
4. 她被動地等待，假設各種情況，然而積極主動可以解決這個問題。
5. 她必須鼓起勇氣主動聯絡。

練習⑨ 內疚感

有時候內疚是有幫助的。我們做錯了事，需要負起責任並加以補償。其他時候，內疚無憑無據。我們什麼都沒有做錯，內疚只是用來掩蓋更深的衝突或痛苦，例如：

- 當某人過度干預你的生活時，我們會為設定與之的界限而感到內疚。
- 當我們所愛的人過世時，我們為自己仍然活著而感到內疚。
- 我們被教導顧及自己的需求是不對的，所以當我們顧及自己的需求時會感到內疚。

我們來探討內疚。想想你上一次對某事感到內疚時：

你做了什麼？______

如果內疚是針對一種「罪行」，你的罪行是什麼？______

這是否將你的需求置於別人的需求之前？是___ 否___

這是猛烈抨擊某人的罪行嗎？是___ 否___

這是缺乏衝動控制而導致的罪行嗎？是＿否＿

這個罪行背後的動機是什麼？

你以前對這種罪行感到內疚嗎？是＿否＿

你第一次對這種罪行感到內疚時是幾歲？

你傷害了誰？

你怎麼傷害他或她？

你怎麼知道你傷害了他或她？（他或她怎麼傳達那種傷害？用文字、行動、眼神？）

有必要道歉嗎？是＿否＿

你需要道歉以修補與某人中斷的連結關係嗎？是＿否＿

你會為了什麼而道歉？______

你的罪行如何影響對方？______

你可以如何彌補？______

你會為了擁有什麼好東西或感受到什麼好事情而感到內疚嗎？是___ 否___

如果是的話，那就盡量將自己的感覺，從內疚移動到為自己所擁有或所感受到的事物而感激。

當你讓自己感覺感激而不是內疚時，注意內在的變化。寫下你注意到的三個內在變化：

1. ______
2. ______
3. ______

我們愈能處理焦慮、羞愧和內疚，就愈能鬆開這幾種情緒對我們的控制。隨著抑制情緒的控制減弱，我們可以更容易往情緒變化三角地帶下方移動，以處理我們的核心情緒，並且達到開放的狀態。

具有療癒作用的喜悅、感激和自豪

「在嚴冬中，我終於發現我內心仍有永不凋零的夏季。」

——法國文豪艾伯特・卡繆（Albert Camus）

儘管大多數人都會很自然地承認我們想要感覺良好並且對自己感覺良好，但是都很難專注於正向情緒。心理學家已經知道，專注和分享正向情緒對大腦有益。能夠深刻體驗自我的喜悅、興奮、自豪和感恩的能力，具有療癒作用。

對很多人來說，討論或甚至經歷良好感覺，不可能不提到羞愧之類的不良感覺。當我要求患者談論他們的喜悅、成就、感激和愛時，他們必然會避開這個話題，有時還明顯侷促不安。良好感覺和羞愧之間的連結，在於良好感覺被公開表達和分享時會發生什麼情況。如果得到肯定的回應，我們會感覺更強大、更緊密連結、更快樂。如果受到批判或嘲笑，這個經驗就會令人無法忍受。因為喜悅、驕傲和感激有療傷的潛力，我們必須努力充分擴大這些感受。與其他支持我們的人分享時，這些感受將會增強和激勵我們，使我們更接近真我的開放狀態。

大多數心理治療師所受的訓練都聚焦於痛苦的想法、負面情緒和問題上，這是一個專業偏誤。但是當你從情緒變化三角地帶的角度來思考，顯然我們捍衛的大多是感覺良好的情緒。這是AEDP開發者佛莎所做出的極大貢獻。佛莎和AEDP教導我們，學習去感受，而且是充分地感受正向的感覺，很可能會大大療癒我們，這些正向感覺包括：愛、感激、快樂、溫柔、自信，以及對本身內在美德的信念。[1] 當我們沒有捍衛這些療癒的情緒，而是充分加以感受，隨之產生的幸福感會深化和擴大，而且復原力也會增加。此外，科學家現在也告訴我們，充分感受愛和感激等正面情緒，除了能擴大我們的復原力和福祉之外，還會使大腦重新連結，並加強免疫系統。[2]

當我邀請患者保持讓自己內心變得更強大的情緒時，焦慮和羞愧就大喊「不！」。諮商時，我的患者經常提到他們碰到的好事或經歷過的良好感覺。但是當我要求他們深入感覺那種肯定時，他們的防禦就會跳出來。當我要求他們從剛才產生的防禦發表意見時，他們會說些諸如此類的話：「不要把重點擺在我的成就上，這樣可不好」、「那感覺很奇怪而且不對」、「我不值得感覺良好」、「那沒什麼大不了，並沒有那麼棒」。

大多數人從來沒有深深經歷過自豪和感激之情。我的患者使用聳肩、翻白眼，或其他讓我知道「驕傲和喜悅已被阻礙」的非言語溝通。除非我們努力處理當我們發自內心對自己感覺良好時產生的焦慮、羞愧或內疚，否則這些防禦就會阻止我們讓這些情緒繼續擴張。我們認為，這些防禦正在防止我們接觸自己覺得更強大時會產生的情緒，因為在過去某個時候，變強大並不安全。如果我們努力了解我們的防禦並穩定抑制情緒，喜悅、驕傲、愛和感激之情就會出現。久而久之，享受這些美好感覺的新能力就會建立，信心也會跟著產生。

每個人都有一個關於個人關係與正向感覺的獨特故事。例如，貝瑟妮的事業很成功，但不會跟人分享她的成就所帶來的喜悅和自豪。「我很害怕會被批評為自私自利。」貝瑟妮還小的時候，母親埋首工作，想衝事業，令貝瑟妮很氣惱。她沒有意識到她對母親的憤怒以及害怕別人憤怒之間的連結。貝瑟妮只知道，她渴望與某個人分享自己的成就、渴望得到家人的認可。她幻想著得到關注和讚美，但是「將自身成就真的告訴別人」的想法，讓她像喝了混雜著焦慮、恐懼和羞愧的雞尾酒一樣，感到噁心反胃。引發嫉妒和憤怒的風險，遠超過她與人分享的渴望。所以她抑制這個渴望，繼續獨享自己的成功。

相反的，瑪麗需要別人不斷讚美，並且提醒她是受到喜愛的。不管她得到多少肯定，這種肯定都無法維持。她受到讚美時感覺很好，然後感覺就消失了。就像染上毒癮一樣，她需要再打一劑，永遠都嫌不夠。瑪麗學會阻擋接踵而來的良好感覺。就好像她裝滿自尊的水桶裡有一個洞，水桶永遠無法裝滿水一樣。她會巧妙地爭取恭維，然後就順利得到恭維。驕傲、喜悅和感激會增加，但是之後焦慮會被觸發，防禦會切斷任何進一步的情緒經驗。這就是為什麼不管她受到多少稱讚，稱讚從來都沒有深入到能維持住並且在她大腦中產生影響。

我們需要以能夠使自我意識轉變的方式，學會經歷驕傲、喜悅和感激。透過使用情緒變化三角地帶，我們可以加深良好感覺。但首先必須注意我們何時會防禦某種良好感覺。下一次你碰到什麼好事時，請暫停一下，注意你的內在反應。你是否沉浸在榮耀之中，還是轉移到某種其他想法或任務？注意你的姿勢，以及你說了什麼。一旦你注意到移向防禦的舉動，要對抗它。向前挺進，抓住任何出現的正向感覺，即使它很微小。注意它，不要縮減它，看看接下來會發生什麼。

我的一些患者感覺良好的時候會有身分認同危機。他們已經消沉或低微這麼久，無法認可自己強大的時候。感覺強大，可能會使年幼部分感到孤單並且與家人中斷連結，因為它們從不曾感覺強大以及和那個群體連結時感到有價值。感覺強大和自信，也會使生還者感到內疚，尤其是當其他家人或朋友過得不好的時候。可悲的是，許多人對感到自信和不再躲藏懷有複雜的感覺。保持和包容新的自信與自我價值經驗，可以慢慢建立起一個新的內在常態。我們可以得知，變得強大並且繼續與所愛和所需要的人連結是什麼樣子。

完成自己感覺很好的事情，之後感到自豪是很自然的反應。不幸的是，自豪常被誤解，與自負或傲慢混淆。我不想要你以犧牲別人的自我價值作為代價來自誇或自我擴張。我要你經歷的健康自豪是一種純粹的內在感覺，這是當你對自己或是對你完成的某件事感覺良好時，你會感受到的自然、生理感覺的擴張。驕傲讓我們覺得自己正在變高。驕傲有能量。經歷自豪對我們有好處。[3]

自豪是對自己感覺良好，感激是對別人為你所做的事情而感動。當某個人很仁慈，肯定或是稱讚、感激就會產生。我們對某人表達自己的情緒，而對方全心全意接受，沒有批判或試圖調整我們，我們通常會心生感激。我可能會感動到擁抱讓我感覺如此美妙的人。當然，我會感動到感謝對方。大多數人都說，當他們感謝別人時，內心會覺得溫暖。

有些人覺得，承認感激會貶低他們。這往往是過去建立感激模式的方式造成的。無疑地，兩個人之間表達和接受感激的行為，會加深雙方的關係，並增加彼此的感情和親密度。培養能讓良好感覺流動的勇氣和能力，是健康的做法，但是很難辦到。

驕傲和感激是深刻的身體經驗，兩者都豐富了我們的生活。當我們準備好並且能夠把我們的防禦放在一邊時，自豪、喜悅和感激就可供探索。它們是身、心、自己與自我以及與他人關係的養分。接觸這些情緒可以治癒低自尊、孤獨、憂鬱、焦慮等等。

當有人肯定或讚美我時，我會使用情緒變化三角地帶把覺察意識帶進我的反應。練習注意你對肯定的反應。你最終會在防禦角落、抑制情緒角落，還是情緒變化三角地帶的底部，在那裡發自內心經歷喜悅、自豪和感激？你能識別和對抗逃避，以便有新的機會來經歷這些豐富的情緒嗎？你可以聚焦於能夠控制的片段喜悅、驕傲或感激在身體上的表現，並且保持幾秒鐘，在它們建立起來時注意到不一樣，藉此練習接納它們嗎？如果可以，你應該能偵測到流經你身上的能量。當你的驕傲、感激、喜悅和興奮擴大，不受抑制情緒所阻礙時，你會感到自己長大、延伸、穩固和活躍。這是你真正可以給予自己的禮物。

練習⑩ 留意喜悅、感激和自豪

發自內心所經歷的喜悅

想想帶來喜悅的真實或想像事物。

指認與你內在感覺到的喜悅有關的一種感覺：

____

帶來喜悅也可能會帶來抑制情緒和防禦。注意在這個練習中出現的任何東西。你能指認它們嗎？

寫下你注意到內在的三件事物，並確定其所屬的情緒變化三角地帶角落：

1. ________________
2. ________________
3. ________________

感激

要學會「注意感激」很困難，這是需要練習的能力，就像你上健身房鍛鍊肌力一樣。

找一個容器並在外部標示「我感激的事物」。

在每一天結束時，敘述你覺得感激的三件事情，不管多小，並寫在一張紙上，然後放入容器中。三週後，注意並寫下你對這種經驗的感受。

發自內心經歷的感激

當有人給你恭維或為你做些好事的時候，請檢查你的內心是否經歷感激。如果你不能意識到感激，看看你是否可以變出它。想像一下感激是什麼感覺。

一旦你有一絲感謝，注意你身體裡的哪些感覺告訴你：你覺得感激。

保持這個身體經驗，並注意大約三十秒後會發生什麼事。

指認你識別為感謝的一、兩種感覺：

1. ____________

2. ____________

注意關於自己的好事（自豪）

找到一個容器，將它標示為「我為自己感到自豪的事物」。

在每一天結束時，寫下你引以為傲的三件事。你可能會因為起床而感到自豪，因為那需要花很多精力。你可能會感到自豪的還有：在學校得到好成績、在工作上度過辛苦的一天、自己烹煮食物，或者你對別人或自我所給予的仁慈或同情。不要把你的成就和別人的成就加以批判或比較。

每天寫下你的三項成就，並將之放在容器裡，持續三個星期。我們在這裡要利用神經可塑性。每天重複這個新的過程，就能夠加強神經網絡，並教導神經網絡尋找你感覺良好的東西。

三週後，注意你對這個經歷的回應。

寫下你注意到的三件事：

1. ______________________________
2. ______________________________
3. ______________________________

發自內心經歷的自豪

當你獲得讚美或認同時，請檢查內心，看看你是否感到自豪。

如果是的話，你身體裡面的哪些東西告訴你，你感到自豪？保持身體的經驗，並注意大約三十秒後會發生什麼事。

指認你識別為驕傲的一種或兩種感覺（如果需要幫助，請使用第三七六頁附錄中的感覺詞彙表）：

1. ______________________

2. ______________________

當你獲得讚美或肯定時，注意發生了什麼事，但不要批判。

接下來，嘗試指認你注意到的任何構成阻礙的情緒和想法。一些常見的阻礙是尷尬、焦慮、內疚、恐懼、不信任，或者對你或讚美你的人加以批判。

注意到阻礙，可以讓你更有覺察意識。意識創造了改變和療癒的潛力。

寫下你注意到的三件事：

1. ______________________

2. ______________________

3. ________________

如果你覺得自己很勇敢，試試放下任何構成阻礙的想法或感覺，讓一些良好的感覺在你內心成長。

感受自己的擴展——即使只是一小部分的內在擴展，也可以建立這個新出現的能力。如果焦慮來了，請深呼吸。焦慮就在那裡，因為你正在做一些新的事情。

不要批判自己，只須描述你注意到什麼：

____

____

____

____

第六章

防禦

透過創傷達到平和——馬里奧童年的傷

剛入行時，我大多是根據精神分析原則來執業，就是在那時，我認識了馬里奧。在我受訓所在的機構，他被當值社工分配給我治療。他的症狀包括憂鬱、煩躁、迴避與妻子的親密關係、性欲低下和對工作不滿（他在一家本地的報社當編輯）。

我按照受訓時的做法，在諮商開始時先坐下等待馬里奧發言。分析師認為，患者如何開始發言是重要的資訊，患者會引導晤談。問題是馬里奧會用發言來填補尷尬的沉默，他認為這是他應該做的。雖然這種方法給了患者無限的思考和說話空間，但還是有缺點。很少有人會被恐懼、痛苦或可恥的情緒所吸引，特別是還沒有與患者建立安全感的中立治療師。

我對馬里奧的進展感到不滿。我一直是使用精神分析／解釋的方法，聽了他的故事內容後，我努力在他告訴我的事情和他的無意識之間建立連結。例如，我會這麼說：「也許你不能擺脫和你父親有關的創傷，因為這個創傷會讓你和家人保持連結。」但是我不知道這樣的干預是不是有用。我盡量透過傾聽和努力理解來表達支持，但在內心深處覺得那還不夠。

一年多來，他說話，我抱著同理心聆聽。我的支持幫助他得以應付生活中的日常需求，但他

【馬里奧四歲時以一項創傷事件為中心的情緒變化三角地帶】

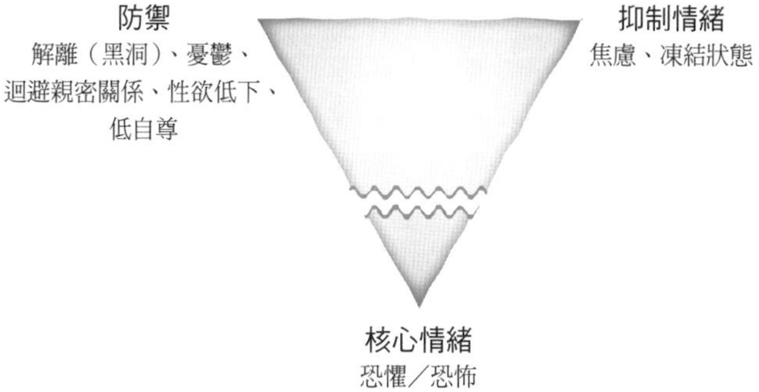

並沒有進步。馬里奧的憂鬱似乎並沒有解除。有一個想自殺的母親和一個易怒的父親，讓他的童年過得很辛苦。在早期的一次晤談時，他幾乎不帶感覺地回憶起他目睹他父親兇暴地毆打哥哥。這種記憶經常出現，他將它形容為他的人生「風景」，而且困擾著他。他內心深處感到，這種記憶與他的憂鬱症有某種關連，但即使他明知如此，也無法改變自己的憂鬱情緒。

由於我看到許多患者童年時都曾有創傷事件，我盡可能博覽許多關於創傷治療的書籍，並參加了AEDP和諸如眼動身心重建法（EMDR）、身體經驗創傷療法（SE）、感官動能心理治療和內在家庭系統療法（IFS）等模式的研討會。在我開始與馬里奧晤談一年後，我接受了AEDP的正式培訓。AEDP和EMDR及IFS等其他治療模式傳授積極主動的方式來改變和治癒創傷狀態，這樣創傷就不會繼續困擾患者。我決定改變我對馬里奧的治療方法，從心理分析模式轉變為創傷模式。

每次晤談，我都邀請馬里奧將思考步調放慢。我將放慢速度建立成模式，做法是非常……緩慢……平靜地說話。我們會自動以放慢思考以及把注意力從頭腦下放到身體，來回應這項邀請。馬里奧覺得這種做法非常具有鎮定力量。一般來說，我們放慢速度時，情緒和感覺也會知道。這是好消息也是壞消息。如果我們具備處理內在經驗的知識、理解和工具，我們會為處理這些情緒和感覺作好準備，而且感覺更好。如果我們不了解自己身上發生了什麼事，我們可能會移動到情緒變化三角地帶的左上角，利用防禦手段來因應。你遇過老是走來走去、拚命工作、一直講話或時時刻刻追求生產力的人嗎？如果是這樣，那可能是因為他不喜歡覺察各種情緒。

我會等待一個點頭、一個眼神，或一個字告訴我，馬里奧接受了我的邀請，練習放鬆和放慢速度。然後我會繼續指導他：「讓自己感覺腳下的地面，你的身體被椅子支撐著，讓我們一起做幾次深呼吸。」

馬里奧很擅長覺察本身的情緒世界、注意身體感覺以及用言詞加以說明，而且他非常願意運用幻想。我們有過一次至關重大的晤談，那一次他終於處理了界定他大半人生的創傷。

想像自己重回創傷，有助於解決舊情緒

那天下午，是我們諮商已經大約兩年的時候，馬里奧走進辦公室，睜大藍色眼睛，並熱切地微笑。

「我們開始的時候，你可以留意自己在這一刻感覺如何嗎？」

他肯定地點了點頭。

「很好！那麼，察覺你自己脖子以下的部分，並開始逐一注意你意識到的情緒，以及你在身體上如何感覺這些情緒，記住，我們只是以對自己同情和好奇的態度來注意。盡量避免批判你注意到的事物。」

他告訴我，他注意到焦慮。現在我可以看到他眼中反射出一些痛苦。

「你覺得它在身體的哪裡？」

他指著心臟地帶。

「你能描述一下你意識到什麼嗎？這個區域有多大？它像石頭一樣堅固，還是像氣球一樣空洞？你感覺到什麼？持續接受任何說出來的言詞，相信你的直覺。」我緩緩而輕柔地說。

他停了大約一分鐘。

他說：「它有這麼大，而且是圓的。」他用雙手表達他所感覺到的東西，手舉到胸部比劃出一個約有蜜香瓜大小的圓圈。

「它有顏色嗎？」我問。

「它是黑色的。」他說。

我們的體內有接收各種顏色、形狀、大小和感覺的經驗口袋。

我問：「我們能找到一種方法，和這種感覺上很安全的圓形黑色經驗待在一起嗎？」

「我不知道，我們可以嗎？」他笑著問道。馬里奧很有幽默感。他在逗我。我們一起建立了信任和安全。我們的關係已經使他有信心去探索一些艱難的地方。

「我認為我們可以做到這一點，我們慢慢來，並且保持聯繫，這樣的話，如果有任何東西感覺上太過頭，就可以停下來。」

他點了點頭。

我引導他：「你能察覺到這個黑色圓形的東西，並且注意到你與它的相對位置嗎？」

「我看到一個巨大的洞穴，我距離邊緣約三公尺。」

「做得太好了，你能不能靠近一點，這樣你就可以好好觀察它？」

我認為黑洞是創傷經驗的身體感覺，在創傷發生時，創傷經驗太過巨大，以至於頭腦陷入黑暗（隱喻），無法加以處理。當一個事件引起如此多的衝突和壓倒性的情緒，造成頭腦不能整合和理解時，黑洞往往就此形成。我的工作是與患者連結，讓他能夠放心探索黑洞，並讓衝突和情緒變得可容忍，因而可以處理。

儘管我們小時候不能理解創傷經驗，但是長大成人後，可以用新的方式來理解。在馬里奧的情況中，我的希望是，如果我們能夠安全地探索這個黑洞，將有助於緩解他的憂鬱情緒。探索黑洞中有什麼東西，常常能使我們透過大腦的記憶網絡回到原始創傷的場景，例如，我們可以經由想像用手電筒來照亮黑洞，看看裡面有什麼。

「我很害怕走近；我很害怕自己會掉進去。」他說。

「什麼東西會讓你感覺比較安全？如果你想像我們都握著同一條繩子，而且我會緊緊抓住繩子，以防你靠近洞口時掉下去呢？」我建議。[1]

「不行，」他說：「你不夠強壯！」

「你需要什麼才會感覺安全？你能想像一下嗎？」

「一棵樹幹粗大的老樹，把繩子綁在樹上，然後你握住繩子。」他確切知道自己需要什麼。

「好主意！」我說。只要我們進入了這種情緒、實體和想像（使用圖像）的場景，頭腦就能想出有助於療癒的解決方案。大腦會對幻想產生像是實際發生事件時的反應，這可能對心理治療中的療癒具有重大意涵。例如，我可以藉此引導患者想像對行凶者反擊，或者逃離原本會造成創傷的攻擊。想像力可以引起一種內在的安慰感，就好像事情真的那樣發生。

我們可能理智上知道自己能熬過創傷，但情緒上卻不知道。除非我們的情緒大腦感到安全，否則它將繼續引發我們的身體進入「戰或逃」，以及造成痛苦的凍結狀態。情緒大腦能知道真正的危險已經結束，當舊情緒獲得處理，而我們的個人過往沒有間隙或空白時，就已安然無恙。創傷會變成記憶：「我曾發生這樣的事，但現在已經結束了。」

馬里奧走到洞邊看了看，但什麼也看不見。洞是漆黑的。他知道自己被我牢牢抓緊，而我被牢牢地綁在一棵大樹上，所以我問他，是否願意進洞裡看看。

他願意試試。

馬里奧穩步前進。他想像有一支手電筒，所以他可以看到洞裡有什麼。他兒時家裡的東西自動旋轉起來，就好像他處在一個龍捲風裡一樣。

突然間，令我頗感驚訝的是，他降落到地上。「我在地下室，我父親在打我哥哥！」我們經常談論這個記憶，但是他從未以這種真實的方式經歷它，在這個記憶中，情緒和感覺伴隨著他腦中的影像。我之前從不曾和一個降落在自身創傷發生現場的人一起走進黑洞。

他哭了。

我對於發生這麼強烈的情況有些害怕。我回想起我的基本創傷訓練。如果患者一腳踏進現在，另一方面則在經歷過去時，這位病患可以處理創傷。我查看了他的狀態。「你的一部分還在我身邊嗎？」

「是的。」他說。

「好，你現在在地下室看到自己，感覺如何？」

「我很害怕，我很害怕，我想逃跑。」

我們已經接觸他的恐懼，也就是受阻礙的核心情緒。接下來，我想引出恐懼的適應性衝動，亦即最初受阻礙的衝動。

做自己童年時的父母，能給予自我安慰

「你的身體裡有什麼東西告訴你，你想跑？」

「我的腿在顫抖！」

「你跑步時，感覺那種顫抖，」我低聲說，不想嚇到他，「感覺你的腿在跑，看你自己在跑，跑到你安全為止。」

我等了一會兒，然後再度查看他。

「現在發生了什麼事？」

「我跑出地下室，穿過後院，沿著附近的街道跑，但現在我很害怕，不知道該去哪裡。」他又哭了。

我問：「你去哪裡才安全？」

「我不知道。」他哭道。

「馬里奧，誰會安全可靠？誰可以提供撫慰？」

「我不知道，我不知道，我很害怕。」

他需要幫助。這有道理，因為他在這個狀態下是這麼幼小和害怕。

「我現在跟成年的馬里奧說話，他坐在我旁邊。你可以想像在現場，成年的你和小時候的你在一起嗎？你能當那個小馬里奧的好父親嗎？」我如此建議，希望這會提供一些安慰，好讓小馬

里奧不會孤單。

我本來可以建議他把我、他妻子、或者他覺得安全可靠的任何人放在現場，但我想先建議，這個安全可靠的人是他自己，這樣他就一直會有內在安慰。

成年的馬里奧說：「我和男孩都在街上，我張開雙臂，讓他可以奔向我，他奔向我，我正在擁抱他。」

馬里奧現在哭得很厲害。我也眼中含淚，被我目睹的情況深深感動。我保持安靜，知道小馬里奧現在和成年馬里奧在一起很安全，我感覺更能退後一步，給他哭泣的空間，現在也許哭泣不是因為恐懼，而是因為感到寬慰。

馬里奧哭聲漸歇時，鼻子一抽一抽地吸氣。他深呼吸，向上凝視，然後重新與我眼神接觸。

「我鎮定下來了。」他說。

「你現在注意到內在的什麼？」我問。

「我感覺有點不穩定，就像我全身都在顫抖。」

「我們保持顫抖的感覺，看看會發生什麼事。」

我想讓顫抖自然而然地消除，而不是讓他阻止顫抖。如果我們讓身體不受干擾，身體自然而然會從創傷中復元。與恐懼有關的顫抖感覺是自然而正常的。讓它一路消散，就類似讓所有恐懼的能量釋放，這樣馬里奧會感覺好很多。[2]

馬里奧沉默，但是我感覺到，即使他把注意力從我身上轉回到他的身體，我們之間也是緊密連結。大約三十秒後，他表示：「顫抖在減輕中。」

「很好！保持顫抖，注意接下來會發生什麼。」

馬里奧小時候目睹父親暴怒而感到害怕。他害怕到跑不動。他對於依附的需求，在生理上會驅使他去親近家人，這注定他會和家人親近。但是他的核心情緒和身體卻有著天生和適應性的生存本能，讓他想逃離危險。

待在原地的衝動和逃開的衝動相互牴觸，造成了巨大的內在衝突。他害怕到整個人動彈不得。他的一部分心智保有這個記憶中的矛盾情緒，並且繼續與他的意識隔開，但可以這麼說，黑洞是個保留區，情緒還是在那兒，然而當事人無法感知。當他長大成人，代表創傷的黑洞依然在那兒。他環繞著這個創傷長大成熟，但創傷發揮了無意識的影響，導致他憂鬱。

這次晤談讓被凍結的衝動解凍。和我相處，他的身心都覺得安心，而真的可以從停下來的地方重新開始，準備奔跑，逃離危險。在晤談時所做的幻想裡，他可以完成一度受挫的逃跑衝動，進而釋放被鎖在內心的能量，而正是這種能量造成當時場景在時間上被凍結了。

沒有人該害怕父母會傷害自己

我問馬里奧他現在經歷了什麼。

【馬里奧的情緒變化三角地帶：內疚和憤怒（兇惡的暴怒）】

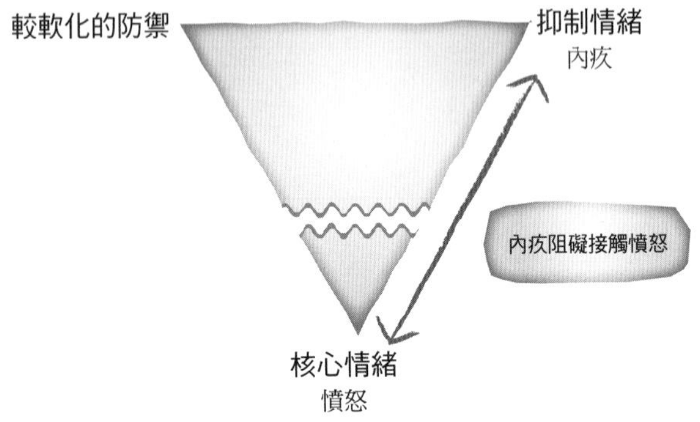

「我簡直不敢相信我父親是這樣的畜生！他折磨了我們所有人，我們必須隨時戰戰兢兢，注意言行，以免觸怒他。」

「你和我分享這些重大見解時，對於你父親對你和你哥哥所做的事情，你有什麼情緒？」

「我很憤怒。」他睜大眼睛說。

「你內心對那種情況有什麼感覺？」我問。

「能量從我的腸道一路向上貫穿我的身體。我想殺了他。」

「你想怎麼殺他？」

在他運用幻想做了剛剛做的事之後，我想知道他是否可以再做一次，只是這次是為了認可他的憤怒而不是他的恐懼。

「我想射他的頭。」馬里奧斷言。

「你能讓自己想像那種情況嗎？把它變成生動的電影。告訴我你看到了什麼。」

「我會……」他開始了，但我很快就打斷他。

「不是你會做什麼，而是想像你現在正在做這件事，我要你把它看成現在正在發生，就像我們之前對你的恐懼所做的那樣。」

他指著我的方向說：「我看見他的臉了，我舉起槍，扣上扳機。」他停下來。

「現在發生了什麼事？」我們坐著沉默了一會兒之後，我說。

「我不想殺他。」他疑惑地看著我說，他的頭稍微低下，歪向一邊。

「你這麼說時，你內心有什麼感覺？」

馬里奧馬上回答：「內疚。」

「是的，這完全合理，因為你不是反社會的人。」我微笑說。「你有良知，你不是凶手，但這是假裝的情況，你不是真的殺了你父親，所以你認為你能要求你的內疚部分站到一邊，好讓你可以回頭去認可你的憤怒想要做的事嗎？這樣的話，你就不會把所有的能量都鎖在你的身體裡。」

「好，」馬里奧回答：「我會試試看。」

「我們再查看你的身體，看看你對你父親的憤怒是否還在。」我建議道。憤怒的幻想應該源自憤怒的身體感覺，才最有效。身體知道需要做什麼才能釋放憤怒。我們必須跟著身體走，而不是跟著想法走。這感覺上應該是自然發展出來的，而不是捏造或是演出來的。

「是的，我感覺到了，特別是當我回憶起那天他對我哥哥和我所做的事。」

「好，如果你檢查一下憤怒的身體感覺，它現在想要做什麼事？」我問道。

「它想要再次射他的頭。」

「保持這種感覺，並讓我知道發生了什麼事。」

「我們相距不到一公尺，我把槍瞄準他的頭，他舉起雙手尖叫：『不！』，我一槍正中他的眉心，我的心跳加速。」

「看看你父親，」我敦促，「你看到了什麼？」

「他躺在地板上，一半的頭爆開，左眼張開，往上死瞪。」

「好，現在檢查一下你身體裡的憤怒感覺。看到他死在地板上，你注意到了什麼？」如果還有憤怒，這意味著還有另一個衝動要想像。

「憤怒消失了。」他說，他的眼神變得柔和，面部表情轉為悲傷。

「現在有什麼情緒？」我問。

「我覺得難過。」他回答。

「為悲傷騰出空間，讓它出現，這樣你就可以一勞永逸地做到這一點，」我溫柔而親切地說：「你應該擁有這一切感覺。」

他淚流滿面，身體軟下來。他還在看著我。

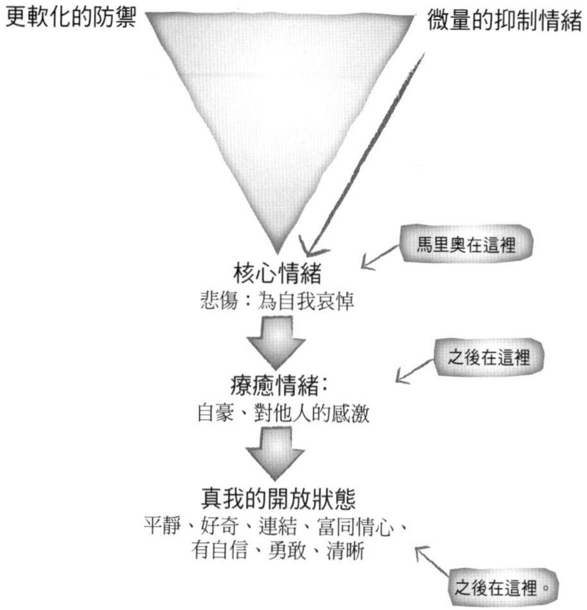

憤怒和悲傷的核心情緒終於暢通無阻和獲得體驗。醫治開始，過去被大腦認為真的已經過去，而對自我的感激和自豪出現。

「這種悲傷是為了什麼？你能說明嗎？」我問。

「我為我們當年經歷的事感到難過，太可怕了，沒有人該害怕父母會傷害自己。」他再換個說法。「我不應該生活在恐懼之中，這讓人非常難過。」

「是的，」我肯定地說：「太難過了。」

我們坐在一起默哀。他為自己哀悼，也為他所忍受的一切，以及此事對他造成的後續困境哀悼。[3]他又開始哭了。

「你已經忍受了這麼長時間的痛苦，不要壓抑，沒關係，你那時年紀很小，能把這件事揭露出來很好。」我在他哭的時候說著，讓他知道我在這裡。幾分鐘過去了。

他哭完之後，深吸一口氣。這告訴我，悲傷（另一個核心情緒）浪潮結束了。

我問：「你現在內心感覺怎麼樣？」

「很累，但更好、更平靜了。」他又看了我一眼。我們的目光相遇，我感受到連結的咔嗒聲。

「你太棒了，我為你今天的勇氣深受感動。」我說。

我們處理了我們一起進行的工作成果，他的寬慰轉變成自豪和對我的感激之情。只要時間和他的耐力許可，我們就繼續保持這些療癒情緒（自豪和感激）的身體經驗。我相信盡可能長時間探索療癒情緒，對人類大腦很有幫助。[4] 最後，我們一起回顧了剛才工作的力量和重要性，這是另一個療癒步驟，接著諮商就結束了。

處理馬里奧的情緒和身體感覺，改善了他的憂鬱症。多年來，馬里奧服用抗憂鬱藥和贊安諾錠等治療焦慮症的藥物。這些藥就像許多緩解藥物一樣，只是掩蓋他的症狀，沒有根除潛在的病因。

我的目標是幫助馬里奧找到需要注意的內在創傷狀態。透過探索黑洞，我們解放了被埋藏的三種核心情緒：恐懼、憤怒和悲傷。馬里奧能夠用言詞描述經驗並賦予意義。這使黑洞轉化，他終於可以有意識地將記憶整合到腦中：我四歲時經歷了創傷，看到父親毒打哥哥。現在我明白，我被自己目睹的景象嚇壞了，我為哥哥和自己感到害怕、絕望，並且對父親生氣。現在感受到這些感覺，我從理智和情緒上明白這一切終於結束了。我知道我哥哥和我存活下來，雖然我只是個沒人照應的孩子，我知道自己沒有因為被壓得喘不過氣而瘋掉。

這次諮商結束後，馬里奧的心情好轉。他表示，他能有更多能量留給妻子和朋友。由於他變得較不急躁，工作因此表現得更好了。曾經讓他惱火到不想上班的老闆和同事，似乎不再那麼糟糕了。他的情緒偶爾會變差，就像平常一樣，但他並沒有陷入極度悲傷之中。他有更多時間待在開放狀態。整體來說，他感到更輕鬆、更快樂。

我們為什麼會使用防禦？

所有的人都會防禦。防禦以各種形狀和力道出現，並且根據每個人不同的遺傳、氣質和環境量身訂做。防禦是心智為了幫助我們應付和管理難以忍受的感情和衝突，所發展的絕佳適應。防禦在其原始環境中是有適應性的，但久而久之就變得根深柢固，使我們無法放棄。當目前的環境需要新的回應，但我們繼續保持舊的防禦時，防禦就不再有幫助，而且往往變得有害。

作為成年人，我們的防禦會以多種方式阻礙生活。最特別的是，防禦會阻止我們與核心自我意識連結，以及我們與他人連結。

防禦想告訴你什麼？

我總是認可和尊重防禦，我也教患者要這樣做。格里芬來找我諮商時，他很氣自己無法在工作上堅持自己的權利，特別是對老闆。我給格里芬看情緒變化三角地帶，我在底部寫下核心情緒，在右上角寫下抑制情緒。在左上角，我寫著「不堅持」。我解釋說，不堅持是一種防禦方式，這樣做能防範他許久前維護自己的權利時遭遇過的事情。捍衛自己的權利是有適應性的。你需要某樣東西就提出要求，你要嘛得到它，要嘛就得不到，很直接有效。

我向格里芬建議一起來探討，為什麼他「不堅持自己權利」的防禦方式曾是為了保護自己。我們可以知道這種做法最初的目的是什麼，並幫助他找到一種更有適應性的新方式來達到同樣目的。

「你小時候大聲說出或是堅持自己的意見時，是怎樣的感覺？」

「你在跟我開玩笑嗎？」他回答。「我會被我父親痛罵。」

「你說痛罵是什麼意思？」

「我爸爸總是會說：『你不知道你在說什麼，誰在乎你的想法？』」

在證實那有多苛薄和傷人之後，我表示：「你很聰明，知道不要再堅持自己的想法。」

「是的，」他說：「我很快就發現，閉嘴就可以避免他蔑視我。」

我們認可防禦，在需要防禦時建立防禦以因應生活。我們年幼時，使用防禦是最佳的自保之道，因為年輕大腦的智謀有限，而且我們受基因、家庭和文化的影響不同。[1]

格里芬已經開始運用情緒變化三角地帶，藉著將他的缺乏自信放在防禦角落，就可以理解其起源和意義。他知道他必須把這部分放在一邊，找到他被埋藏的核心情緒。

「格里芬，你現在和我坐在這裡回想你父親對你表示蔑視，你現在對你父親產生什麼情緒？」

格里芬很生氣。有人傷害我們時，我們當然會被激怒。在研究情緒變化三角地帶之後，格里芬學會了自問：每當他注意到他在防禦自己的「堅持」渴望時，他有何感覺。然後他想起可以透過識別自己的核心情緒來保護自己，如果有人以傷害人的方式回應他，就像他父親以前那樣，他會用自己的言詞來設定界限。

情緒變化三角地帶幫助我們從防禦狀態轉移到和平、平靜和真實的生活狀態，做法是建立意識，以察覺對我們造成壓力或麻煩的防禦。接著，我們學習防禦的原始目的。我們可以問防禦：你現在怎麼幫助我？防禦知道答案，並且可以傳達出來。我們的防禦工作很難保護我們，即使威脅早已遠去時亦然。我們的計畫需要更新。當我們透過運用情緒變化三角地帶來連結我們的真實感受，並建立起我們可以在世界上安全運作和使用情緒的信心時，防禦就會消失，因為其已經無用武之地。

在我們努力識別防禦之前，防禦大多是無意識的。由於我們經常是看別人比看自己容易，在你注意到自己的防禦之前，可能會先注意到別人的防禦。例如，我先注意到我父母很愛批判，才注意到我讓自己保持低微以防範批評。我先注意到有人酗酒來逃避生活上的痛苦，才注意到我為了逃避不適或痛苦所養成的習慣。我們很有自覺，才能夠評估自身的行為、思想和感受，並判斷我們是否處於防禦模式。

為了放鬆防禦對我們所施加的控制，必須了解如果我們放棄防禦，害怕的事情就會發生。例如，在邦妮可以更直接並且放棄她的模糊防禦之前，她必須確信自己能夠妥善地處理衝突和憤怒。當我們有其他方式能幫助我們在世界上感到安全時，防禦並不介意放棄控制。這個過程的一大部分，是我們必須有意願經歷所捍衛的關懷或保護情緒。情緒變化三角地帶是我們的嚮導。

我們必須學會傾聽我們的防禦想說什麼。當我注意到某位患者的防禦，例如理智化、開玩笑或翻白眼（非語言防守）時，我會邀請這個人從防禦部分發言。我說：「當你告訴我，你女兒如何侮辱你時，你有沒有注意到你只是翻白眼而已？如果你從你翻白眼的那部分說話，它會說什麼？」或者：「當你分享這個非常悲傷的故事時，你注意到你是如何微笑嗎？你可以問你微笑的部分，它現在是為了保護什麼？」

防禦提供的答案琳瑯滿目。以下只舉少數例子：

我保護你避免感到痛苦。

我是一種保護，能抵擋恐懼。

我是一道防止你受傷害的牆。

我是一道屏障，把我認為你無法忍受的悲傷阻擋在外。

我防止你產生想要殺人的憤怒。

我防止你被拋棄，因為沒有人能夠處理你的真實感受。

我防止你對自己感覺很差。

我隱藏你的真實自我，因為如果其他人發現你有多瘋狂，你將會孤零零。

我對你所做的任何不完美的事情保持警惕，因為如果你不完美，你將不會被愛。

我強迫你工作，因為你天生懶惰。

我讓你吃太多，這樣就沒有人會想和你發生性行為，並再次傷害你。

識別防禦的自覺力

索菲亞是一位患者，她發現自己並不想看到密友丹妮絲，她對自己「不想見對方」的渴望感到震驚。她不明白自己為什麼會有這樣的轉變。她在情緒變化三角地帶上標出自己，發現她的內在對話聽起來像這樣：我現在避開我的朋友丹妮絲。迴避是一種防禦。我一定對丹妮絲有情緒。

她識別自己的防禦後，可以把它擱置一旁。她問自己，她對丹妮絲有什麼核心情緒。她很快意識到，透過想像與丹妮絲在一起並注意有什麼感覺出現，她了解到，一想到會看到丹妮絲，就會更加焦慮。索菲亞注意自己的身體，她感覺胸口的心怦怦跳，很不舒服。她知道焦慮是一種抑制情緒，也是核心情緒上升的信號，她思索每一種核心情緒，直到找到符合的情緒為止。索菲亞意識到，她很憤怒。

索菲亞仍然使用情緒變化三角地帶作為地圖，她決定運用她的憤怒。她潛入自己的身體，和她的憤怒帶來的感覺共處。她注意到腹部緊張所產生的能量。自然而然地，她們上一次晚餐的記憶出現了。她回憶丹妮絲如何暗示她的新男友不是很聰明，令她感到難過。索菲亞受到侮辱，但她們從來沒有談過此事。索菲亞將她的憤怒放在一邊，希望它會消失。但是現在，她證實了自己的確在生氣。她繼續保有憤怒的感覺，時間久到足以讓憤怒的衝動出現，它想告訴丹妮絲：「停！我不想再當你的朋友了！」直到現在，索菲亞才意識到她對丹妮絲有多憤怒。防禦真的很擅長執行任務，這就是為什麼直到花時間處理憤怒，索菲亞才意識到憤怒是多麼激烈。

看清事實後，索菲亞感到比較平靜。她覺得自己已經準備好要徹底想出最佳方式來處理她對丹妮絲的憤怒，其中一個選擇就是告訴丹妮絲，她對丹妮絲說的話多麼難過，並要求對方道歉來修復彼此的關係。索菲亞也考慮選擇什麼都不說，她可以嘗試自行處理憤怒，避免尷尬的衝突，也許她之後就可以放下。最後，索菲亞覺得，為了兩人的關係，她們最好談一談。當她這樣做的時候，談話進行得很順利。丹妮絲澄清說，她不太了解索菲亞的男朋友，顯然自己是做了錯誤的結論。然後，她因為令索菲亞難過而道歉。兩人交談後，索菲亞感覺好多了，她們的友誼裂痕得以修復。

索菲亞的防禦是避開她的朋友，但因為自我覺察，她最終能夠識別這種防禦。然後，她決定使用情緒變化三角地帶幫助自己和她的人際關係。她決定不迴避自己的情緒也不停在防禦狀態，她識別她對丹妮絲的憤怒，並自行處理這種憤怒，直到她弄清楚事情，最後從平靜和開放的狀態選擇了正向對話。這就是很多人在日常生活中使用情緒變化三角地帶的原因。

患者迦勒也每天使用情緒變化三角地帶。他在不友善的辦公環境中工作，有個名叫唐恩的同事經常看著他，卻當他不存在似的。當這種情況發生時，迦勒會感覺身體猛然一震。他被硬拉出正常狀態，胃部突然緊繃。他心想：唐恩真是個混蛋。他無視我的存在！他將這個想法視為責備，亦即阻止他憤怒的一種防禦。我們經常會責怪傷害我們的人，但責怪只會導致僵局而非解決僵局。當我們陷入責怪狀態時，身體的緊張不會因而宣洩，而且，責怪會侵蝕人際關係。

為了超越責怪，迦勒注意自己的身體，確認自己的憤怒。他查看憤怒，聆聽觸發憤怒的人和事物。他繼續保持憤怒的內心感覺。憤怒變成了羞愧，唐恩使他感到無足輕重，迦勒感到自己很低微。他已經熟悉低微的感覺。當他的女朋友不理他時，他也有這種低微感。小時候，迦勒被父母忽視，他的童年經歷使他敏於察覺別人有多關注他。所以當唐恩無視他的存在時，他感到無足輕重。只要一個微小的線索就會讓他有這種感覺：一個以往的創傷經驗，點亮了童年時的舊神經網絡。在那一刻，唐恩代表了迦勒的母親和父親，迦勒透過四歲的自己經歷這個世界。

迦勒只是從內心層面注意自己的憤怒，就能得到這種見解，協助他感覺好些。他提醒自己，即使唐恩只是行為粗魯，但自己的感覺卻糟很多，這是因為這種行為照亮了舊神經網絡。他知道這一點之後平靜下來。由於他重視的是不跟人計較，而不是參與衝突，他容許自己對唐恩感到憤怒，並且想像告訴他，他實在是「爛透的粗魯混蛋」。迦勒這樣做之後，感到如釋重負，先深吸了一口氣，然後給自己一些同情，既是為他過去經歷的事情，也是為他必須應付工作上的蠻橫之徒寄予同情。

迦勒知道：「我被無視」的想法是一種防禦，目的是要防範他小時候被忽視所造成的潛在憤怒、羞愧和悲傷。如果我們想要在現實中生活，聯想到以前某件事情會影響目前情況，對所有的人而言都至關重要。事實上，唐恩可能只是太專注、害羞或在忙而已，但迦勒被激怒的四歲部分太快下結論：唐恩的所作所為與迦勒有關。

當然，有時候過去與現在這件事無關。有時候別人無禮、專注、不敏感，或者無知。有時候別人居心不良，但大多數人只是沒有意識到他們對別人的影響。成年之後，特別是當我們從平靜、開放的狀態出發時，我們可以用許多感覺上不差或無害的建設性方式，來對付無禮或者不敏感的人。迦勒知道，如果某人真的很粗魯無禮，並且有意傷害他，那說明了那個人的個性不好，而不是迦勒有什麼不對。

思想、情緒和行為全都可以作為防禦。為了協助我們弄清楚自己是否處在防禦狀態，我們應該經常查看，並且反思自己在做什麼、在想什麼，以及有何感覺。請記住，核心情緒幫助我們這個物種生存。為了協助弄清楚某種情緒是否被當作防禦，或就是核心情緒，我們可以評估自己的反應，並判斷它是否適當並且適應情況。

核心情緒源於事件：

- 如果我經歷損失，我可以預期會難過。
- 如果我受到某人的傷害，我可以預期會傷心和憤怒。
- 如果我受到某人的侵犯，我可以預期感到厭惡、生氣、受傷和害怕。
- 如果有人對我很好，我可以預期感到高興。
- 如果有人給我帶來驚喜，我可以預期感到高興和興奮。
- 如果有個吸引我的人勾引我，我可以預期感受到性興奮。

在同樣的情況下，我們的核心情緒常常被防禦情緒所掩蓋。在下面的例子中，引發的是防禦情緒，而非更具適應性的核心情緒：

- 如果我經歷了損失，我想我會感到傷心（核心），但是我反而覺得憤怒（防禦）。
- 如果我受到某人的傷害，我想我會感到傷心和憤怒（核心），但是我反而感到羞愧（防禦）。
- 如果我被某人侵犯了，我想我會感到厭惡、憤怒、傷害和恐懼（核心），但是我反而只感到悲傷（防禦）。

- 如果有人對我很好，我想我會感到快樂（核心），但是我反而感到厭惡（防禦）。
- 如果有人給我帶來驚喜，我想我會感到興奮（核心），但是我反而感到害怕（防禦）。
- 如果有個吸引我的人勾引我，我想我會感到性興奮（核心），但是我反而感到害怕和憤怒（防禦）。

即使以防禦方式運用情緒，情緒仍然需要被認可。我們必須找出防禦在當時的作用，以便理解防禦。此外，我們需要接觸和處理底層的核心情緒，才能夠感覺更好。

把維持防禦所需要的能量用於勇敢地生活以及與自己喜歡的人事物互動，會好得多。無論你過著什麼樣的生活，都應該使用情緒變化三角地帶，將用於迴避的能量轉換為用於真實、開放生活的能量。

練習⓫　注意你的防禦

寫下你應付壓力時會做的三件事情：

1. ______

2. ______

3. ______

寫下三種避免衝突的方法：

1. ______

2. ______

3. ______

寫下你說過的三件苛刻的事情，以及為什麼：

1. ______

2.

3.

寫下你施加評判的三件事：

1.

2.

3.

寫下你逃避事情的三種方法：

1.

2.

3.

寫下你所做的三件自我毀滅的事情：

1.

2.

3. ______

寫下你處理困難情緒的三種方法：

1. ______
2. ______
3. ______

檢查你的答案，並在你認為是防禦的事物旁邊打勾。

選擇上述防禦的其中一種（你最想不要再做的防禦），然後圈選它，供以後練習使用。

練習注意更多的防禦

從好奇的角度問自己下列問題。對自己展現同情心，不要批判。寫下答案：

我的什麼行為導致我出現一般的問題？

我的什麼行為導致我在人際關係上碰到問題？

我的什麼行為導致我在工作上碰到問題？

我的什麼行為給自己造成問題？
我有從事危險的行為嗎？
我如何避免衝突？
我如何避免情緒？
我如何避免焦慮？
我如何避免對自我感覺很差？
我知道自己的缺點嗎？我能跟人講這些缺點嗎？
我知道自己的優點嗎？我能跟人講這些優點嗎？
我覺得自己思想僵化還是有彈性？
我很常評判別人嗎？
我很常評判自己嗎？
我不斷走來走去和一直做事嗎？
我對放慢速度覺得不舒服嗎？
我有吃太多藥或喝太多酒嗎？
我覺得自己比其他人好嗎？
我有和任何人分享自己的想法和情緒嗎？

我整天胡思亂想嗎？

這些是導致你感覺很差或在生活上出問題、而且你想改變的事項。同樣的，挑選其中一、兩項，把它們圈出來。保存這些答案供日後練習和將來工作之用，以後你可能想要用情緒變化三角地帶來完成工作。

第七章

開放狀態

真我和開放狀態——懂得更愛自己的莎拉

你會記得莎拉是個性溫柔、需要人幫助她捍衛自己的女人。她母親多年的言語辱罵，使她永遠隱藏在焦慮和羞愧的狀態中。她害怕核心情緒，尤其是憤怒，無論是她自己還是其他人的憤怒。

有一次晤談，她對我表達了她的憤怒，而這次晤談與那次相隔五個月。我從她日漸平靜的態度看到了我們諮商的成果。雖然她因新工作的要求而背負重擔，但她以優雅和幽默感應對這些需求。她現在可以自由地抱怨工作，而不用擔心讓我不悅。我通常都會意識到和她在一起會有多麼不同，並且更加放鬆。

莎拉現在可以說出自己的感受、渴望和需求。此外，她覺得有必要時，會鼓起勇氣對周圍的人設立界限。

知道有人會一直支持你，內心就能平靜

在這次晤談中，莎拉分享說，她發現她很好奇小時候她的身體如何回應母親的脾氣。「昨晚

我躺在床上運用情緒變化三角地帶，練習注意到我的身體感覺，我開始思考，當她從『正常媽媽』變成『瘋狂媽媽』的時候，我有什麼感受。一旦轉變發生，就回不去了，這讓我有一種非常特別的感覺，我想弄清楚那是什麼感覺，並加以處理，我胸口有壓力，有東西壓在我心口上。

「我躺在自己床上，所以覺得很安全，當我想像媽媽尖叫的時候，心臟周圍有束緊的感覺，就像我的心臟跳動有問題一樣。」

我試著想像，那種束緊感要是在我心口和身體上，會是什麼樣的感覺。「痛苦！」我說。

「還有可怕。」她補充說。

「是的，還有可怕。」我很高興莎拉加進自己的話來反映她的經驗，而不只是我個人的經驗。能夠同時思考和感受的能力，反映出大腦整合良好，適合處理生活的挑戰。開放狀態就是這麼一回事。[1]當我們處在各種C狀態時，我們能意識到自己的想法，而且要是某種感覺在當下產生，我們也能感受得到。

「我媽媽居然是這麼可怕！」莎拉強調。

「所以你心中不僅是有這種感覺而已，恐懼也會出現，你能注意到那種恐懼嗎？如果你需要，盡量靠近我。」

當莎拉處理她的年幼部分所擁有的舊情緒時，我曾經教她如何保持雙重意識。她的一部分和我待在當下，她心智的另一部分連結到過去，與存有恐懼的年幼部分溝通，目標是見證和了解年幼部分的恐懼，這樣我們就可以弄清楚療癒需要什麼。

「我的恐懼是，如果她心情不好，我就得任由她擺布，直到她恢復正常或者筋疲力盡為止。她盛怒之下，可能會逼我做幾個小時沒有意義的差事，好讓我沒辦法玩耍或沒有什麼樂子。或者，如果我的房間很亂，她會衝進房間，把東西扔掉；如果我成績不好，她會把我的作業撕碎。不管她當下為了什麼而發脾氣，都非常可怕，我得絞盡腦汁想辦法阻止她，或者更好的辦法是：不讓她開始發作。」

莎拉分享她的記憶時，我注意到莎拉的自我已經在控制中。莎拉講自己的故事時很平靜。在我們諮商的最初幾年，這種討論會引起一個創傷性的反應。光是想著她媽媽滔滔不絕的激烈言詞，就可能引起歷歷在目的回想。我們常常不得不停下來平息她內心的大量焦慮和恐懼，這會引發凍結反應，就像野生動物認為自己即將被食肉動物吃掉時發生的情況一樣。這個比喻非常恰當。莎拉的神經系統把她母親的猛烈抨擊稱為瀕死的經驗。莎拉表面上顯得平靜，但如果她連接上心電圖，數據會顯示心跳很快和其他高激發（arousal）跡象。在凍結狀態中，神經系統變得很敏感。

「你竟然經歷了這麼多事情。」我說。

「我只是在想，幾乎每天都是這樣的磨難。我的意思是，有很多的磨難。我能夠熬過，有點令人吃驚。」莎拉說。

莎拉曾經有幾個部分不允許或不能容忍任何自我同情。現在那些部分經過轉化和整合，已不再阻礙她的自我同情。相反的，它們允許她更自由地對她受苦的年幼部分給予同情，增加她整體的平靜。

「令人吃驚，」我說：「太令人吃驚了。」

「我想我沒有選擇，我不能離開，因為我很小，但是……什麼鬼！」她突然用比我以前所見更多的力道和憤怒說。

莎拉讓我看到她這麼憤怒，是在冒重大的風險。

我不想讓她感到羞愧，所以我也配合她的加強語氣。「對！什麼鬼？」我想讓她知道我和她在一起。我支持她。

明確地談論分享的感覺，是一種消除極度孤獨的方法，極度孤獨會助長她的小創傷。

「和我分享這一切，有什麼感覺？——你是這樣一個小女孩，你脆弱的神經系統背負著已達到你容忍極限的重擔，你必須以這樣的身分經歷這一切，那有多可怕？」我問道。

「和你分享事情，並且讓你理解和確認這件事的嚴重程度，感覺很好。讓你了解那類事情對我有什麼影響，真的很好。」

「那如何讓你看出我了解事情的影響？你的內在發生了什麼事情，在情緒感覺上，或是在精力上？」我要她的大腦和神經系統意識到，與我相處的這種新方式不同於與她母親相處的舊方式，莎拉想要生存，她的大腦和神經系統就必須拒絕承認她的整體主觀經驗。

「我感到平靜，以前和你相處時感受的那種緊迫性不見了。需要關注和滋養的緊迫性比過去少很多，我沒有感覺到太多迫切性。」

我想要她找到正向的語詞來說明這種經驗。

「那你感覺到什麼？」我問。

「感覺到更高的穩定性，你在那裡支持我，始終如一。這樣說合理嗎？」她說。

「是的，合理。我可以將你稍微往前推進嗎？你如何在身體上實際確認你擁有穩定性和一致性，而且不必單打獨鬥？」

她停頓一下，然後回答說：「當我以前覺得需要你，但不確定你是否會在身邊支持我時，我會覺得恐慌或心怦怦亂跳。但現在我不會這樣了，如果我覺得需要你，我會更容易讓自己平靜下來，做法是運用幻想，或是提醒自己：『我會在幾天內見到你，或者也可以聯絡到你。』」

「對！我聽到你說，你知道我會在你身邊，而且你相信我會一直支持你，知道那一點，內心有何感覺？」

「扎實的平靜。」

她搞定了！我們現在牢牢扎根於她的身體。莎拉降落到開放狀態的七個C中。

「你說這話時感覺正確嗎？」

【莎拉從喜悅到開放自我的三角地帶】

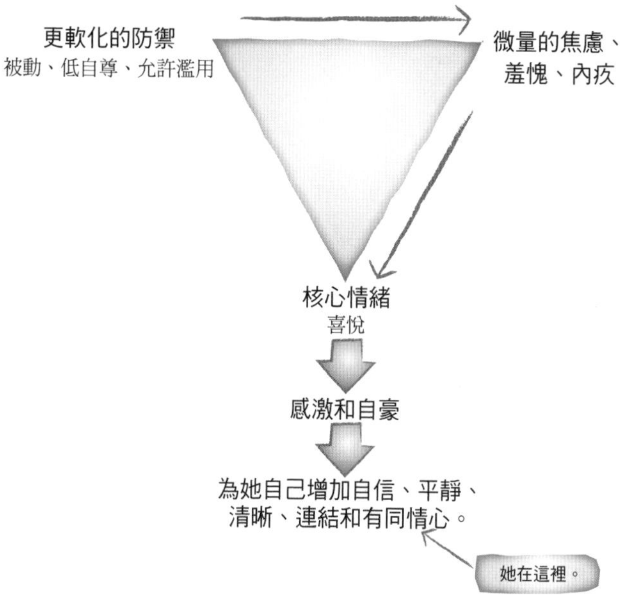

「是的，就像以前任何時候那樣正確。」莎拉偏好的是有客觀事實、不是對就是錯，非黑即白的問題。莎拉和其他一些人一樣，與以下這個概念搏鬥：身體知覺是微妙而主觀的經驗，沒有標準答案。

「你說的是如此溫柔和酸楚的安全和連結經驗，它很巨大，它是什麼樣子？」[2]

「太奇妙了！」她現在讓自己感覺到這一點，沒有去防禦她的核心情緒經驗。

「告訴我。」

「這讓我想笑，我感到高興。」

「你能跟著感覺走，讓自己盡量燦爛地微笑嗎？不要忍住那美麗的笑容；

讓我看看它。」我注意到她嘴唇周圍的肌肉緊繃，阻礙她表達情緒，我也想讓莎拉注意到這點，這樣她就會放鬆肌肉，釋放笑容。

我繼續說：「當你看到我對你微笑、看到你的喜悅，並且為你喜悅，你有什麼感覺？」我內心充滿了對莎拉的喜悅和驕傲。我試著擴大她的良好感覺，希望她看到我在看她。被看見、被配合、被連結，使喜悅和驕傲等擴張情緒（expansive emotion）變得更大。不受防禦和抑制情緒的阻礙，並且有安全感，是一種普遍令人愉快的經歷。

我刻意延伸莎拉的感受，幫助她建立獲得親密關係和正向情緒的能力。她需要不斷延長時間來認可驕傲、快樂和親密關係。這對她的幸福至關重要。她現在可以體驗這些擴張情緒，只是有時些微的焦慮和羞愧會冒出來，減少了這種體驗。

「這樣真的很好。」她燦爛地笑著說。

我們用那種可愛的口氣結束了諮商，莎拉帶著平靜和快樂的感覺離開。

你也可以是自己的好母親──給自己同情和關懷

接下來的一週，莎拉講了一個有趣的故事。某個週末，她陪她母親去博物館，她母親想看展覽，問警衛展場在哪裡。警衛告訴她怎麼走的時候，莎拉注意到她母親愈來愈緊張，而且對警衛不能夠正確傳達資訊感到惱火。

「後來我也開始緊張起來，」莎拉表示：「我的焦慮情緒上升，腦筋開始急速轉動，一直想要如何在我媽媽發狂之前把問題搞定。」莎拉講述這段記憶時，我感受她的焦慮情緒升高。「突然間，我可以看到發生了什麼事，我了解到自己是以小時候的方式面對我母親，我可以觀察到這部分的我感覺像被困住，受到她的擺布。感覺自己的身體想要凍結，就像小時候那樣自動凍結。但後來我想起自己已經長大，不再是小孩了，我是大人了，我有權力走開，或者介入幫忙，或者做我所需要做的，我沒有被困住。」

「哇！」我說。

「那使我平靜下來。」她燦爛地笑著說。

「你和我分享時，有什麼感覺出現？」我問道，想讓她指出情緒。

「我覺得驕傲。」

為自我感到驕傲，亦即一種治療情緒，是療癒和增加自信的另一個指標。在情緒變化三角地帶中，自豪和感激（另一種治療情緒）位於核心情緒和開放心態之間。

「我們可以和驕傲共處幾分鐘嗎？」我羞怯地問道。我意識到，現在可以預期莎拉能保持正向情感。

「好的……」她說。

「現在你身體裡發生了什麼事情，而且那件事情告訴你：你覺得驕傲？」我問道。

莎拉把頭歪向一邊，眼睛往上看，內心思忖著。然後她看著我，眼睛明亮，面帶微笑。

「嗯，我感覺我的核心強壯高大，就像我背脊上有一根鋼樑。我注意到我坐得很高，正在注視你的眼睛。」

「哇！我聽到你感到強壯高大，就像你背脊上有鋼樑，你也注意到你正在看我。」我重複道。

「是的，我感到能量從我的下腹部向上和向外移動，穿過我的胸部和手臂。」

「這能量是否有衝動？查看它一下。」

「是的，它想跳舞慶祝。」那是她喜悅和驕傲的衝動。莎拉看起來很放鬆。她微笑著。

「是的！多麼可愛啊！跟著能量走，你能想像它，把它變成幻想嗎？這種感覺現在想做什麼？」我提出邀請，目的是要幫助她維持在當下，並加深這些療癒情緒，同時讓它們的能量以活躍的幻想釋放出來。

「聽起來很奇怪，我看到我們倆在一起，繞著一根五朔節花柱轉圈跳舞，我們手牽著手，繞著它轉了一圈，笑了起來。」

「我也可以看到它。」我說，停了一下，品味這個時刻，並讓它懸吊在我們之間。過了三十秒左右，我注意到一個轉變，她臉上變得柔和。那提示了我問以下問題：「看到我們這樣，有什麼感覺？」

「快樂，而且現在更平靜。就只是活在當下。」能量的浪潮達到頂峰並且消退。莎拉再次處於開放狀態。

在治療中，莎拉學會了使用她的C——平靜、好奇、連結、富有同情心、有自信、勇敢、清晰。在這次晤談之後，她繼續注意自己何時處於開放狀態，或者何時處於感覺很差的舊式、熟悉、不堅定的狀態。莎拉在每分每秒的幸福中扮演積極的角色。她意識到自己心情不佳時，會使用情緒變化三角地帶、運動、散步、看有趣的電視節目，並參加其他令人平靜和有助恢復的活動。莎拉也可以是她自己的好母親。她可以給自己同情和關懷。

莎拉改變了她的大腦運作方式。使用情緒變化三角地帶，莎拉接觸到了她被阻礙的情緒。她與遭受創傷的年幼部分發展了關係。她與她的焦慮、羞愧和內疚溝通，並且讓它們平靜下來。她注意、驗證、標記和處理她的核心情緒。她把意象和想像力運用在治療行動上，就像她跟我一起諮商時學會的一樣。她與真實自我的接觸繼續增加，這些收益是永久的，而且這種做法在莎拉有生之年都可以幫助她。

自我、開放狀態和七個C

只有真實的自我可以有創造力，只有真實的自我可以感受到真實。

——英國兒童心理學家和精神分析學家唐納德・伍茲・威尼科特

自我與其他部分的關係

真實自我的自然狀態，如果沒有被創傷遮蔽或被情緒超越，就是開放狀態。

自我＝開放狀態＝C的狀態

在開放狀態，我們很**平靜**，對我們的思想、別人的思想和整個世界充滿**好奇**；**連結到**我們的身體和他人的心靈與思想；對自己和別人**有同情心**；對我們是誰**有自信**；行動**勇敢**；思想**清晰**。我們的情緒和各個部分依然存在而且很明顯，但它們並沒有超過我們。我們與生俱來的自我，與我們從生活經驗發展出來的各個部分共存。哪個在前景，哪個在背景，可以隨時改變。當我們被觸發，情緒和各個部分被啟動或喚起時，自我會暫時被當下的情緒緊迫性所掩蓋。為了重新接觸開放狀態，我們使用情緒變化三角地帶。

透過諮商，莎拉能夠轉進她的開放自我。從那個角度，她意識到從出生到青少年時期那一段年紀的各種童年部分。持續練習情緒變化三角地帶一段時間之後，莎拉可能會接觸到她的平靜開放自我，同時也感受到她難過的部分。

患者戈登分享了他四歲時對自己的記憶。我問戈登，在他心目中，他是怎麼看那個小男孩的。戈登在母親的廚房裡看見自己，他看到他年幼部分的穿著和小臉上的表情。當我努力幫助某人進入年幼部分時，我經常會問：這個年幼部分是否意識到我們正在這裡努力幫助它。有時候這個部分是有意識的，也就是說，我們可以和它溝通。有時候這個部分沒有意識，在這種情況下，我們透過與它交流並且看到它需要改進的地方，來建立連結。

從自我的觀點，我們最能夠理解年幼部分和創傷部分。藉著練習，戈登能夠與被觸發的年幼部分保持足夠的距離，以防止年幼部分壓倒他並且遮蔽他接觸自我的通道。反之，當受傷的年幼部分出現時，他理解它們。他驗證了它們的感受，並給予它們同情。

自我可以注意到身、心內部發生了什麼事。終其一生，我們都可以努力變得愈來愈有覺察意識。覺察意識帶來好處。生活中有太多我們無法控制的東西，但我們可以控制的就是如何因應自

【自我和內在部分之間的溝通路線】

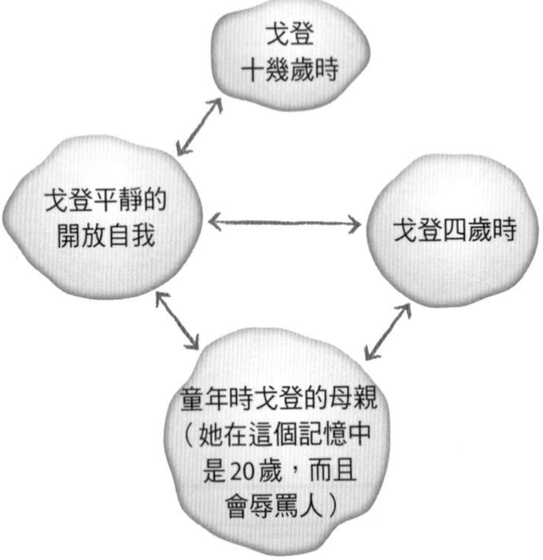

自我學會與其他部分溝通，並幫忙建立各部分之間的溝通。在神經科學方面，我們正在整合解離的神經網絡。結果，神經系統平靜下來，而且不容易被觸發。

我、對待自己，並且選擇有所行動。以自我覺察意識和情緒變化三角地帶作為引導回到開放狀態，我們可以成為自己生命的導演。有目的地生活，就可以努力使好事發生。

我們可以過著有建設性的生活，努力擁有能滋養我們心靈的關愛關係。做自己生活的建築師，取得控制，可以為我們提供最佳的茁壯機會。

自我注意到我們的防禦、抑制情緒和核心情緒。「我意識到我正在思考明天的天氣會如何，或者我意識到我對老闆很生氣、想罵他，或者當我想到要公開演講時，我意識到心裡七上八下。」練習用自我來注意防禦、思想、情感、衝動和身體的感覺。自我會吸收所有的資訊，以為自己謀求更大的利益。當我們被壓倒性的情緒和年幼部分觸發時，自我會受到損害，當自我受到損害時，必須加倍努力才能恢復開放狀態。

回到開放狀態

我們怎麼知道自己處於開放狀態？

一方面，我們主觀地感覺更好。我們也使用到至少一些C：平靜、好奇、連結、有同情心、有自信、勇敢和清晰。可以把這些語詞記下來，因為這樣你就可以積極地尋找這些狀態，並盡力轉移到你能做到的狀態。

對遭逢諸多逆境的人以及仍受創傷後遺症之苦的人來說，有時受到創傷的部分或卡住的情緒會阻礙開放狀態。不過一旦經歷了核心情緒，接下來就是開放狀態——一個以洞察力為特徵的轉化狀態。我們意識到過去已經結束了。當我們在處理深刻的情緒創傷之後進入開放狀態時，我們人生的故事就能串起來，就像法蘭、莎拉、邦妮、史賓賽和馬里奧一樣。隨著卡住的情緒能量釋出，大腦變得更加連貫。經驗和理解匯聚在一起，整體使神經系統平靜下來，大腦變得整合。這就是為什麼這種個人努力是轉化型的。

開放狀態是創傷狀態的反面。創傷狀態使我們接觸到自身比較容易有反應，且高度緊張的那些部分。在創傷狀態中，我們處於戰或逃和無法動彈的模式。我們的情緒大腦拚命為防禦行動做好準備。在這些狀態中，思想、解決問題的能力和理性即使沒有完全中斷，也會降低。

我們處理愈多卡住的舊情緒，就愈容易接觸到我們的七個C和開放狀態，在那裡待的時間也會愈久。這是因為我們的大腦愈整合，就會愈穩定，而如果給大腦選擇的話，大腦會偏好穩定。

有兩種主要的方式可以達到開放狀態：第一種方式是透過經歷我們的核心情緒。法蘭、莎拉、邦妮、史賓賽和馬里奧經歷了被幼年部分阻擋的情緒之後，就進入開放狀態。

進入開放狀態的第二種方式是尋找你的C感覺，看看你是否可以只透過保持覺察和運用情緒能量，有意識地轉化為擁有那些感覺。

例如，當我心情不好而且也許會為了瑣事斥責我丈夫時，我會讓自己記起一些令我對他產生同情心的事情，即使這樣做一開始可能會難堪，而且必須強迫自己才辦得到。或者，我可能會回憶一下我覺得與他緊密連結和受到他讚賞的時候。或者相反的，我可能會對我批評的衝動感到好奇。轉向C狀態絕不容易，但通常會感覺好得多。我常常能感受身體的緊張真的緩和下來。

在開放狀態中，我們可以理解和處理朋友和家人有時讓我們失望的幾個方面，可以為了我們的努力而感謝自我，也可以為我們所犯的錯誤原諒自我。在開放狀態中，我們更準確地看待別人，而不是透過扭曲的回憶鏡頭來看別人。因為開放狀態是平靜的，我們可以正確思考、解決問題，以及處理挑戰和同儕的歧見。

並非每個人在開放狀態下都會感到舒服自在。信不信由你，有些人不能忍受平靜。有很多人在混亂的家庭裡長大，他們所知道的成長就是激動和焦慮。如果在成長階段，你身邊總是出現戲劇性事件和激動，無論好壞，平靜的狀態可能會讓人感覺平淡無奇、死寂，或是無聊。感到平靜或滿足可能導致你出現身分認同危機：當我平靜下來時，我是誰？或者平靜最初可能會引起激動，因為這是截然不同的體驗——太陌生了。

如果你很難進入開放狀態，並且想要改變這種情況，你必須努力建立新的常態。這是可能做到的，但需要盡可能頻繁地使用情緒變化三角地帶，以達到開放狀態，並容忍改變現狀一向會帶來的不適。

在人生中一再使用情緒變化三角地帶，能使我們規律地回到這個開放狀態。透過練習，我們可以更快、更常到達這裡。

問自己以下問題來檢查你是否處於開放狀態：

- 我是否感到身體平靜？如果沒有，我是否願意停下來做一些讓我平靜的事情，例如到外面散步、呼吸、感覺雙腳踏在地板上，或是想起我的一些正向特質和我同伴的一些正向特質？

- 我可以對很多事情都感到好奇嗎？包括我對世界和周圍人的反應？如果我注意伴侶或我處於防禦模式，我是否可以對底層的情緒感到好奇？我是否會好奇到在情緒變化三角地帶上標示自己或我的同伴，以便進一步了解發生了什麼事情？
- 我在情緒上有覺得與自己連結嗎？我感覺與周圍的人連結嗎？如果沒有，我可以轉向連結嗎？
- 我可以對自己運用同情心嗎？如果我不是獨自一人，我可以對我的同伴運用同情心嗎？我現在是否可以運用同情，即使我也可能有其他的情緒，例如恐懼、悲傷或憤怒？
- 我相信我現在基本上是安全的嗎？我相信自己有能力找到資源，並且在需要時獲得幫助？我相信我能照顧好自己嗎？
- 我是否願意具有勇氣，把處理脆弱放在第一位？
- 我的頭腦清楚到可以思考嗎？如果我的頭腦不清楚，我是否意識到這一點：我得等到自己的腦袋更清楚，才能做出重要決定？

如果你對這些問題中的任何一個回答「不」，請不要批判自己。檢查你的身體，盡你所能注意那一切。搜尋更深層的情緒、傷害和弱點。把你所能匯集的同情給予你受苦的部分（經歷核心和／或抑制情緒）或努力保護你（防禦）的部分。然後，使用情緒變化三角地帶。

有些人花了很多時間處於開放狀態，有些人很少處於開放狀態，其餘的人介於其間。無論如何，當我們以愈來愈深入的方式開始了解自己而成長，情緒變化三角地帶是我們的地圖和處方，為了讓我們能花更多時間在開放狀態時使用。如果你對自己施加壓力以便處於開放狀態，或者為了無法充分達到這種狀態而自責，你就誤解了這種追求的重點和目的。重點在於認清自己處於什麼樣的狀態。透過了解自己處於什麼狀態（防禦、焦慮、羞愧、內疚、核心情緒或開放狀態），你會明白下一步該做什麼。

至少，你會知道在這個時間點作出深思熟慮的重要決定，或進行富有成效的對話，到底是對或錯。如果你現在並未處於良好狀態，沒有力量或渴望去做跟它有關的事情，那不只無所謂，而且有時是正常而自然的感覺。使用情緒變化三角地帶並改進自己，是終身的練習。我們想要它的時候，它隨時都在。

面對人生挑戰時，如何停留在開放狀態？

注意什麼時候你會被觸發，並透過呼吸、接地和想像你的安全之地保持平靜。

傾聽你的身體，這樣你就可以注意並指認情緒和你難過的部分，與那些情緒和部分溝通。

驗證你是難過的，而且你首先需要關心自己。

提供同情給自己；不要聽批判或批評的想法。

確定你需要感覺更好，並提醒自己：你感受到的任何事物都是暫時的。感覺會消失。

練習⑫ 尋找你的「C」

「C」為你帶來什麼

在一張紙上寫下C語詞：

- 平靜
- 好奇
- 連結
- 富有同情心
- 有自信
- 勇敢
- 清晰

當你寫下每一個字時，將那個字大聲念出來。注意並寫下每個語詞給你帶來的想法、情緒和身體感覺。例如，「平靜」可能引發的想法是「我想更常感到平靜」，它可能會帶來喜悅和溫暖的感覺。「同情心」可能引發的想法是「給予自己同情心，感覺上並不對」，它可能會引起焦慮，從而導致你的胃緊繃。「有自信」可能引發的想法是「我永遠不會有信心」，它可能會引起恐懼，讓你的心跳加速。

尋找你的「C狀態」

在任何時候知道你是接近還是遠離你的開放狀態，這點很重要。問自己以下的問題，根據你現在的感受來回答，不帶批判。主要目標是要有覺察。如果你對這些問題的答案全是否定的，那就試著弄清楚：什麼樣的想法、情緒或部分可能阻礙你運用每一個C語詞。好奇但不帶批判。不要壓迫自己。藉由注意、驗證和傾聽你的想法、情緒和感覺，看看你能學到什麼。注意任何你感覺上正確的事物。

我感到平靜嗎？

是＿否＿

如果不是，什麼因素阻礙我感到平靜？

我是否對自己、他人、我的工作、我的愛好，以及我的其他情況有好奇心，即使我正在陷入掙扎？

是＿否＿

如果不是，什麼因素阻礙我變得好奇？

我是否覺得與某些事物有連結，亦即與其他人、自然界、上帝或我自己有連結？

是＿否＿

如果不是，什麼因素阻礙我感覺到連結？

我是否對別人和自己有同情心，即使我也可能有其他的想法和情緒，比方說憤怒和批判？

是＿否＿

如果不是，什麼因素阻礙我感覺同情？

我有信心可以處理自己的生活嗎？

是＿否＿

如果不是，什麼因素阻礙我感到自信？

我是否勇於嘗試新事物、做我自己、從我的舒適圈向外延伸，或是以易受影響的新方式與人互動？

是＿否＿

如果不是，什麼因素阻礙我勇敢？

我是否清楚自己是誰、喜歡什麼、想要什麼、需要什麼、不想要什麼和不需要什麼，以及什麼對我很重要？

是＿否＿

如果不是，什麼因素阻礙我感覺清楚？

如果練習帶來煩惱或困擾，試著指認你現在經歷的情緒：

給自己同情。

練習⑬　在情緒變化三角地帶標示自己的位置

大多數人難過的時候，首先會意識到自己的情緒狀態。在你意識到有什麼不對勁的時候，你將會處於一個三叉路口：第一條路可以使你從任何令你感到不安的事物轉開，以迴避你感受到的事情。另一條路引導你衝動地作出反應，第三條路則帶你走向你的內在經驗，挺身前進，並使用情緒變化三角地帶。例如，你可以變得好奇，問自己：「剛剛發生什麼觸發我的事情？」接著你可以進一步詢問：「它給我帶來什麼感覺？」然後緩慢呼吸並且接地。

現在察覺自己，給自己很多時間注意。就自己能力所及找到你在情緒變化三角地帶上的位置。你在抑制角落經歷了羞愧、焦慮或內疚嗎？你是否已經處於三角地帶的底部，經歷悲傷、恐懼、憤怒、厭惡、喜悅、興奮或性興奮的核心感覺？你是否處於開放狀態，感受到一種或多種C感覺：平靜、好奇、連結、富有同情心、有自信、勇敢和／或清晰？你是否處於防禦模式，與你的情緒和開放狀態隔絕？

指出你認為你現在在情緒變化三角地帶的哪個角落：

寫下你剛才注意到的內在經驗是什麼，這些經驗會幫助你弄清楚你正處在哪個角落。例如，我確認自己處於防禦角落，因為我覺得麻木、無聊、想喝點東西。或者我確認自己位於抑制角落，因為我感到焦慮、緊張，而且感覺很低微和匱乏。或者，我確認自己處於情緒變化三角地帶的底部，因為我正在經歷悲傷，而且身體很沉重，覺得自己無法不哭泣。或者，我知道我現在處於開放狀態，因為我很平靜，我覺得和自己以及其他人處於和平狀態。

現在你試試：

練習⑭ 使用情緒變化三角地帶

【情緒變化三角地帶各個角落的作用】

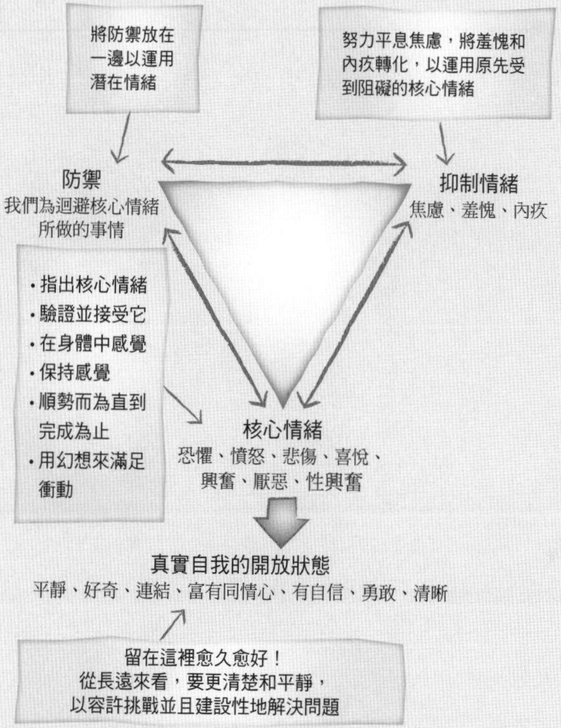

這是針對如何運用情緒變化三角地帶所作的摘要或「小抄」。你發現自己處於哪個角落，這角落就會要求你做一些事情，以便順時針地前進到下一個角落，這樣你最後就可以盡可能達到真我的開放狀態。

注意你現在正在經歷的事情，並就自己能力所及，寫下你認為它在以下的情緒變化三角地帶上往哪裡前進。

角落1：防禦

如果你發現自己在防禦角落，問自己：「如果沒有使用這種防禦，我可能會感覺到什麼？」你正在練習發現，防禦在保護你迴避什麼樣的情緒或衝突。現在把它寫在你認為它出現在三角地帶上的位置。

角落2：抑制情緒

如果你處於抑制角落，這意味著你已經知道你正在經歷焦慮、內疚或羞愧。你能分辨出是哪一種嗎？

如果你感到焦慮，請將雙腳踏在地板上以緩

【我在情緒變化三角地帶的哪個位置？】

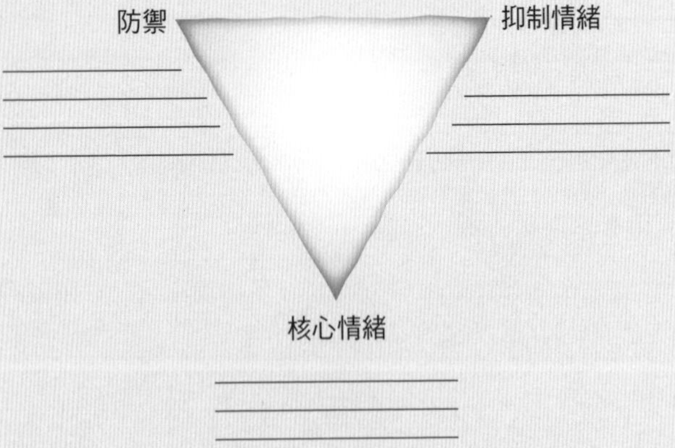

和焦慮，使用腹式深呼吸，並有意識地提醒自己這是焦慮。接受你注意到的一切，並努力對你自己產生同情。在運用上述技巧平息焦慮的同時，試著指出你感受到的所有潛在核心情緒。把這些核心情緒寫在上述情緒變化三角地帶地圖的底部。

如果你感覺到你的某部分懷有羞愧，那就想像那懷有羞愧心的部分從你身上跑出來，並且坐在幾英尺遠的地方。練習想像懷有羞愧心的部分。這有助於防止羞愧壓倒你，並使你有可能與那部分溝通和撫慰它。以帶著好奇心和同情心的立場，像個慈愛的父母那樣和羞愧部分談話，詢問：「你為什麼感到羞愧？」或者「現在發生的事情透露了你的什麼事？」一旦你知道羞愧部分是對什麼事情作出反應，你要給它關愛和同情。成為你自己的好父母，並嘗試憑直覺知道那部分需要什麼才會感覺比較好。用想像力給予它需要的東西。大多數感到羞愧的部分都需要感受到連結、安全、安心、平靜、被愛和被接受。

現在找出你對最初讓你感到羞愧的人，或者教你對那種特質感到羞愧的人產生的核心情緒。為了幫你找到自己的核心情緒，可以自問以下問題：如果我感覺強大和自信，我對最初令我感到羞愧的人會有什麼樣的情緒？如果我最好的朋友對我本來的樣子感到受傷或羞愧，我會代表他或她產生什麼情緒？如果它們是核心情緒，請將它們寫在情緒變化三角地帶圖表的底部。如果它們是抑制性的，就寫在抑制角落。

如果你正在經歷內疚，那就詢問你的內疚：「如果內疚是一種罪，我現在的罪行是什麼？」

如果你傷害了某人，請準備道歉並加以補償。

如果你沒有做錯什麼，你的目標就是認可在設定界限時產生的內疚，然後試著注意，你對最初沒有認可你設立界限的人所產生的核心情緒，有哪些受到阻礙。

如果你因為幸運或者擁有別人缺乏的東西而感到內疚，那就從內疚轉向感激。你可以選擇富有同情心，並以具體的方式回報。感到內疚對你自己或引起你內疚的人沒有任何好處。

角落3：核心情緒

如果你在核心情緒角落找到自己，或者你使用情緒變化三角地帶到達那個角落，這意味著你正在經歷悲傷、憤怒、恐懼、厭惡、喜悅、興奮、性興奮或者它們的組合。分別驗證每種情緒，說：我感覺＿＿＿＿和我感覺＿＿＿＿。把它們全部指出來。將它們寫在情緒變化三角地帶圖表的底部。

在這個時候，如果你覺得可以進一步實驗，那就試著保持一種核心情緒。注意並指出它帶來的身體感覺。當你進行順暢、幽長、深度的腹式呼吸時，請保持身體裡的感覺。保持那些感覺，直到有某樣東西變化，或者你注意到某種衝動。用幻想來想像這種情緒衝動想要做什麼。跟著情緒順勢而下，直到你感到比較平靜為止。

最後，如果你現在有任何C感覺，是哪些？在這裡列出來：

恭喜！你剛才使用了情緒變化三角地帶。請記住，情緒變化三角地帶是一個可供你日後持續使用的圖表和工具。透過自行以及與他人一起練習和實驗，你會愈來愈能夠識別你在哪個位置、需要前往哪裡，以及如何到達那裡。

結語

正如你學到的，心理症狀，諸如憂鬱症和我在本書中提到的許多其他症狀，都能引導我們回到核心情緒。我們可以選擇要讓自己經歷情緒，還是要使用防禦來迴避。在我生命中的這個時候，當我感覺到一種核心情緒時，我知道我需要為它騰出空間。如果我能做到那一點，不管它有多痛，我總是感覺比較好。

沒有人能完美使用情緒變化三角地帶。真的，沒有人能辦到。直到現在，我仍然必須提醒我自己記得使用情緒變化三角地帶。有時候我也很難確定自己在哪個角落，以及如何幫助自己或某位患者。雖然如此，但我無法想像在沒有這項指引之下生活。

使用情緒變化三角地帶的過程沒有終點。相反的，這是終身的做法，目標是繼續了解自己，並花更多時間待在開放狀態上。

在整個生命週期中，我們可以繼續成長、學習，變得更活躍，並且對我們是什麼樣的人，包括缺點和所有事情，感到自在。隨著覺察力不斷提高，我們可以注意到我們何時變得對自己或自己的人際關係沒有幫助。我們可以透過自己獲得的技能和知識，努力回頭往情緒變化三角地帶的下方移動。只要下工夫，就會成為這個過程的主人。我們會感覺更好、更聰明，生活會更輕鬆和更充實。

如果在閱讀本書後，你可以在情緒變化三角地帶上找到你的目前狀態，那你已經完成相當多的工作。僅僅是注意自己在地圖上的哪個位置，就有助於在你的自我和令你感到煩憂的事情之間產生情緒距離。當你正在經歷經驗時，注意你的情緒、心情、心理狀態、想法、身體感覺、信念，或任何關於你的經驗，是對大腦的鍛鍊。對你的自我和你正在經歷之事的二元覺察（dual awarenss），會促成和諧、平靜，以及以下觀點：你不僅僅是你的感受，想法和症狀。

當你朝著活力和真實性移動時，你容忍挑戰的能力將會增強。痛苦、焦慮和恐懼仍然會出現，但情緒不會像以前那樣令人虛弱或害怕。我們不是無力改變的，也不是只能任由我們思想的擺布。

情緒變化三角地帶的力量很強大。想想海洋。海浪把我們擊倒，把我們拉下。有時候我們可能會覺得自己好像快要溺斃了，但如果我們做好準備，知道當浪潮推倒我們時該怎麼做，並且發展力量和平衡，每次就都能找到較不費力重回水面的方式，而且更有自信能夠在下次浪潮來襲時全身而退。

如果你還記得本書的一點，請記住：情緒只是存在的事實！批判自己並沒有用。如果你以為可以阻止情緒發生，那就錯了。你反而要將心力集中在以建設性方式處理情緒。使用情緒變化三角地帶，弄清楚你正在經歷什麼。了解你的經驗要告訴你什麼。你不必根據情緒採取行動，在大多數情況下，你不會這樣做，但那些衝動提供給你的資訊很重要。即使情緒沒有提供重要資訊，也讓我們感到有活力。

偶爾把步調放慢。因為焦慮加快了大腦速度，努力放慢思想和行動，會有鎮定作用。放慢速度讓我們與人連結，促成自我反思。當然，我們也必須放慢腳步，以處理自己的情緒。

在對你的內在世界加以批判或得出結論之前，要對你的內心世界感到好奇。在對別人的意圖下結論之前，要對別人的思維保持好奇。暫停需要修練，但是花這種工夫很值得。在那個空檔，你可以問問自己：我不知道她經歷了什麼情緒，促使她做出這樣或那樣的事？在驟下結論之前，暫停一下，理解影響行為的更深層情緒，將有助於你所有的人際關係。

最後，無論是為了你自己，還是為了你愛的人，請記住，情緒需要獲得驗證，好讓我們的身、心感覺正確。停止批判並開始驗證，你擁有的每一項關係，特別是你與自我的關係，將會受益。

致謝

我有太多人要感謝，頭一個要感謝的是理查・阿巴特（Richard Abate），他從我身上看到我看不見的東西。他使我能夠實現「廣泛分享情緒變化三角地帶」這個長久的夢想。

感謝茱莉・葛若（Julie Grau）和蘿拉・范・德維爾（Laura Van der Veer）的精彩編輯。感謝陳孟飛（Mengfei Chen）、貝絲・皮爾森（Beth Pearson）、文稿編輯艾咪・莫里斯・萊恩（Amy Morris Ryan）、黛比・葛雷瑟曼（Debbie Glasserman）、克莉絲汀・麥基提辛（Christine Mykityshyn）、潔西卡・波奈特（Jessica Bonet）、琳達・傅德納・寇文（Linda Friedner Cowen），以及蘭登書屋（Random House）和史碧格・葛勞（Spiegel & Grau）出版社團隊的其他成員，將這項計畫從提案化為一本書。

我想感謝《紐約時報》編輯詹姆斯・瑞爾森（James Ryerson）想出《It's Not Always Depression》這個書名。

我要感謝黛安娜・佛莎發展ＡＥＤＰ並撰寫導讀。她將目前的研究整合成一個明確重視愛和真實性的療癒和轉型心理治療模式，她的勇氣和天才，改變了世人對待和接觸心理疾病患者的方式。戴安娜，我對你充滿了愛和感激。

我想感謝許多資賦優異的ＡＥＤＰ教師，包括：艾琳・羅素（Eileen Russell）、娜塔沙・普雷恩（Natasha Prenn）、凱利・葛雷瑟（Kari Gleiser）、傑瑞・拉馬那（Jerry Lamagna）、珍恩・鈕豪斯（Jeanne Newhouse）、史提夫・夏比洛（Steve Shapiro）、蘇・安・皮里羅（Sue Ann Piliero）、芭芭拉・蘇特（Barbara Suter）、大衛・馬斯（David Mars）、凱倫・潘多－馬斯（Karen Pando-Mars）、吉兒・塔諾（Gil Tunnell）、珍娜・歐夏森（Jenna Osiason）和隆恩・菲特烈（Ron Frederick）。我想要感謝我所有的心理分析督導員，尤其是馬克・修斯（Marc Sholes）、克萊兒・赫茲（Claire Herz）、安・愛因斯坦（Ann Eisenstein）和多迪・高曼（Dodi Goldman），不僅因為他們教我如何成為有設界限、有技術的精神分析師，也因為當我用「你得了解這個新模型（ＡＥＤＰ），我認為它是未來的潮流！」挑戰他們時，他們還容忍我和鼓勵我。

我必須特別挑出我的主要督導員、教師和導師班傑明・利普頓（Benjamin Lipton），他造就了現在的我。他的心靈和思想存在於書中每一則臨床故事中，因為我的技巧和生活方式主要源自他以及他教給我的東西。謝謝你，班。

我要感謝我的至交老友、精神導師和市場行銷天才莫妮卡・舒茲・霍奇斯（Monica Schulze Hodges）。我們倆從九歲起就一起打造生活，並且變得更強大，因為我們擁有彼此。她的支持一直都很寶貴。從鼓勵我、同時自己也採用情緒變化三角地帶，到建議我開始每個月寫一篇部落格文章和編輯貼文、想出情緒變化三角地帶的名稱、用文字和圖片掌握我的研究精髓、幫助我處理網站、鼓勵我每一步都要勇敢，有她親自幫忙，我才能接觸這麼多人，我的感激無法言喻。此外，我要感謝好友露西・勒赫爾（Lucy Lehrer）、崔西・普魯山（Tracey Pruzan）、海蒂・傅里茲（Heidi Frieze）、娜塔沙・普雷恩（Natasha Prenn）、貝姬・卡發勒（Betsy Kavaler）和莉莎・許諾爾（Lisa Schnall），總是對我寬厚、關愛和支持。

我需要感謝我的母親蓋爾・雅各（Gail Jacobs）。她的耐心、愛心、肯定和支持是無邊無際的。另外也要謝謝她反覆向我灌輸：寫作時不要使用術語。

我最深切的感激和謝意要獻給我妹妹，阿曼達・雅各・伍爾夫（Amanda Jacobs Wolf）。我無法想像，如果沒有她以及她每天賜予我的重大關愛、智慧和友誼，生活會如何。

我的孩子薩曼莎和布拉克茨每天激勵我成長和做個更好的人，你們不知道我有多愛你們，我喜歡做你們的媽媽。對於我的兩個繼女傑西卡（Jessica）和娜奧米（Naomi），我真心感謝我們的特殊關係。

我的丈夫和生命伴侶喬恩・亨德爾（Jon Hendel）花了成千上百個小時閱讀和重讀這本書。感謝你做為最有愛心、最周到、最睿智、最有趣、最關懷的伴侶，你對我來說是完美的。

最後，感謝每一位讓我有幸成為心理治療師的人，我從你們每個人那裡學到東西並且成長。特別要感謝那些許可我分享諮商過程，以便讓其他人得到幫助的人，你們已經送出一份改變生命的禮物。

資源

如果想了解更多關於創傷、體驗心理治療和專業訓練，下面是簡短的網站清單。除了我的部落格之外，這些網站提供免費的文章和資訊、治療師名錄等等。如需更多資源的定期更新清單，請造訪我的網站：hilaryjacobshendel.com。

我的部落格：hilaryjacobshendel.com/hilarys-blog

AEDP（加速體驗式動態心理治療）：aedpinstitute.org

IFS（內在家庭系統治療）：selfleadership.org

EMDR（眼動身心重建法）：emdria.org

SE（身體經驗創傷療法）：traumahealing.org

感官動能心理治療（sensorimotor Psychotherapy）：www.sensorimotorpsychotherapy.org

治療羞愧工作坊：www.healingshame.com

參考書目

儘管我將提供詳細的參考書目，但在此之前，我想強調那些對我影響甚鉅的人，若沒有他們，這本書和我的研究就會不一樣。我將在下文提及他們的一些著作，但若需完整引文，請參閱下面的參考文獻。

首先，我要感謝「加速體驗式動態心理治療」（AEDP）開發者戴安娜・佛莎的工作和才華。戴安娜綜合了神經科學、情緒、依附、轉化和創傷的大量研究和臨床工作，並開發出一種新的高效能方法來幫助世人治癒心理創傷。對想要進一步深入研究AEDP理論和實務的人，我鼓勵你閱讀她的開創性著作《情感的轉化力量》（*The Transforming Power of Affect*）。如果你需要各種著名臨床醫師和研究人員對情緒深入而有趣的探索，我也推薦由佛莎等人編輯的《情緒的療癒力量：情感神經科學、發展和臨床實務》（*The Healing Power of Emotion: Affective Neuroscience, Development and Clinical Practice*）。更多訊息可以在AEDP網站aedpinstitute.org上找到。

雖然是佛莎最先帶領我認識「情緒變化三角地帶」，也就是她所謂的「經驗三角地帶」（Triangle of Experience），但我必須對大衛・馬蘭（David Malan）的研究工作表示感謝。事實上，專業人士經常將「三角地帶」稱為「馬蘭三角地帶」，因為他是第一個出書解釋他所謂「衝突三角地帶」（Triangle of Conflict）的人。如果你想進一步了解馬蘭的研究成果，可參閱他的著作《個人心理治療和心理動力學》（*Individual Psychotherapy and The Science of Psychodynamics*）。

在整本書中，我提到「部分」、「自我」和「七個C」。人類是由各種狀態、部分或個性組成，而非一個統一的整體，這個想法並不新鮮。佛洛伊德和客體關係理論家經常撰寫關於自我狀態和內射（introject）的文章。但理查．施瓦茲卻是一位對我的工作和寫作有重大影響的人。他撰寫關於部分、自我和七個C的方式，全都反映在這本書中。理查針對如何與各部分合作以治癒心理困擾和創傷症狀，開發了一個完整模式。對有興趣進一步了解的臨床醫師，我推薦閱讀《內在家庭系統模式導論》（*Introduction to the Internal Family Systems Model*）和《內在家庭系統療法》（*Internal Family Systems Therapy*）。而他的著作《你是你一直在等待的人：為親密關係帶來勇敢之愛》（*You Are the One You've Been Waiting For: Bringing Courageous Love to Intimate Relationships*）則是為大眾而寫的。若想進一步了解，請造訪IFS網站：selfleadership.org。

參考文獻

瑪麗．安沃斯（Mary Ainsworth），*Patterns of Attachment: A Psychological Study of the Strange Situation*, Hillsdale, NJ: Lawrence Erlbaum (1978)。

Aposhyan, S., *Body-Mind Psychotherapy*, New York: W. W. Norton and Company (2004)。

Badenoch, B., *Being a Brain-Wise Therapist*, New York: W. W. Norton and Company (2008)。

約翰・鮑比，*A Secure Base: Parent-Child Attachment and Healthy Human Development*, New York: Basic Books (1988)。

Brown, B., *The Gifts of Imperfection*, Center City, MN: Hazelden (2010)。

Coughlin Della Selva, P., *Intensive Short-Term Dynamic Psychotherapy: Theory and Technique Synopsis*, London: Karnac (2004)。

路易・柯佐里諾（Louis Cozolino），《大腦的療癒解密——從神經科學探索心理治療》（*The Neuroscience of Psychotherapy*），New York: W. W. Norton and Company (2002)。

Craig, A. D., *How Do You Feel?: An Interoceptive Moment with Your Neurobiological Self*, Princeton, NJ: Princeton University Press (2015)。

安東尼奧・達馬西奧，*Descartes' Error: Emotion, Reason, and the Human Brain*, New York: Penguin Books (1994)。

——— *The Feeling of What Happens: Body and Emotion in the Making of Consciousness*, New York: Harcourt Brace (1999)。

達爾文，《人與動物的情感表達》（*The Expression of the Emotions in Man and Animals*），London: John Murray Publisher (1872)。

哈比卜・達萬羅（Habib Davanloo），*Intensive Short-Term Dynamic Psychotherapy: Selected Papers of Habib Davanloo, MD*. Hoboken, NJ: John Wiley & Sons (2000)。

——— *Unlocking the Unconscious: Selected Papers of Habib Davanloo, MD*, New York: John Wiley & Sons (1995)。

諾曼・多吉，《改變是大腦的天性》（*The Brain That Changes Itself*），New York: Penguin Books (2007)。

Fay, D., *Becoming Safely Embodied: Skills Manual*, Somerville, MA: Heart Full Life Publishing (2007)。

Fonagy, P.、Gergely, G.、Jurist, E.和Target, M.，*Affect Regulation, Mentalization, and the Development of the Self*, New York: Other Press (2004)。

戴安娜・佛莎，〈如何成為轉化治療師：ＡＥＤＰ駕馭內在情感以重新調整經驗和加速轉化〉（How to Be a Transformational Therapist: AEDP Harnesses Innate Healing Affects to Re-Wire Experience and Accelerate Transformation）。In J. Loizzo, M. Neale, and E. Wolf (eds.), *Advances in Contemplative Psychotherapy: Accelerating Transformation*, New York: Norton (2017)。

——〈增強治療的情感並且矯正逐步發展的偏斜〉（Turbocharging the Affects of Healing and Redressing the Evolutionary Tilt）。在隆納・辛格爾（D. J. Siegel）和瑪麗恩・所羅門（M. F. Solomon）等人所著之書，*Healing Moments in Psychotherapy*. New York: Norton (2013)。

——〈正向情感以及從苦難到茁壯成長的轉化〉（Positive Affects and the Transformation of Suffering into Flourishing）。In W. C. Bushell, E. L. Olivo, and N. D. Theise (eds.), *Longevity, Regeneration, and Optimal Health: Integrating Eastern and Western Perspectives*, New York: Annals of the New York Academy of Sciences (2009)。

—— "Nothing That Feels Bad Is Ever the Last Step": The Role of Positive Emotions in Experiential Work with Difficult Emotional Experiences. L. Greenberg (ed.), *Clinical Psychology and Psychotherapy* 11 (Special Issue on Emotion) (2004):30–43.

——《情感的轉化力量》，New York: Basic Books (2000)。

戴安娜・佛莎，《情緒的療癒力量：情感神經科學、發展和臨床實務》。New York: W. W. Norton and Company (2009)。

戴安娜・佛莎和 Yeung, D.，〈ＡＥＤＰ證明治療中情緒轉化和兩人關係的無縫整合〉（AEDP Exemplifies the Seamless Integration of Emotional Transformation and Dyadic Relatedness at Work）。In G. Stricker and J. Gold (eds.), *A Casebook of Integrative Psychotherapy*, Washington, DC: APA Press (2006)。

Frederick, R. J., *Living Like You Mean It: Using the Wisdom and Power of Your Emotions to Get the Life You Really Want*, San Francisco: Jossey-Bass (2009)。

芭芭拉・費德瑞克森（Barbara L. Fredrickson），The Role of Positive Emotions in Positive Psychology: The Broaden-and-Build Theory of Positive Emotions, *American Psychologist* 56 (2001): 211–26.

——*Positivity: Groundbreaking Research Reveals How to Embrace the Hidden Strength of Positive Emotions, Overcome Negativity, and Thrive*, New York: Random House (2009)。

Gallese, V., Mirror Neurons, Embodied Simulation, and the Neural Basis of Social Identification, *Psychoanalytic Dialogues* 19 (2001): 519–36.

簡德林，*Focusing*, New York: Bantam Dell (1978)。

Herman, J., *Trauma and Recovery: The Aftermath of Violence from Domestic Abuse to Political Terror*, New York: Basic Books (1992)。

大衛・希爾，*Affect Regulation Theory: A Clinical Model*, New York: W. W. Norton and Company (2015)。

James, W., *The Principles of Psychology*, New York: Henry Holt & Company (1890)。

Kaufman, G., *The Psychology of Shame*, New York: Springer Publishing Company (1996)。

Korb, A., *The Upward Spiral: Using Neuroscience to Reverse the Course of Depression One Small Change at a Time*, Oakland, CA: New Harbinger (2015)。

Lamagna, J., Of the Self, by the Self, and for the Self: An Intra-Relational Perspective on Intra-Psychic Attunement and Psychological Change, *Journal of Psychotherapy Integration* 21 (3) (2011): 280–307.

Lamagna, J.和 Gleiser, K.，Building a Secure Internal Attachment: An Intra-Relational Approach to Ego Strengthening and Emotional Processing with Chronically Traumatized Clients, *Journal of Trauma and Dissociation* 8 (1) (2007): 25–52。

海瑞特・李納（Harriet G. Lerner），《生氣的藝術：運用憤怒改善女性的親密關係》（*The Dance of Anger*）。New York: HarperCollins (2005)。

漢娜．利文森（Hanna Levenson），《有時限之動力心理治療》（*Time-Limited Dynamic Psychotherapy*），New York: Basic Books (1995)。

Levine, A. 和 Heller, R., *Attached: The New Science of Attachment*. New York: Penguin Group (2010)。

彼得．列文，《喚醒老虎：療癒創傷》（*Waking the Tiger: Healing Trauma*），Berkeley, CA: North Atlantic Books (1997)。

班傑明．利普頓和戴安娜．佛莎，Attachment as a Transformative Process in AEDP: Operationalizing the Intersection of Attachment Theory and Affective Neuroscience, *Journal of Psychotherapy Integration* 21 (3) (2011): 253–79。

Macnaughton, I., *Body, Breath, and Consciousness: A Somatics Anthology*, Berkeley, CA: North Atlantic Books (2004)。

大衛．馬蘭，《個人心理治療和心理動力學》，London: Butterworth-Heinemann (1979)。

McCullough, L. 等人，*Treating Affect Phobia: A Manual for Short-Term Dynamic Psychotherapy*, New York: Guilford Press (2003)。

Napier, N., *Getting Through the Day*, New York: W. W. Norton and Company (1993)。

Nathanson, D., *Shame and Pride: Affect, Sex, and the Birth of the Self*, New York: W. W. Norton and Company (1992)。

奧古登和費雪（Odgen, P. and Fisher, J.），《感官動能心理治療》（*Sensorimotor Psychotherapy: Interventions from Trauma and Attachment*），New York: W. W. Norton and Company (2015)。

奧古登，Minton, K. 和 Pain, C.，*Trauma and the Body: A Sensorimotor Approach*, New York: W. W. Norton and Company (2006)。

Pally, R., *The Mind-Body Relationship*, New York: Karnac Books (2000)。

雅克．潘克塞普（Jaak Panksepp），《情感神經科學》（*Affective Neuroscience: The Foundations of Human and Animal Emotions*），New York: Oxford University Press (1998)。

——Affective Neuroscience of the Emotional BrainMind: Evolutionary Perspectives and Implications for Understanding

Depression, *Dialogues in Clinical Neuroscience* 12 (4) (2010): 533–45.

蘭迪・鮑許，《最後的演講》，New York: Hyperion (2008)。

Porges, S., The Polyvagal Theory: Neurophysiological Foundations of Emotions, Attachment, Communication, and Self-Regulation, *Norton Series on Interpersonal Neurobiology*. New York: W. W. Norton and Company (2011)。

Prenn, N., I Second That Emotion! On Self-Disclosure and Its Metaprocessing, In A. Bloomgarden and R. B. Menutti (eds.), *Psychotherapist Revealed: Therapists Speak About Self-Disclosure in Psychotherapy*, Chapter 6, pp. 85–99. New York: Routledge (2009)。

——How to Set Transformance into Action: The AEDP Protocol, *Transformance: The AEDP Journal* 1 (1). aedpinstitute.org/wp-content/uploads /page_How-to-Set-Transformance-Into-Action.pdf (2010)。

——Mind the Gap: AEDP Interventions Translating Attachment Theory into Clinical Practice, *Journal of Psychotherapy Integration* 21 (3) (2011): 308–29。

Rothschild, B., *The Body Remembers*, New York: W. W. Norton and Company (2000)。

Russell, E.和佛莎，Transformational Affects and Core State in AEDP: The Emergence and Consolidation of Joy, Hope, Gratitude and Confidence in the (Solid Goodness of the) Self, *Journal of Psychotherapy Integration* 18 (2) (2008): 167–90.

Russell, E. M., *Restoring Resilience: Discovering your Clients' Capacity for Healing*, New York: Norton (2015)。

Sarno, J., *The Mind Body Prescription*, New York: Warner Books (1999)。

理查・施瓦茲，《內在家庭系統療法》，New York: Guilford Press (2004)。

——《你是你一直在等待的人：為親密關係帶來勇敢之愛》，Oak Park: Trailheads Publications (2008)。

——《內在家庭系統模式導論》，Oak Park: Trailheads Publications (2001)。

弗朗西・夏比洛（F. Shapiro），《眼動身心重建法》（*Eye Movement Desensitization and Reprocessing: Basic Principles,*

Protocols, and Procedures），New York: Guilford Press (2001)。

Shore, A, *Affect Regulation and the Repair of the Self*, New York: W. W. Norton and Company (2003)。

丹尼爾·席格（Daniel J. Siegel），《人際關係與大腦的奧祕》（*The Developing Mind: Toward a Neurobiology of Interpersonal Experience*），New York: Guilford Press (1999)。

——— *Mindsight: The New Science of Personal Transformation*, New York: Bantam Books (2010)。

Stern, D. N., The Process of Therapeutic Change Involving Implicit Knowledge: Some Implications of Developmental Observations for Adult Psychotherapy, *Infant Mental Health Journal* 19 (3) (1998): 300–308。

Subic-Wrana, C.等人，Affective Change in Psychodynamic Psychotherapy: Theoretical Models and Clinical Approaches to Changing Emotions, *Zeitschrift für Psychosomatische Medizin und Psychotherapie* 62 (2016): 207–23。

西爾文·湯姆金斯（Silvan S. Tomkins），《情感、意象和意識第一卷：正面情感》（*Affect, Imagery, and Consciousness. Vol. 1: The Positive Affects*），New York: Springer (1962)。

———《情感、意象和意識第二卷：負面情感》（*Affect, Imagery, and Consciousness. Vol. 2: The Negative Affects*），New York: Springer (1963)。

——— *Emotions and Emotional Communication in Infants*, American Psychologist 44 (2) (1989): 112–19。

——— *Dyadically Expanded States of Consciousness and the Process of Therapeutic Change*, Infant Mental Health Journal 19 (3) (1998): 290–99。

貝塞爾·范德寇（Bessel van der Kolk），《心靈的傷，身體會記住》（*The Body Keeps the Score*），New York: Viking (2014)。

Yeung, D.和戴安娜·佛莎，〈加速體驗式動態心理治療〉（Accelerated Experiential Dynamic Psychotherapy），In *The Sage Encyclopedia of Theory in Counseling and Psychotherapy*. New York: Sage Publications (2015)。

注釋

導讀

1. 戴安娜・佛莎，Transformance, Recognition of Self by Self, and Effective Action, In K. J. Schneider (ed.), *Existential-Integrative Psychotherapy: Guideposts to the Core of Practice.* New York: Routledge (2008), pp. 290–320.
2. 約翰・鮑比，*A Secure Base: Parent-Child Attachment and Healthy Human Development,* New York: Basic Books (2008).
3. Porges, S. W., *The Polyvagal Theory: Neurophysiological Foundations of Emotions, Attachment, Communication, and Self-regulation,* New York: Norton (2011); Carter, C. S., and Porges, S. W. (2012). Mechanisms, Mediators, and Adaptive Consequences of Caregiving. In D. Narvaez, J. Panksepp, A. L. Schore, and T. R. Gleason (eds.), *Human Nature, Early Experience and the Environment of Evolutionary Adaptedness*. New York: Oxford University Press, pp. 132–51; and Geller, S. M., and Porges, S. W. (2014). Therapeutic Presence: Neurophysiological Mechanisms Mediating Feeling Safe in Clinical Interactions. *Journal of Psychotherapy Integration* 24: 178–92。
4. Schore, A., *The Science of the Art of Psychotherapy,* New York: Norton (2012)。
5. 簡德林，*Focusing,* New York: Bantam New Age Paperbacks (1981)。
6. 戴安娜・佛莎，"Nothing That Feels Bad Is Ever the Last Step": The Role of Positive Emotions in Experiential Work with Difficult Emotional Experiences. In special issue on emotion, L. Greenberg (ed.), *Clinical Psychology and Psychotherapy* 11(2004): 30–43。

7. 戴安娜．佛莎，Healing Attachment Trauma with Attachment (. . . and Then Some!). In M. Kerman (ed.), *Clinical Pearls of Wisdom: 21 Leading Therapists Offer Their Key Insights*. New York: Norton (2009), pp. 43–56。同樣是佛莎，Positive Affects and the Transformation of Suffering into Flourishing. In W. C. Bushell, E. L. Olivo, and N. D. Theise (eds.), *Longevity, Regeneration, and Optimal Health: Integrating Eastern and Western Perspectives,* New York: Annals of the New York Academy of Sciences (2009), pp. 252–61。
8. 芭芭拉．費德瑞克森，The Role of Positive Emotions in Positive Psychology: The Broaden-and-Build Theory of Positive Emotions, *American Psychologist* 56(2001): 211–26。另外還有芭芭拉．費德瑞克森，*Positivity: Groundbreaking Research Reveals How to Embrace the Hidden Strength of Positive Emotions, Overcome Negativity, and Thrive,* New York: Random House (2009)。
9. 戴安娜．佛莎，〈增強治療的情感並且矯正逐步發展的偏斜〉，在隆納．辛格爾和瑪麗恩．所羅門等人所著之書，*Healing Moments in Psychotherapy,* New York: Norton.(2013), pp. 129–68。同樣也是 Russell, E. M., *Restoring Resilience: Discovering Your Clients' Capacity for Healing*. New York: Norton (2015)。
10. 戴安娜．佛莎，〈如何成為轉化治療師：AEDP駕馭內在情感以重新調整經驗和加速轉化〉，In J. Loizzo, M. Neale, and E. Wolf (eds.), *Advances in Contemplative Psychotherapy: Accelerating Transformation*. New York: Norton (2017), chapter 14。

第一章　認識情緒變化三角地帶

深度情緒力

1. 在該會議中，它被稱為「經驗三角地帶」（Triangle of Experience），我根據學術文獻修改為「情緒變化三角地帶」

（Change Triangle）。一九七九年，馬蘭第一個出書提及它，將它稱為「衝突三角地帶」（Triangle of Conflict）。二○○○年，「加速體驗式動態心理治療」（AEDP）開發者戴安娜．佛莎博士將它重新命名為「經驗三角地帶」。我將它暱稱為「情緒變化三角地帶」，以便向世人介紹它。大衛．馬蘭，《個人心理治療和心理動力學》，London: Butterworth-Heinemann (1979)；戴安娜．佛莎，《情感的轉化力量》，New York: Basic Books (2000)。

2. 在情緒和神經科學文獻中，對於要將什麼情緒納入核心，以及如何加以命名，研究人員之間存在著差異。我選擇使用這七個C來傳授情緒變化三角地帶，因為它們在臨床上最重要和最有用，而且可供個人使用。例如，「驚訝」有時被稱為核心情緒，但它是相當短暫的經驗。在我的執業過程中，我個人並沒有看到有患者被阻礙的驚訝造成創傷，就像我在「情緒變化三角地帶」上看到核心情緒的情況一樣。

3. Stojanovich, L. 和 Marisavljevich, D.，〈壓力是引發自體免疫疾病的原因〉（Stress as a Trigger of Autoimmune Disease），*Autoimmunity Reviews* 7 (3) (2008): 209–13。

我的故事：從憂鬱症患者，到成為心理治療師

1. 我想表明，我並不反對服用治療憂鬱症或任何其他精神疾病的藥物。事實上，當患者產生極為強烈的憂鬱或焦慮，以至於無法發揮功能、工作或利用心理治療時，我會將患者轉介給精神科醫師。抗憂鬱藥可以作為防止心情跌至谷底的支撐物。但是光靠藥物往往治標不治本，尤其是在創傷方面。我支持在必要時使用藥物，同時接受良好的治療以治癒根本病因。

2. 一言以蔽之，在「加速體驗式動態心理治療」一詞中。「加速」是指可以快速發生重大變化的事實。「體驗」是指治療師根據經驗來治療，利用情感的療癒力量——「淘金」——直到一波波情緒結束，而且這種經驗現在感覺很好。「動態」是指過去如何影響現在、依附經驗如何內化，以及安全和愛護他人的新經驗如何促成治癒。

認識情緒變化三角地帶

1. 當我開始研究內在家庭系統療法時，我第一次了解到理查・施瓦茲的C。每當我談論C的時候，我都會讚揚施瓦茲。理查・施瓦茲，《內在家庭系統療法》（New York: Guilford Press, 2004）。
2. 我明白，有些憂鬱症和其他精神疾病是真正的生物疾病，而不是防禦。但是，就像所有的人一樣，罹患基於生物學的精神病患者也會阻礙情緒，並且可以從運用「情緒變化三角地帶」中受益。我們在身心健康的限制範圍內運用「情緒變化三角地帶」，以盡量減輕壓力和焦慮，期望能夠增進整體健康。無論根本原因是創傷、壓力、貧窮之類的環境壓力、慢性身體健康問題，以及／或是基因和基於生物學的精神疾病，每個使用「情緒變化三角地帶」的人都有一些他們試著要消除的「疾病」。無論根源為何，情緒變化三角地帶都有助於控管疾病和生活環境帶來的情緒。
3. 李伯曼（Liberman, M. D.）、艾森伯格（Eisenberger, N. I.）、克羅克特（Crockett, M. J.）和湯姆（Tom, S.）等人，Putting Feelings into Words: Affect Labeling Disrupts Amygdala Activity to Affective Stimuli, *Psychological Science* 18 (2007): 421–28。

第二章　釋放核心情緒

失去父母的創傷——法蘭的恐慌、焦慮和悲傷

1. 法蘭的故事和本書中的其他故事顯示了攸關AEDP治療的步驟。治療師透過四個步驟來指導患者：(1)走出防禦狀態；(2)接觸並處理潛在的核心情緒；(3)針對處理核心情緒的經驗加以處理，稱為統合治療處理（metatherapeutic processing）；以及(4)到達和處理核心狀態的經驗，亦即我所謂「開放狀態」的各種情況。所有故事中的個案都運用了情緒變化三角地帶。想要進一步了解這種方法或以此方法接受訓練的臨床醫師，請參閱戴安娜・佛莎關於AEDP《情感的轉化力量》的文章，並造訪AEDP Institute網站。

2. Kandel, E., "The New Science of Mind and the Future of Knowledge," *Neuron* 80 (3) (2013): 546–60.
3. 「一旦你意識到內在感覺，它們幾乎總是變成別的東西。」彼得．列文。《喚醒老虎：療癒創傷》。Berkeley, CA: North Atlantic Books (1997), p. 82。
4. 向大眾指出，必須加以注意並仔細描述與改善各種相關的感覺，是戴安娜．佛莎最重要的貢獻之一。請參閱戴安娜．佛莎（2013）。
5. 儘管大部分以情緒為中心的模式都是為了處理痛苦，但AEDP提供的完整詞彙，不僅是要處理創傷情緒，也是要處理諸如感激、喜悅、感動，以及法蘭所經歷的療癒情緒。請參閱戴安娜．佛莎（2009）。

神經可塑性讓你在任何年齡都可以改變

1. 席格德．盧沃（Siegrid Löwel），哥廷根大學（Göttingen University）。原文是：「神經元同步發射，就會緊密連接。」（"Neurons wire together if they fire together."）Löwel, S., and Singer, W. (1992). Selection of Intrinsic Horizontal Connections in the Visual Cortex by Correlated Neuronal Activity. *Science* 255: 209–12。
2. 一個經驗的四個組成部分，來自EMDR（眼動身心重建法）的理論和實務。EMDR是由弗朗西．夏比洛開發的創傷心理治療。請參閱夏比洛，《眼動身心重建法》，New York: Guilford Press (2001), p. 57。

練習❶ 放慢速度

1. 這些呼吸指示是根據紐約市合格針灸師雪倫．韋斯（Sharon Wyse）改編的。
2. 吸氣有時會使心跳稍微加快，特別是當你第一次開始練習腹式呼吸時。這是正常的。呼氣時心跳會減弱。當你練習呼吸以找到感覺最放鬆的節奏和深度時，你會發現這是平息焦慮和經歷一波核心情緒的可靠方法。

撫慰內心的憂鬱小孩——莎拉的療癒之路

1. 要求採取防禦，比方說含糊其詞以便避到一旁，進而獲得某種情緒，這就是純粹的ＡＥＤＰ。
2. 這是班傑明．利普頓教我並繼續教導其ＡＥＤＰ監督員的特定語言。在這裡應該表揚他。
3. 有些母親可能會因為一想到嬰兒會胡亂發脾氣就感到厭煩。這不是說嬰兒對母親生氣，而是嬰兒基本的需求得不到滿足而引發核心憤怒。憤怒引起大聲抗議——哭泣和尖叫——以確保母親或其他人會滿足其需求。請記住，情緒是生存方案。
4. 這個想法來自施瓦茲，《內在家庭系統療法》。

我們都會有創傷——關於那些小創傷和大創痛

1. 在區分不同類型的創傷時，務必要知道，我們無法評斷某種創傷比另一種創傷更糟或更重要。創傷就是創傷。之所以要注意小創傷，是為了驗證患有症狀、但以前不明白為何會患這些症狀的人。遭受小創傷的人經常為自己的症狀而自責。我解釋小創傷，是希望即使不能根除，也要改善那些有任何創傷症狀者蒙受的羞辱和汙名。
2. 自戀性人格障礙和邊緣性人格障礙是不受歡迎的措詞。有一些共識是，這些疾病是由童年時被虐待和／或忽視的創傷造成的。
3. 解離是一個心理過程，會導致一個人的情緒、思想、身體感覺、自我意識和／或記憶連結的中斷。它的範圍可以涵蓋輕微（例如做白日夢）和嚴重（例如在解離性身分障礙〔ＤＩＤ〕或人格分裂）的診斷中看到的情況）。
4. 跨性別者／非性別常規者很常使用中性代名詞。對那些不認同傳統男／女二元的人，以及不認同二元選擇的人來說，使用they/them/theirs（他們／他們的）是許多性別中立的選擇之一，he/him/his（他／他的）或she/her/hers（她

／她的）不適用於他們。

我們天生就會與人產生連結——關於「依附科學」

1. 雅克・潘克塞普因研究尋找的動機而聞名。潘克塞普，Affective Neuroscience of the Emotional BrainMind: Evolutionary Perspectives and Implications for Understanding Depressions, *Dialogues in Clinical Neuroscience* 12 (4) (2010): 533–45。
2. 著名的精神分析思想家兼作家唐納德・威尼科特換個方式說。他表示，母親不一定是完美的，只是「夠好」而已。
3. 約翰・鮑比，*A Secure Base: Parent-Child Attachment and Healthy Human Development,* New York: Basic Books (1988)。
4. Main, M.、Hesse, E.和 Kaplan, N.，Predictability of Attachment Behavior and Representational Processes at 1, 6, and 18 Years of Age: The Berkeley Longitudinal Study, In K. E. Grossmann, K. Grossmann, and E. Waters (eds.), *Attachment from Infancy to Adulthood,* New York: Guilford Press.(2005), pp. 245–304‥Main, M., and Solomon, J., Procedures for Identifying Infants as Disorganized/Disoriented During the Ainsworth Strange Situation (1990), In M. T. Greenberg, D. Cicchetti, and E. M. Cummings (eds.), *Attachment in the Preschool Years: Theory, Research and Intervention,* Chicago: University of Chicago Press, pp. 121–60。

第四章 核心情緒

童年情感忽視——邦妮的憤怒

1. 哈比卜・達萬羅是蒙特婁的精神病學家，他開發一種處理情感的經驗方式，並稱之為「描繪」(portrayal)。描繪是一種技巧，幫助患者專注於身體如何體驗情緒，並利用幻想來充分探索與情感相關的行為。他在這個領域最顯著的貢獻是如何運用憤怒，以及如何自在地在幻想中探索表達憤怒的行為，並在幻想中探索這些行為所造成的身體後果。戴安娜．佛莎在一九八〇年代跟著達萬羅研習，並將他的創新融入ＡＥＤＰ。憤怒在邦妮（第四章）、史賓賽（第五章）和馬里奧（第六章）的治療中扮演核心角色，我處理憤怒的根據是達萬羅的研究，班傑明．利普頓在監督指導中特別教我這部分。

2. Pally, R., *The Mind-Body Relationship*, New York: Karnac Books (2000)。

3. 感謝利普頓教導我「舉起麥克風」這項具體的干預做法，讓感覺說話。

4. 我想再次感謝利普頓傳授這項干預做法：把一個問題改為一項聲明，以幫助患者承認自己的需要和需求。

關於核心情緒，你需要知道的事

1. 情緒究竟源自大腦何處，一直備受爭論。許多研究人員，包括Maclean（Maclean, P. D. [1952]. Some Psychiatric Implications of Physiological Studies on Frontotemporal Portion of Limbic System [Visceral Brain]. *Electroencephalography and Clinical Neurophysiology* 4 [4]: 407–18）和潘克塞普（雅克．潘克塞普，[1998]. *Affective Neuroscience: The Foundations of Human and Animal Emotions*. New York: Oxford University Press）支持邊緣系統和杏仁核是起點。但是其他領域也涉及到情緒處理，如眶額皮質（Bechara, A., Damasio, H., 和安東尼奧．達馬西奧，[2000]. Emotion, Decision Making and the Orbitofrontal Cortex. *Cerebral Cortex* 10 [3]: 295–307）和腦島（Gu, X., Hof, P. R., Friston, K. J., and Fan, J. [2013]. Anterior Insular Cortex and Emotional Awareness. *The Journal of Comparative Neurology* 521 [15]: 3371–88）。

2. Rizzolatti, G. 和 Craighero, L., The Mirror-Neuron System, *Annual Review of Neuroscience* 27 (1) (2004): 169–92.

3. 在一項適當名為「用言語表達感情」的功能磁振造影（fMRI）研究中，讓受測者觀看有情緒表情者的照片。可以預見的是，每位受測者的杏仁核都會被圖片中的情緒啟動，但是當受測者被要求指明是哪種情緒時，腹外側前額葉皮層啟動，並減少情緒杏仁核反應性。換句話說，有意識地識別情緒會降低情緒的影響力。Korb, A., *The Upward*

Spiral. Oakland, CA: New Harbinger (2015)。

第五章　抑制情緒

小創傷的倖存者——史賓賽的社交焦慮

1. 在「老舊電視機」上將記憶視覺化，這項建議源自紐約市催眠治療師梅麗莎．蒂爾斯（Melissa Tiers）。我在她位於紐約市的潛意識整合指導工作坊上了解這一點。

處理焦慮、羞愧和內疚

1. 我沒有將愛納入情緒變化三角地帶上的一種核心情緒，但我確實把它視為一種核心經驗。我將發生在兩人之間的愛納入另一種關係情緒（relational emotions）。
2. 除了我針對羞愧所分享的部分，我推薦三本書以進一步了解羞愧：*The Gifts of Imperfection*（作者Brené Brown）、*The Psychology of Shame*（作者Gershen Kaufman），以及*Shame and Pride*（作者Donald Nathanson）。
3. 我處理有毒羞愧的方式，有另外一個例子，請參閱《紐約時報》文章：“It’s Not Always Depression” (March 10, 2015)。
4. 如需進一步了解羞恥和弱點，我建議閱讀羞恥研究學者Brené Brown的著作和Ted演講。

具有療癒作用的喜悅、感激和自豪

1. 有興趣進一步了解這方面訊息的讀者，我推薦閱讀以下文章：佛莎（2013）、佛莎和Yeung（2006）、Russell和佛莎（2008）以及Yeung和佛莎（2015）。

2. 如需進一步了解正向情緒的角色，我推薦以下著作：芭芭拉・費德瑞克森，*Positivity: Groundbreaking Research Reveals How to Embrace the Hidden Strength of Positive Emotions, Overcome Negativity, and Thrive*, New York: Random House (2009)。

3. 黛安娜・佛莎將「加深自豪和其他療癒情緒以促進徹底轉化」的概念介紹給我，值得讚揚。

第六章　防禦

透過創傷達到平和——馬里奧童年的傷

1. 我將使用幻想繩索以及有時使用真正的繩索協助以更根本的方式保持人際關係的技巧，歸功於利普頓。

2. 彼得・列文卓越的著作《喚醒老虎》更詳細地解釋了這個現象。他的方法論是基於觀察野生動物，以及牠們如何從瀕死經驗中恢復過來。動物在創傷後發抖，如果顫抖不間斷，動物就會恢復、起身走開；如果發抖時被中斷，就會出現創傷症狀。人類也是如此。

3. 我要歸功於黛安娜・佛莎提出這個想法：圍繞著「為自我哀悼」做為治癒的一個重要部分，以及描述和指明喜悅、驕傲和感激的療癒情感，所有這些都促使世人朝著治癒和轉化前進。

4. 我必須再次向黛安娜・佛莎表示敬意。這是純粹的AEDP，以及使這種方法如此獨特而強大的因素。

我們為什麼會使用防禦？

1. AEDP的防禦方法，與促使防禦病態化並且無意中造成羞愧的精神病模式形成對比。在心理治療的背景下創造羞愧，實際上會增加防禦。在防禦形成時，將它們重新塑造成適應性質，有助於減少羞愧和增加好奇心。

第七章 開放狀態

真我和開放狀態——懂得更愛自己的莎拉

1. 我所謂的「開放狀態」，反映了AEDP關於核心狀態的講授和IFS對自我的講授。有關核心狀態的更多訊息，請參閱佛莎（2000），有關IFS定義的更多訊息，請參閱施瓦茲（2004）。
2. AEDP治療的標誌是詢問患者：「今天一起進行治療是什麼感覺？」佛莎稱之為統合治療處理。對於那些想了解更多關於統合處理理論和實務的臨床醫生，我推薦參考佛莎的文章〈情感的轉化力量〉（2000）。

附錄A 感覺詞彙表

1. 認可的「卡嗒」（Click）聲，是我從佛莎那裡學到的。它解釋了當你找到一個符合個人經驗的詞彙時感受的經驗。它「卡嗒」進入。

附錄A　感覺詞彙表

當我們找到符合我們經驗的語詞時，大腦的感覺會更好。例如，當我們找到與感覺受傷的經驗吻合的適當詞語，比如說「傷痕累累」（bruised），就會有一個確認感覺良好又恰當的「卡嗒」聲。[1]

以下和附錄B的感覺和情緒詞語清單，可以幫助你為自己的經驗找到合適的詞語。請注意，我將這些詞語分類，以便更容易找到最符合你經驗的詞語。你可能會在不同的類別下看到相同的詞語兩次，也可能會在另一個類別下找到符合你經驗的正確詞彙。這裡沒有列出的詞彙也可能進入你的想法中。相信你的經驗，並使用符合你內在經驗的詞語，不管它屬於哪個類別。

憤怒 Angry

燃燒 burning
緊握 clenched
收縮 constricted
充滿活力 energized
爆炸 explosive
火熱 fiery
激烈的 heated
熱 hot
衝動 impulsive
打結 knotted
易動怒的 prickly
熾熱 red-hot

焦慮 Anxious

濕黏 clammy
緊握 clenched
收縮 constricted
潮濕 damp
頭暈目眩 dizzy
乾燥 dry
微弱 faint
浮動 floating
顫動 fluttery
含糊 fuzzy
提防的 guarded
頭痛 headachy
心怦怦跳 heart-pounding
提心吊膽 jumpy
打結 knotted
不安 queasy
精神恍惚 spacey
刺痛 tingly

顫抖 trembly
抽搐 twitchy
振動 vibrating
緊張 tense
淺呼吸 shallow breath
旋轉 spinning
恐慌 panicky
綳緊 tight

羞愧 Ashamed

孤獨 alone
收縮 contracted
切斷 cut off
黑暗 dark
抑制 deadened
洩氣 deflated
消失 disappearing
中斷連結 disconnected
空虛 empty
臉紅 flushed
凍結 frozen
隱藏 hiding
向內爆炸 imploding
看不見 invisible
麻木 numb
退縮 receding
小 small

收縮 Constricted

裝甲 armored
阻礙 blocked
緊握 clenched
關閉 closed
冷酷 cold
擁擠 congested
收縮 contracted
冷淡 cool
濃密 dense
打結 knotted
麻木 numb
癱瘓 paralyzed
易動怒的 prickly
脈動 pulsing
卡住 stuck
令人窒息 suffocating
緊張 tense
厚實 thick
悸動 throbbing
綳緊 tight
僵硬 wooden

憂鬱 Depressed

孤獨 alone
收縮 contracted
切斷 cut off
黑暗 dark
抑制 deadened
濃密 dense
消失 disappearing
中斷連結 disconnected
枯竭 drained
沉悶 dull
空虛 empty
沉重 heavy
麻木 numb
厚實 thick

反感 Disgusted

酸 acidic
膽怯 bilious
緊握 clenched
畏縮 cringing
作嘔想吐 gagging
嘔吐 grossed out
打結 knotted
噁心 nauseated
中毒 poisoned
不安 queasy
生病 sick
緊張 tense
綳緊 tight

興奮 Excited

啟動 activated
氣喘吁吁 breathless
起泡 bubbly
爆裂 bursting
活躍的 buzzy
極其強烈的 electric
充滿活力 energized
擴張 expanding
膨脹 expansive
浮動 floating

流動 fluid
臉紅 flushed
渴望的 itchy
緊張 nervy
心怦怦跳 pounding
脈衝 pulsing
輻射 radiating
閃閃發光 shimmery
流動 streaming
刺痛 tingling
抽搐 twitchy

開闊 Expansive

成長 growing
膨脹的 inflated
發光 luminous
自滿 puffed up
散發 radiating
閃爍 shimmering
強大 strong
高大 tall
顫抖 tremulous

害怕 Fearful

氣喘吁吁 breathless
混亂 chaotic
濕黏 clammy
冷酷 cold
黑暗 dark
瘋狂 frantic
凍結 frozen
緊張 jittery
提心吊膽 jumpy
冰冷 icy
搖晃 shaky
發抖 shivery
旋轉 spinning
汗濕 sweaty
顫抖 trembling

內疚 Guilty

嗡嗡 buzzy
收縮 constricted
掉下 dropping
緊張 jittery
下沉 sinking
緊張 tense

快樂／欣喜 Happy／Joyful

發紅 aglow
舒適 cozy
充滿活力 energized
擴張 expanding
擴展 expanded
開闊 expansive
浮動 floating
充滿 full
感動 moved
開放 open
微笑 smiling
平順 smooth
性情開朗 sunny
溫柔 tender
感動 touched
溫暖 warm

傷害 Hurt

疼痛 achy
傷痕累累 bruised
切割 cut
開放 open
脆弱 fragile
鋸齒狀 jagged
刺穿 pierced
易動怒的 prickly
原始 raw
灼熱 searing
敏感 sensitive
疼痛 sore
搖搖晃晃 wobbly
受傷 wounded

開放 Openhearted

歡樂 airy
活躍 alive
清醒 awake
平靜 calm
連結 connected
擴展 expanded

開闊 expansive
流動 flowing
流暢 fluid
充滿 full
輕 light
開放 open
和平 peaceful
放鬆 relaxed
釋放 releasing
閃爍 shimmering
順暢 smooth
寬敞 spacious
靜止 still
強大 strong
生氣勃勃 vital
溫暖 warm

悲傷 Sad

憂鬱 blue
負擔 burdened
關閉 down
空虛 empty
沉重 heavy
空洞 hollow
不受束縛 untethered
加重 weighted

溫柔 Tender

發紅 aglow
傷痕累累 bruised
舒適 cozy
鬆弛 flaccid
脆弱 fragile
鋸齒狀 jagged
融化 melting
感動 moved
柔軟 soft
悸動 throbbing
感動 touched
溫暖 warm

脆弱 Vulnerable

脆弱 brittle
暴露 exposed
脆弱 fragile
開放 open
顫抖 quivery
原始 raw
敏感 sensitive

附錄B　情緒詞彙表

生氣 Angry

好鬥 aggresive
貪婪 covetous
批判的 critical
失望 disappointed
不贊成 disapproving
遙遠的 distant
憤怒 enraged
沮喪 frustrated
憤怒 furious
仇恨 hateful
敵對 hostile
傷害 hurt
憤怒 infuriated
憤怒 irate
煩躁 irritated
嫉妒 jealous
瘋狂 mad
生氣 pissed
挑釁 provoked
怨恨 resentful
諷刺 sarcastic
自私 selfish
懷疑的 skeptical
違反 violated

焦慮 Anxious

激動 agitated
躲避 avoiding
困惑 confused
收縮 constricted
隱藏 hidden
無動於衷 indifferent
緊張 nervous
繃緊 tight
刺痛 tingly
煩躁 uptight
退縮 withdrawn

羞愧 Ashamed

疏遠 alienated
毀滅性的 devastated
不尊重 disrespected
尷尬 embarrassed
空虛 empty
不足 inadequate
自卑 inferior
不安全 insecure
微不足道 insignificant
孤立 isolated
無能為力 powerless
嘲笑 ridiculed
受害 victimized
脆弱 vulnerable
退縮 withdrawn
毫無價值 worthless

自信 Confident

驚人 amazing
感激 appreciated
有創意 creative
勇敢 courageous
挑剔 discerning
重要的 important
無敵 invincible
強大 powerful
驕傲 proud
強壯 strong
成功 successful
有價值的 valuable
值得 worthwile

厭惡 Disgusted

厭惡 averse
不贊成 disapproving
作嘔厭惡 grossed out
拒絕 rejecting
擊退 repulsed
反抗 revolted
關閉 turned off

不信任 Distrustful

驚訝 astonished
幻滅 disillusioned
嫉妒 jealous
評判 judgmental
厭惡 loathing
困惑 perplexed
挑釁 provocative
諷刺 sarcastic
懷疑的 skeptical
可疑 suspicious

興奮 Excited

活化 activated
驚訝的 amazed
敬畏 awed
勇敢 courageous
渴望 eager
欣喜若狂 ecstatic
充滿活力 energized
擴張 expansive
忠誠 faithful
高 high
感興趣 interested
解放 liberated
驚訝 surprised
奇妙 wondrous

恐懼 Fearful

害怕 afraid
焦慮 anxious
迷惑 bewildered
困惑 confused
沮喪 discouraged
沮喪 dismayed
害怕 frightened
無助 helpless
猶豫 hesitant
不足 inadequate
微不足道 insignificant
不堪重負 overwhelmed
拒絕 rejected
害怕 scared
震驚 shocked
吃驚 startled
順從 submissive
害怕 terrified
擔心 worried

內疚 Guilty

抱歉 apologetic
避免 avoiding
痛悔 contrite
溫順 meek
懊悔 remorseful

快樂／喜悅 Happy/Joyful

逗樂 amused
開朗 cheerful
勇敢 courageous
有創意 creative
大膽 daring
精力充沛 energetic
興奮 excited
著迷 fascinated
充滿希望 hopeful
快樂 joyous
樂觀 optimistic
好玩 playful
感性 sensual
感性 sensuous
刺激 stimulated
精彩 wonderful

傷害 Hurt

可怕 awful
暴露 exposed
羞愧 humiliated
忽視 ignored
不安全 insecure

痛苦 pained
原始的 raw
拒絕 rejected
敏感 sensitive
順從 submissive
威脅 threatened

開放 Openhearted

覺察 aware
勇敢 brave
平靜 calm
清晰 clear
富有同情心 compassionate
自信 confident
連結 connected
勇敢 courageous
創意 creative
好奇 curious
實現 fulfilled
有希望的 hopeful
好奇 inquisitive
啟發 inspired
關愛 loving
培育 nurturing
開放 open
沉思 pensive
冷靜 philosophical
好玩 playful
尊重 respectful
回應 responsive
敏感 sensitive
強大的 strong
溫柔 tender
感恩 thankful
體貼 thoughtful

和平 Peaceful

接受 accepted
平靜 calm
清晰 clear
富有同情心 compassionate
連結 connected
滿足 content
有創意 creative
好奇 curious
感激 grateful
放鬆 relaxed
安全 secure
安詳 serene

悲傷 Sad

遺棄 abandoned
單獨 alone
冷漠 apathetic
羞愧 ashamed
無聊 bored
沮喪 depressed
絕望 despairing
失望 disappointed
下垂 droopy
空虛 empty
平坦 flat
忽視 ignored
冷漠 indifferent
孤立 isolated
孤獨 lonely
懊悔 remorseful
睏倦 sleepy
疲累 tired
退縮 withdrawn

易受傷害 Vulnerable

防禦 defensive
暴露 exposed
保護 protective
原始 raw
害怕 scared
怯懦 skittish
軟弱 weak
退縮 withdrawn

人生顧問349

不只是憂鬱：心理治療師教你面對情緒根源，告別憂鬱，釋放壓力

作者—希拉莉．雅各．亨德爾
譯者—林麗冠
副主編—郭香君
責任編輯—邱淑鈴
責任企劃—張瑋之
美術設計—兒日
校對—邱淑鈴

董事長—趙政岷
出版者—時報文化出版企業股份有限公司
108019台北市和平西路三段二四〇號四樓
發行專線—（〇二）二三〇六—六八四二
讀者服務專線—〇八〇〇—二三一—七〇五
（〇二）二三〇四—七一〇三
讀者服務傳真—（〇二）二三〇四—六八五八
郵撥—一九三四四七二四時報文化出版公司
信箱—10899台北華江橋郵局第九九信箱

時報悅讀網—http://www.readingtimes.com.tw
綠活線臉書—https://www.facebook.com/readingtimesgreenlife
法律顧問—理律法律事務所 陳長文律師、李念祖律師
印刷—勁達印刷有限公司
初版一刷—二〇一九年三月二十二日
初版五刷—二〇二三年四月十九日
定價—新臺幣四二〇元
（缺頁或破損的書，請寄回更換）

時報文化出版公司成立於一九七五年，
並於一九九九年股票上櫃公開發行，於二〇〇八年脫離中時集團非屬旺中，
以「尊重智慧與創意的文化事業」為信念。

不只是憂鬱：心理治療師教你面對情緒根源，告別憂鬱，釋放壓力 / 希拉莉．雅各．亨德爾著；林麗冠譯. -- 初版. -- 臺北市：時報文化，2019.03

面； 公分. --（人生顧問；349）

譯自：It's not always depression : working the change triangle to listen to the body, discover core emotions, and connect to your authentic self

ISBN 978-957-13-7735-3（平裝）

1.心理治療 2.情感疾病

178.8 108002692

ISBN 978-957-13-7735-3
Printed in Taiwan